Jens Gnisa

DAS ENDE DER GERECHTIGKEIT

Jens Gnisa

DAS ENDE DER GERECHTIGKEIT

Ein Richter schlägt Alarm

Unter Mitarbeit von Petra Thorbrietz

HERDER

FREIBURG · BASEL · WIEN

MIX
Papier aus verantwortungsvollen Quellen
FSC® C083411

2. Auflage 2017

www.herder.de

Satz: Daniel Förster, Belgern
Herstellung: CPI books GmbH, Leck
Vermittelt durch Stefan Linde

Printed in Germany

ISBN 978-3-451-37729-7

Meiner Frau Martina

INHALT

Einleitung

Dieses Buch handelt vom Ringen der Politik und Justiz um das Recht. Zu oft sind sie dabei Gegner. Unsere Volksvertreter sind dabei, eine der wichtigsten Säulen der Demokratie, die unabhängige Rechtsprechung, einstürzen zu lassen. Wer will da noch von den Bürgern erwarten, dass sie sich an das Gesetz halten, wenn selbst die Politik es nicht mehr überzeugend schützt? Dass sie an Gerechtigkeit glauben?

Das Vertrauen in ein gerechtes Miteinander ist notwendig, um eine Gesellschaft zu befrieden, Hass, Aggression und Neid einzudämen. Das Gesetz soll dieses Vertrauen schützen und bewahren. Doch wie es aussieht, haben das Recht und seine sorgsame Pflege außerhalb der Justiz nur noch wenige Fürsprecher. Zugegeben: Das Recht ist unbequem, oft sperrig und häufig langsam. Aber in einer funktionierenden Demokratie ist es eben auch vor allem eines: unentbehrlich. Recht kann nur mit einer unbestechlichen Justiz funktionieren. Hier setzt Deutschland Meilensteine. Das unterscheidet uns von vielen anderen Staaten in der Welt, die noch um eine Justiz frei von Korruption und Manipulation ringen müssen.

Wir haben andere Probleme. Mehr und mehr verliert die Bevölkerung ihr Vertrauen in den Rechtsstaat. Sie fühlt sich ungerecht behandelt und spürt die Hilflosigkeit der Politik – im Ausländerrecht, unter der Bedrohung des Terrors oder auch angesichts moderner digitaler Kriminalität, deren Urheber anonym und schwer zu fassen sind. Der innere und äußere Schutz, das ist das Versprechen, das der demokratische Staat seinen Bürgern gibt, damit sie im Gegenzug loyale Bürger sind und Recht und Ordnung achten. Auf der Basis eines solchen Vertrags ist auch unsere Demokratie entstanden. Ist sie jetzt in Gefahr?

Es sieht so aus. Nicht nur Hilflosigkeit, sondern auch Unverständnis, gar Ablehnung prägt den Umgang unserer Politiker mit dem Recht. Wenn es sein muss, biegen sie sich dieses so zurecht, wie sie es gerade gebrauchen können. Ob das die Finanzierung der Staatsschulden ist oder die abrupt gestrichenen Laufzeitverlängerungen für Kernkraftwerke oder der Ankauf der Schweizer Steuer-CDs – all das waren rechtswidrige Aktionen. Nur – wie lautet der alte Spruch: Wo kein Kläger, da kein Richter.

Wird andererseits nach strengeren Gesetzen gerufen, dient das oft nur dazu, Defizite in der Strafverfolgung zu vertuschen. So beschloss die Bundesregierung im Frühjahr 2017, Einbrüche schwerer zu bestrafen. Doch just, als dieses Gesetz verabschiedet wurde, war die Einbruchsrate schon wieder gesunken, dort nämlich, wo Sonderkommissionen tätig wurden, man neue Software einsetzte und mehr Polizei. All dies scheint also viel sinnvoller zu sein, als eine gesetzlich geregelte Strafandrohung, die ohnehin nur selten umgesetzt werden kann, denn nur bei jedem sechsten Einbruch werden die Täter überhaupt ermittelt.

Das Beispiel zeigt im Übrigen auch: Es kostet den Staat Geld, seine Bürger wirksam zu schützen. Doch gründlich investieren will die Politik offenbar nicht. Da ist der populistische Ruf nach strengeren Gesetzen viel einfacher. In Zeiten wachsender Unsicherheiten bringt er auf jeden Fall kurzfristig

Wählerstimmen. Und wenn diese Politik der scheinbaren Härte später scheitert, dann kann man die Schuld immer noch auf die andern schieben – die Justiz.

Mangelnde innere Sicherheit, Rechtsverstöße durch die Politik und populistische Ausweichmanöver, wenn es um die Verantwortung für die Bürger dieses Landes geht: Für mich besteht kein Zweifel, dass ein zentraler Eckpfeiler unserer Gesellschaftsordnung in Gefahr ist, der Rechtsstaat. Eine funktionierende Justiz, das zeigt das aktuelle Beispiel der Trumpschen USA, kann als Einzige als stabilisierender Faktor wirken, wenn politische Systeme drohen, aus dem Ruder zu laufen. Selbst der mächtige Präsident der Vereinigten Staaten kann sich einer Untersuchung, die ihm ungelegen kommt, nicht entziehen – zumindest nicht auf legalem Weg. Und die Protagonisten des bedrohlichen Rechtsrucks, der sich in vielen Ländern Europas vollzieht, suchen sich als ersten Feind die Justiz – Staatsanwälte und Richter. Auch in Deutschland bekommen diese heute schon Todesdrohungen und Hassmails – außerdem viele Zuschriften von Bürgern, welche die Logik des Rechts nicht mehr verstehen, die sich selbst nicht mehr vertreten fühlen von unseren Gesetzen, die nach mehr Gerechtigkeit verlangen und nach mehr Schutz.

Die Zuwanderung ist ein wesentlicher Faktor der Zunahme von Kriminalität in Deutschland. Doch die Politik, welche die Parole der Willkommenskultur ausgegeben hat, spricht darüber ungern. Dabei stärkt gerade diese undifferenzierte Betrachtungsweise die undemokratischen Tendenzen und die Ausländerfeindlichkeit, die angesichts des Flüchtlingsansturms wachsen. Das Asylrecht ist ein wichtiges und wertvolles Grundrecht. Bedrohten Menschen muss geholfen werden. Doch sie zu integrieren bedeutet etwas anderes, als nur die Arme zu öffnen. Es bedeutet, die Menschen auch in ihrer Unterschiedlichkeit zu sehen und wahrzunehmen. Da kann es sein, dass unter bestimmten Umständen eine in Syrien geschlossene Kinderehe hier auch juristisch anerkannt wird. Aber es kann – und darf – nicht sein, dass eine Prügelstrafe innerhalb der Familie toleriert wird.

Viele weitere Fragen stellen sich: Sollen zum Beispiel türkische Politiker bei uns Wahlkampf machen dürfen, in einem Land, wo fast drei Millionen Menschen mit türkischen Wurzeln leben und arbeiten und gut die Hälfte von ihnen die türkische Staatsangehörigkeit hat und dort wahlberechtigt ist? »Ja«, sagte Sigmar Gabriel und berief sich auf das Grundrecht der Meinungsfreiheit. Quatsch – befand das Bundesverfassungsgericht, natürlich juristisch korrekter formuliert, denn für Staatsoberhäupter anderer Länder gilt nur das Recht der Diplomatie. Und das »Deutsche Volk«, so antiquiert und auch unbehaglich dieser Terminus für uns sein mag, gibt es juristisch gesehen noch. Das Volk ist eben nicht, wie Angela Merkel behauptete, »jeder, der in diesem Land lebt«. Gerade zentrale Grundrechte, die nicht missbraucht werden dürfen, sind den deutschen Staatsbürgern vorbehalten. Nur sie dürfen sich nach dem Grundgesetz zum Beispiel versammeln oder Vereine bilden.

Angela Merkel hat aus humanitären Motiven den Flüchtlingen Tür und Tor geöffnet, und dabei aber nicht nur auch Kriminelle und sozial Entwurzelte ins Land gelassen. Sie hat darüber hinaus einer noch viel größeren Bedrohung den Weg gebahnt: der phasenweisen Kapitulation des Staates. Denn nichts anderes bedeutete es, dass er es weitenteils aufgegeben hatte, die Identitäten der Ankömmlinge ernsthaft zu überprüfen. Bis heute hat er es zudem nicht geschafft, dem Sozialbetrug durch Flüchtlinge einen Riegel vorzuschieben. Und er hat es vor allem nicht vermocht, diejenigen abzuschieben, die keinen echten Asylgrund haben oder aber sogar gefährlich für die Bürger Deutschlands sind. Der Fall des Berliner Attentäters Anis Amri hat das auf tragische Weise deutlich gemacht.

Diese Liste weiteren Staatsversagens ist lang. So hat der Staat auch versagt, indem er zum Beispiel in der Silvesternacht 2015/2016 in Köln seine Bürger nicht beschützt hat – als mehr als tausend junge Männer aus dem nordafrikanisch-arabischen Raum dort vor allem Frauen belästigten, bedrängten und ausraubten. Zugegeben – es war eine bisher nicht gekannte Eskalation, doch diese Schwäche des Staates wird automatisch auch der Justiz angelastet. Die Bürger fühlen sich nicht mehr sicher in ihrem eigenen Land – das fördert das Misstrauen in den Rechtsstaat, ein erster, gefährlicher Schritt in Richtung Demokratieverlust.

Und wie steht es um den Glauben an die Gerechtigkeit? Auch er ist erschüttert. Auch hier ist die Liste der öffentlich teilweise aufgebracht diskutierten Fälle lang. War es ungerecht, die Kassiererin Emmely zu entlassen, weil sie einen Pfandbon, der ihr nicht gehörte, eingelöst hatte? Oder steckte hinter dieser Entscheidung ein ganz anderer Beweggrund, der in der Öffentlichkeit unterschlagen wurde? Hat der »Bayern«-Präsident Uli Hoeneß recht, wenn er behauptet, er sei der Einzige, der trotz Selbstanzeige ins Gefängnis musste – denn die Medien hätten Druck auf die Richter ausgeübt? Hat der »kleine« Käufer eines Golf-Diesels weniger Chancen vor Gericht als einer der VW-Vorstände? Sollten die Verursacher eines Schadens auch in Deutschland so richtig »blechen« müssen wie in den USA?

Und – wenn wir schon beim Thema Auto sind: Das deutsche Bußgeldsystem für Geschwindigkeitsübertretungen wirft in der Tat die Frage auf, wofür Strafen eigentlich gut sind: Für die Sicherheit auf den Straßen oder für die öffentlichen Kassen?

In einer nordrhein-westfälischen Kommune ist ein Haushaltsloch von 500 000 Euro entstanden, als ein wütender Bürger den Blitzautomaten zerstört hatte und dieser nicht umgehend ersetzt wurde. Das zeigt, dass der Staat mit dem Fehlverhalten seiner Bürger kalkuliert, anstatt sie zur Besserung erziehen zu wollen. Es ist also dringend nötig, dieses demoralisierende Instrument zu verändern – denn hier wird der Staat zum Nutznießer des Gesetzesverstoßes.

Recht bedeutet nicht automatisch Gerechtigkeit, sondern ist zunächst einmal ein Ordnungssystem, das einen Ausgleich anstrebt – zwischen verschiedenen Parteien und unterschiedlichen Rechtsgütern. Dieses System funktioniert aber nur, wenn Gerechtigkeit im Sinne der Justiz nicht mit Moral verwechselt wird. Moralische Argumente haben im Gerichtssaal keinen Platz. Denn Moral entspricht oft dem Zeitgeist. Sie ist auswechselbar, nicht verbindlich. Doch in der Öffentlichkeit werden Emotionen gezielt eingesetzt, zum Beispiel von den Medien, wenn das Starlet Gina-Lisa zur Gallionsfigur der Rechte der Frauen avanciert, auch wenn sich dann vor Gericht herausstellt, dass ihre Verdächtigung gegen zwei Männer wegen Vergewaltigung falsch war.

Politiker, egal welcher Partei, sind nur allzu leicht bereit, auf den Zug der Justizkritik aufzuspringen und so zur fortschreitenden Erosion des Rechts beizutragen. Viele tun wenig für ein starkes Rechtssystem – im Gegenteil: Sie bluten es aus. Gerichte werden zusammengelegt, die Stellen zusammengestrichen, und die schwindende Zahl an Richtern und ihrem Hilfspersonal sitzen hinter renovierungsbedürftigen Fassaden, die den Zustand des deutschen Rechtsstaats eindrucksvoll nach außen demonstrieren: Er bröckelt. Kein Wunder, dass das früher so begehrte Jurastudium an Attraktivität verliert, und dass es die Elite der Absolventen eher in die Wirtschaft zieht, die ein Vielfaches des Beamtensolds bezahlt und ein breiteres Spektrum an Entwicklungsmöglichkeiten bietet.

Und welcher Bürger weiß schon, dass die deutsche Rechtsordnung zwei ganz entscheidende Schwachstellen hat, die sie im europäischen Vergleich völlig veraltet aussehen lassen? In allen anderen Ländern West- und Mitteleuropas – mit Ausnahme Österreichs – ist die Justiz selbstständig und wird von einem aus der Richterschaft gewählten Rat vertreten, der vom Parlament bestätigt wird. In Deutschland aber steht die Justiz – obwohl neben Legislative und Exekutive die dritte Gewalt – mit einem Bein im Lager der Politik. Denn ihr Etat wird vom Justizminister aufgestellt, und dieser Politiker mit parteipolitischen Interessen besitzt damit ein wichtiges Druckmittel, um die Ausübung des Rechts zu beschneiden.

Wann wird die Politik endlich den schrittweisen Verfall des Rechtsstaats aufhalten? Das wird nur geschehen, wenn es zu einer öffentlichen Debatte um den Zustand unseres Rechtswesens kommt und den Bürgern klar wird, welchen Diamanten unsere Gesellschaft mit ihrer Rechtsordnung besitzt. Seit einiger Zeit glänzt er an vielen Stellen nicht mehr so, wie er könnte und sollte. Und ganz sicher muss man ihn an manchen Ecken neu schleifen und schärfen, damit unsere Demokratie jenen Herausforderungen, denen sie in immer stärkerem Maße ausgesetzt ist, auch in ein paar Jahren noch trotzen kann.

KAPITEL 1

ES LÄUFT ETWAS SCHIEF

Eine Mehrheit der Bürger, 62 Prozent, glaubt, dass die Menschen vor dem Gesetz nicht gleich sind, sondern es zum Beispiel von einem teuren Anwalt abhängt, ob man Recht bekommt. Immer noch 57 Prozent gehen davon aus, dass der Ausgang eines Gerichtsverfahrens vor allem durch den Richter und nicht die Gesetze bestimmt wird. Fast zwei Drittel der Bevölkerung hält die Gerichte für überlastet, und ein noch größerer Anteil wünscht sich schnellere Prozessabläufe.

Woher kommt diese Unzufriedenheit mit der Justiz? Ist Gerechtigkeit in Deutschland wirklich eine Frage des Geldes? Haben die »Großen« mehr Chancen als die »Kleinen«? Hat die Kriminalität an Boden gewonnen? Ist die innere Sicherheit gefährdet? Ich wünschte, ich könnte diese Vorwürfe im Brustton der Überzeugung mit einem klaren »Nein« zurückweisen. Aber die Realität ist komplizierter. In der Tat gibt es immer mehr Grauzonen des Rechts, die Raum für Interpretation in alle Richtungen lassen. Die aktuellen Ursachen dafür liegen vor allem in dem Verlust an innerer Sicherheit, der den Bürgern intuitiv und immer deutlicher bewusst wird. Aber es gibt schon viel länger, viel größere Erosionserscheinungen. Die Politik beteuert stets, man habe die Situation im Griff.

Dass dem nicht so ist, hat sich besonders zuletzt unübersehbar gezeigt. So hat sich der Staat in der Flüchtlingsfrage human gegeben und Tausende von Menschen unkontrolliert in unser Land gelassen. Aber vielleicht war diese Menschlichkeit doch auch ein Zeichen von Ohnmacht? Eine Ohnmacht wie sie sich etwa bei den Übergriffen in der Silvesternacht in Köln deutlich offenbarte. Auch die Terroranschläge zeigen ein Versagen der Behörden; im Fall Anis Amris zum Beispiel kam es sogar zur gezielten Verschleierung seines »Gefährder«-Statuses.

Im Übrigen müssen es gar nicht die Islamisten sein, die unsere Rechtsordnung infrage stellen: Mitten in Deutschland gibt es kriminelle Clans, die in unsicheren Stadtvierteln unverblümt ihren Geschäften nachgehen. Das Wort No-Go-Area macht die Runde. Und was die digitale Kriminalität angeht: Da arbeiten die Drahtzieher längst vom Ausland aus mit neuester Technik und im Inland mit billigen Banden – während die deutsche Justiz sich nicht mal auf eine gemeinsame Software einigen kann. Wird das Recht von dieser Entwicklung abgehängt?

Zu all diesen Gefühlen der Ohnmacht kommt der Medienzirkus, der Unsicherheit, Neid und Wut ausnutzt, um hohe Auflage und Einschaltquoten zu erzielen. Komplexe Sachverhalte werden zu Gerichtsshows »zusammengedampft« – da kann es schon mal passieren, dass selbst Politiker sich vor den Karren spannen lassen und Partei ergreifen, wo sie die Unabhängigkeit der Justiz achten sollten. Das Recht wird instrumentalisiert – auch für politische Interessen. Wer schützt es noch? Und damit uns? Es läuft etwas grundlegend schief in unserer Gesellschaft.

Rechtsfreie Räume: Der Staat weicht zurück

Unser Staat hat aufgehört, sich durchsetzen zu wollen. Das ist eine fatale Entwicklung. Denn Recht, das nicht durchgesetzt wird, findet keine Beachtung. Die Menschen respektieren es nicht mehr.

Das widerspricht nicht nur dem Rechtsstaat an sich, sondern auch der Demokratie. Denn unser Recht leitet sich über das Grundgesetz vom gewählten Parlament ab. Da kann es nicht dem Einzelnen überlassen bleiben, ob er es nun anwenden will oder nicht. Das wäre Willkür, Demokratie aber verlangt Rechtstreue.

Trotzdem werden zunehmend juristische Entscheidungen nicht mehr ernst genommen, kritisiert und infrage gestellt – aus vielerlei Gründen und mit unterschiedlichsten Motiven. Der Staat weicht zurück, zum Beispiel wenn seine Institutionen mit moralischen Argumenten unter Druck gesetzt werden: Die Arbeit von Behörden wird als unmenschlich oder diskriminierend bezeichnet, die Urteile der Gerichte als ungerecht oder zu lasch. Natürlich müssen diese Institutionen sich Kritik gefallen lassen, das ist Teil des demokratischen Prozesses. Doch wenn rechtliche Entscheidungen nicht mehr befolgt werden, überschreitet das eine Grenze.

Aufstand gegen Abschiebung

Ein Beispiel: Es war Juli 2015 – ein Tag wie jeder andere. Ich saß am Schreibtisch meines Büros in der 10. Etage des Amtsgerichts Bielefeld, als ich einen Anruf erhielt. Ein Wachtmeister bat mich, auf den Hof zu kommen. 30 Anhänger des Arbeitskreises Asyl protestierten gegen einen Abschiebungshaftbefehl, den eine Richterin meines Hauses erlassen hatte.

Das Recht auf Demonstration ist ein Grundrecht und somit zentraler Bestandteil unserer Demokratie. Doch dieses Mittel im öffentlichen Meinungskampf im Ringen um politische Mehrheiten taugt nicht, wenn es um ein zentrales Gut des Rechtsstaats geht: die Unabhängigkeit der Gerichte. Denn dort zählt nicht die Mehrheit. Es geht schlicht darum, das Recht anzuwenden.

Als sie mich erblickten, skandierten die Demonstranten »Nazi! Nazi!« – nur, weil ich der Direktor des Amtsgerichts war. Der Hintergrund: Eine 18-jährige Albanerin sollte abschoben werden. Sie war im März 2015 zusammen mit ihren Eltern und Geschwistern nach Deutschland gekommen und hatte Asyl beantragt. Alle Anträge der Familie waren abgelehnt worden, auch die anschließenden Prozesse beim Verwaltungsgericht Minden, bei denen gegen den Behördenentscheid geklagt wurde, waren erfolglos geblieben. Es konnte nicht nachgewiesen werden, dass die Familie in ihrer Heimat irgendeiner Bedrohung ausgesetzt war.

Arzt-Atteste zur Verzögerung

Dann erkrankte die Mutter. Ein ärztliches Attest bestätigte, sie könnte gesundheitlichen Schaden erleiden, würde sie abgeschoben. Das ist in einem Rechtsstaat zunächst zu akzeptieren, selbst wenn man hinter dem Attest eine Verzögerungstaktik vermutet. Nun nämlich konnte auch der Ehemann als Vertrauensperson nicht mehr abgeschoben werden und auch nicht die beiden minderjährigen Kinder, die der Betreuung bedurften. Die 18-jährige Tochter aber war volljährig und unterlag damit nur noch eingeschränkt dem Familienverband.

Die junge Frau weigerte sich strikt, nach Albanien auszureisen, und fand ihre Unterstützer im Arbeitskreis Asyl. Sie wolle, hieß es von dessen Seite, die Mutter nicht verlassen, übersetze im Übrigen die Arztgespräche und kümmere sich um ihre Geschwister. Das aber war die Aufgabe des Vaters, der genau deswegen bleiben durfte – also akzeptierte die Ausländerbehörde dieses Argument nicht und erwirkte bei Gericht einen Abschiebungshaftbefehl. Der Arbeitskreis Asyl bezeichnete diesen als »unmenschlich«.

Demonstranten blockierten am Tag der Verhandlung sämtliche Ausgänge des Amtsgerichts, sodass der Haftbefehl nicht vollzogen werden konnte. Jedesmal wenn der Gefangenentransport mit der jungen Frau den Hof verlassen wollte, um sie in die zuständige Unterbringungseinrichtung für Ausreisepflichtige ins westfälische Büren zu bringen, wurden die Ausfahrten blockiert. Wir mussten die Polizei rufen. Die Einsatzkräfte versuchten es mit Argumenten, ohne Erfolg. Der Versuch, die Einfahrt freizuräumen, scheiterte an heftigem Widerstand. Also mussten wir Verstärkung rufen; die Demonstranten allerdings erhielten ebenfalls Zulauf, sodass die gesamte Situation zu eskalieren drohte.

Die Ohnmacht der Polizei

Ich habe damals für eine harte Linie – und die Räumung – plädiert. Wo kommen wir hin, wenn Demonstranten die Vollstreckung des Rechts behindern, weil sie die Entscheidung für falsch halten? Für die Polizei aber sind solche Situationen nicht ganz einfach. In Nordrhein-Westfalen beispielsweise bestimmt das Innenministerium die genaue Vorgehensweise. In diesem Fall bedeutete das: Deeskalation. Nach stundenlanger Diskussion einigte man sich auf einen Kompromiss: Der Gefangenentransporter wurde vom Gerichtsgelände gelassen, jedoch verpflichtete sich das Ausländeramt der Stadt Bielefeld den Demonstranten gegenüber, am nächsten Tag über die Sache noch einmal zu entscheiden. Obwohl sie eigentlich längst klar war.

Am Folgetag – der Arbeitskreis Asyl hatte seine Strategie nachgebessert – fand eine Demonstration vor dem Rathaus statt: Das ärztliche Attest war dahingehend erweitert worden, dass der Mutter nicht nur dann schwerer gesundheitlicher Schaden drohe, wenn sie selbst abgeschoben würde, sondern auch, wenn die Tochter gehen müsse. Dies musste die Stadt akzeptieren. Der Abschiebungshaftbefehl wurde aufgehoben. Die gesamte Familie blieb in Deutschland.

Noch heute macht mich dieser Vorfall wütend. In der Öffentlichkeit – zum Beispiel der Berichterstattung der Medien – wurde er nicht so diskutiert, dass eine Richterin eine rechtmäßige Entscheidung getroffen hatte, die Demonstranten mit ihren Nötigungen und Beleidigungen hingegen im Unrecht waren. Nein, ihnen wurde zugebilligt, ihre Straftaten in Namen der Menschlichkeit begangen zu haben. Als habe das Recht eine unmenschliche Situation entstehen lassen. Das mag im Einzelfall sogar so sein – dennoch kann die Lösung nicht sein, die Autorität des Rechts infrage zu stellen. So kommt es in Gerichtsverfahren immer wieder mal vor, dass die von Abschiebung betroffenen Parteien triumphierend erklären, das Urteil interessiere sie nicht, da sie ohnehin nicht abgeschoben würden. Das aber darf nicht sein. Der Fall der jungen Albanerin zeigt exemplarisch, wie wenig die gesellschaftliche Debatte die juristischen Fundamente unserer Demokratie respektiert.

Kann das Gesetz unmenschlich sein?

Das gesamte Recht in Deutschland berücksichtigt die wichtigsten Grundwerte unserer Gesellschaft – Menschenwürde,

Menschlichkeit und die Gleichheit aller. Das Grundgesetz als oberstes Gesetz sichert das allen Bürgern zu. Jedes andere Gesetz hat diese Werte zu beachten, darüber wacht das Bundesverfassungsgericht. Auch die Behörden haben sie bei ihren Entscheidungen zu berücksichtigen, ebenfalls die Gerichte, wenn sie deshalb angerufen werden.

Auf jeder dieser Stufen wird also die Menschenwürde streng beachtet. Den Vorstellungen des Rechts folgend, ist nach einer rechtskräftigen und abschließenden Entscheidung gar kein Platz mehr dafür, dass gesellschaftliche Gruppen dieses Ergebnis infrage stellen. Es ist gesetzt und soweit unantastbar.

Dies gilt selbstverständlich auch im Ausländerrecht. Dieses Rechtsgebiet muss man sich als Hausrecht des Staates vorstellen. Ähnlich wie ein Eigentümer in seinem Haus möchte der Staat Kontrolle über den Zugang zu seinem Terrain behalten, wissen, wer sich dort aufhält, und Personen, von denen eine Gefahr ausgeht, verweisen.

Unser Staat jedoch ist viel großzügiger als ein normaler Hausbesitzer. Aus den Erfahrungen der nationalsozialistischen Zeit heraus haben wir aus guten Gründen das Asylrecht eingeführt. Menschen, die in ihrer Heimat politisch verfolgt werden, können bei uns Schutz erfahren. Wie so oft, gibt es aber auch hier eine Kehrseite der Medaille. Zum einen meint Asyl einen Aufenthalt auf Zeit. Die Verfasser des Grundgesetzes gingen selbstverständlich davon aus, dass diejenigen, die Asyl erhalten, auch wieder nach Hause zurückkehren, sobald die Verhältnisse dort sicher sind. Je länger sich die Flüchtlinge allerdings in Deutschland aufhalten, umso unwahrscheinlicher ist eine Rückkehr. Im besten Fall integrieren sie sich, finden Arbeit, schließen Freundschaften, schaffen sich ein soziales Umfeld. Schließlich können selbst Flüchtlinge, die ohne gültige Papiere gekommen sind, irgendwann die deutsche

Staatsangehörigkeit erhalten. Nach drei Jahren kann ihnen diese auch nicht mehr entzogen werden – selbst dann nicht, wenn sie nachweislich falsche Personalien angegeben hatten. Gibt ein Flüchtling dann an, doch nicht Mustafa Y. aus Afghanistan, sondern Mehmet X. aus Ägypten zu sein, muss ein Richter entscheiden, ob diese neue Personalie rückwirkend berichtigt werden muss. Mit negativen Folgen muss er jedoch nicht rechnen, die Angabe falscher Personalien ist verjährt und die Staatsangehörigkeit ist nicht mehr entziehbar.

Dieses System führt zu dem falschen Anreiz, auf den Faktor Zeit zu setzen. Nur wenige Länder gelten als »sichere Herkunftsländer«, in die schneller abgeschoben werden kann. Das sogenannte »Asylpaket II« versucht inzwischen, Verzögerungstaktiken zu erschweren, indem zum Beispiel höhere Anforderungen an ärztliche Bescheinigungen und medizinische Indikationen gestellt werden.

Kein Bleibe-, sondern Schutzrecht

Asyl ist nicht nur zeitlich, sondern auch vom Rechtskreis her eingeschränkt. Das bedeutet, dass nach der Genfer Flüchtlingskonvention nur Personen Schutz genießen, die befürchten müssen, in ihrem Heimatland wegen ihrer Rasse, Religion, Nationalität, politischen Gesinnung oder Zugehörigkeit zu einer bestimmten sozialen Gruppe verfolgt zu werden. Alles andere zählt nicht – weder Armut, noch Krieg oder die Folgen von Naturkatastrophen. Das ist sinnvoll, denn sonst käme es schnell zur Überforderung des Aufnahmestaates.

Zusätzlich gibt es noch den sogenannten »subsidiären Schutz«, der vorübergehend das Bleiben erlaubt, aber keinen Familiennachzug gestattet. Er gilt im Rahmen eines internationalen oder innerstaatlichen bewaffneten Konflikts – dann,

wenn Personen im Herkunftsstaat die Verhä
streckung der Todesstrafe drohen, Folter, un
erniedrigende Behandlung bzw. Bestrafung. C
eine ernsthafte individuelle Bedrohung des l
Unversehrtheit infolge willkürlicher Gewalt se
rische Bürgerkriegsflüchtlinge gilt diese Regelung.

Personen, die die genannten Kriterien nicht erfüllen, müssen wieder ausreisen. Aber nicht immer sofort – zur zwangsweisen Abschiebung ist es ein weiter Weg.

Gesetzlose Räume

Dieser rechtliche Rahmen ist großzügig und wohl ausgewogen. Doch die gesellschaftliche Diskussion der vergangenen Jahre hat ihn untergraben. Zum Zeitpunkt des Flüchtlingsstroms 2015 war dieses Rechtssystem bereits nicht mehr in der Lage, den Ansturm zu bewältigen: Rechtsfreie Räume entstanden.

Zunächst wurde in der öffentlichen Debatte stets darauf hingewiesen, dass Deutschland Einwanderung brauche und wir uns deshalb über die Zuwanderung freuen sollten. Teilweise wurde gar die freie Einwanderung verlangt. Zwei völlig unterschiedliche Bereiche – nämlich Asyl und Zuwanderung – wurden in dieser Diskussion nicht mehr unterschieden. Vor allem aber wurden in jedem Einzelfall die Emotionen angeheizt, jegliche Abschiebung als »unmenschlich« kritisiert – von Bürgerrechtlern, dem linken Spektrum und ähnlichen Gruppierungen.

Sicher, für den einzelnen Menschen kann eine Abschiebung hart sein. Aber ein Gesetz darf nicht nur das Individuum, sondern muss immer auch das große Ganze im Auge haben. Das Gesetz will aus gutem Grund, dass Schutz nur bei bestimmten Gefahren und dann auch nur auf Zeit gewährt wird. Dahinter

…ben gerade keine Willkür, sondern ein Ordnungsprin-
…. Soll sich dieses durch – wechselnde – Emotionen infrage stellen lassen?

Wenn – nach langen Verfahren und umfangreichem Rechtsschutz – die Ausreisepflicht schließlich durchgesetzt wird, gibt es oft Protest. Die Familie sei schon lange integriert, jemand habe Arbeit gefunden oder sei krank, ein Kind stünde kurz vor dem Schulabschluss. Es kommt zu Solidaritätsbekundungen von Mitschülern und Nachbarn. Hilft auch das nicht, bleibt noch eine Möglichkeit: »Kirchenasyl«. Rein rechtlich gesehen, gibt es dieses schlicht nicht. Wir leben nicht mehr in Zeiten des Glöckners von Notre Dame, der seiner schönen Esmeralda Asyl gewähren konnte (wie sein Schöpfer Victor Hugo in seinem berühmten Roman im Jahr 1831 dichtet). In Deutschland, im 21. Jahrhundert, haben sich auch kirchliche Institutionen in das Rechtssystem einzufügen. Dass es Hemmungen gibt, die Tür eines Pfarrhauses aufzubrechen und Personen in Haft zu nehmen, wie es eigentlich Recht wäre, liegt ausschließlich am Respekt des Staates vor der Religion. Somit verstehe ich das Kirchenasyl als eine besondere Art der Rechtsverweigerung.

Die Ausländerämter werden, wenn sie einfach nur das Gesetz durchsetzen, im Licht der Öffentlichkeit häufig zu Bösewichten, die mit ihrer »Härte« menschliches Leid erzeugen. Das lähmt sie. Auch von der Politik wurden sie über Jahre vernachlässigt. Kein Wunder, dass sie also schon zu Beginn des Flüchtlingsstroms kaum in der Lage waren zu arbeiten – geschweige denn, diesen zu bewältigen. Deshalb gab es zum Beispiel Ende 2015 in Deutschland rund 155 000 Menschen, die sich eigentlich gar nicht hier aufhalten durften, weil ihr Asylantrag abgelehnt wurde, die aber auch nicht abgeschoben wurden. Das ist eine extrem hohe Zahl und sie wird bis Ende 2017 vermutlich auf 450 000 Personen ansteigen.

Der Staat wird ausgenutzt

Entgegen der öffentlichen Meinung steht der deutsche Rechtsstaat im Zweifel aufseiten der Asylsuchenden – er kann einseitig ausgenutzt werden. Ein Beispiel: Kommt ein Tunesier nach Italien und beantragt dort Asyl, so hat er im Regelfall mit relativ großzügigen Behörden zu rechnen. Seit der Regierungszeit Berlusconis ist es verhältnismäßig einfach, eine »Gestattung« in Italien zu bekommen. Allerdings zahlt das Land nur 2,50 € pro Tag. Der Einwanderer steht völlig mittellos da. Das Kalkül der Italiener ist klar: Die Asylanten verlassen das Land rasch wieder und machen sich auf den Weg nach Norden, bevorzugt nach Deutschland.

Deutschland ist nach dem Dublin-II-Abkommen von 2003 eigentlich nicht zur Aufnahme dieser Flüchtlinge verpflichtet. Doch würde man Flüchtlinge nach Italien zurückschicken, wären sie zwei oder drei Tage später wieder in Deutschland, weil es keine kontrollierte Binnengrenze mehr gibt. Deshalb wird auf die Rückabschiebung im Regelfall verzichtet.

Dann aber geht es weiter: Durch eine Entscheidung des Bundesverfassungsgerichts hat jeder Ausländer, der sich in Deutschland aufhält, einen Anspruch auf eine finanzielle Mindestausstattung. Es wird also Menschen in Deutschland Sozialhilfe gezahlt, die eigentlich keinerlei Aufenthaltsrecht, ja sogar eine Straftat durch eine unerlaubte Einreise begangen haben. Diese Entscheidung des Bundesverfassungsgerichts halte ich für sehr problematisch. Aber als Richter muss ich sie befolgen.

In der Folgezeit geht es dann darum, das Asylverfahren möglichst beschleunigt zu bearbeiten. (Anträge von Tunesiern wie aus den übrigen Maghreb-Staaten werden meist zurückgewiesen). Wird der Asylantrag abschlägig beschieden und sind alle Rechtsmittel dagegen ausgeschöpft, ist der Ausländer eigentlich zur Ausreise verpflichtet. Dann tauchen jedoch neue Hindernisse auf: Tunesien zum Beispiel arbeitet – wie andere Staaten auch – bei der Ausstellung von Passersatzpapieren eher unwillig oder bestreitet sogar, dass es sich um seinen Staatsangehörigen handelt. Andere Staaten – wie zum Beispiel Äthiopien – verweigern sich sogar vollständig. Dann führt das zwangsläufig zu einer Duldung. Sie ist ein Instrument, falls eine Abschiebung nicht zeitnah durchgeführt werden kann.

Das erklärt vielleicht ein wenig, warum es sehr schwer ist, selbst auffällige Personen wie etwa den tunesischen Attentäter Anis Amri, der den Schwerlaster in den Berliner Weihnachtsmarkt fuhr, abzuschieben.

Duldung aus Ratlosigkeit

Menschen können oft entweder aus rechtlichen Gründen – ihnen droht etwa zu Hause die Todesstrafe – oder aus tatsächlichen Gründen – etwa Krankheit – nicht abgeschoben werden. Sie werden geduldet. Dabei ist es völlig irrelevant, ob sie Straftaten begehen oder sich in anderer Weise gegen die öffentliche Sicherheit und Ordnung schuldig machen, etwa zum Kreis gewaltbereiter Salafisten zählen. Das heißt: Das Abschiebehindernis überlagert alle anderen Gründe, die gegen einen weiteren Aufenthalt in Deutschland sprechen. So leben diese Personen auf unabsehbare Zeit mit staatlicher Unterstützung in Deutschland.

Man könnte einem Staat wie Tunesien damit drohen, entweder seine Staatsangehörigen zurückzunehmen oder aber die Entwicklungshilfe entzogen zu bekommen. Doch das Entwicklungshilfeministerium will seine Förderung nicht an die Frage der Abschiebung koppeln, mit dem Argument, dass es sonst zu einer weiteren Destabilisierung dieser Länder kommen könne. Die Diskussion hierüber hat allerdings begonnen.

Ein weiterer Fallstrick ist die Verwendung falscher Namen – was auch der Berlin-Attentäter Anis Amri in verschiedenen europäischen Ländern nutzte. Ziel ist häufig der mehrfache Bezug von Sozialhilfe. Diese liegt im Zuständigkeitsbereich der Kommunen. Lange Zeit waren die Kommunen untereinander nicht vernetzt und Mehrfachbezieher hatten leichtes Spiel. Diese Praxis wurde dadurch erschwert, dass Asylanten jetzt Fingerabdrücke hinterlassen müssen. In der Vergangenheit wurde das verhindert mit dem Argument, dass sie dabei erkennungsdienstlich wie Straftäter behandelt würden. Das hat sich zum Glück geändert – die Angst vor Terroranschlägen hat hier Spuren hinterlassen.

Erschwert bedeutet nicht unmöglich gemacht: Während des größten Ansturms von Flüchtlingen war die Abklärung der Personendaten allerdings nur eingeschränkt möglich. Auch zu Beginn des Jahres 2017 waren noch 90 Prozent der Ausländerbehörden in Deutschland nicht in der Lage, Fingerabdrücke zu nehmen und sie mit dem Ausländerzentralregister abzugleichen, das beim Bundesverwaltungsamt in Bonn angesiedelt ist. Offensichtlich bearbeiten die Kommunen die Fingerabdruckdatei zudem oft nur unzureichend, manchmal ist das Gerät kaputt, dann ist der zuständige Sachbearbeiter erkrankt usw. Die Mehrfachzahlungen sind also noch immer möglich.

Sozialhilfe trotz Illegalität

Ein weiteres Negativbeispiel für mangelnden Austausch möchte ich noch erwähnen. Es betrifft die Kommunen, die die Sozialhilfe auszahlen, und die Ausländerämter. Eine abzuschiebende Person kann beim Ausländeramt als unauffindbar registriert, also untergetaucht sein, gleichwohl aber bei einer Kommune Sozialhilfe unter einer konkreten Adresse beziehen – ohne dass es auffällt.

Eigentlich müssten in jedem Fall, in dem mehrfach Sozialhilfe bezogen worden ist, Strafanträge gestellt werden. Es handelt sich nämlich ganz klar um Betrug. Dies geschieht jedoch längst nicht in allen Fällen, weil das Ärger und Arbeit bedeutet. Wenn doch, sind keine hohen Strafen zu erwarten. Den Ersttätern wird vom Rechtsstaat eine gewisse wirtschaftliche Not zugebilligt, sodass es im Regelfall nur zu geringen Geldstrafen kommt. Der Staat muss jetzt sogar aufpassen, sich nicht völlig vorführen zu lassen. Wenn sich etwa eine ukrainische Familie – wie vor dem Verwaltungsgericht Münster 2017 verhandelt – als Syrer ausgibt und dann gegen die Aberkennung des Flüchtlingsstatuses klagen kann, versteht das der Bürger nicht mehr.

Das Ausländerrecht wird – obwohl demokratisch legitimiert – einfach nicht umgesetzt, weil es nicht in die politischen und ideologischen Zeitströme hineinzupassen scheint. Das Ergebnis ist eine gewaltige Anzahl eigentlich ausreisepflichtiger Ausländer, die auf Staatskosten in Deutschland leben, aber auch nicht in das System integriert werden können, da ihr Aufenthalt hier unsicher ist. Das fördert nicht nur einen Sumpf menschlicher Verzweiflung, sondern auch und vor allem Kriminalität.

Risiken durch Flüchtlinge: Gefühl oder Gefahr?

Die vielen Flüchtlinge, die gekommen sind, haben zu sehr unterschiedlichen Emotionen geführt: Große Hilfsbereitschaft, aber auch Angst und dem Gefühl der Bedrohung. Ist das berechtigt?

Generell ist das Gefühl, bedroht zu werden, meist stärker als die reale Gefahr, wie die Studie »Sicherheit und Kriminalität in

Niedersachsen« aus dem Jahr 2015 belegt: Obwohl die Kriminalitätsdelikte seit Jahren rückläufig sind, gingen zwei Drittel der Befragten vom Gegenteil aus. Ein großer Teil der Bevölkerung äußerte Furcht vor Übergriffen. Bei 15 Prozent ging das so weit, dass sie angaben, bestimmte Straßen zu meiden oder – ein besonderer Angstraum – öffentliche Verkehrsmittel. Dass objektive Sicherheit und subjektives Sicherheitsempfinden nicht übereinstimmen, ist also schon lange bekannt.

Köln war die Wende

Doch die Situation hat sich in jüngster Zeit verschärft. Nach den terroristischen Anschlägen in Frankreich, vor allem aber nach den Übergriffen in Köln zu Silvester 2015 ist die Angst deutlich gestiegen. Fürchteten sich bis Juli 2015 »nur« 60 Prozent der Deutschen vor mehr Kriminalität, so sind es 2016 nach einer Allensbach-Analyse 82 Prozent – und diese Umfragen fanden noch vor dem Anschlag auf den Weihnachtsmarkt in Berlin statt. Unsicher fühlen sich vor allem Frauen: Jede Fünfte gab an, sich nun noch vorsichtiger zu verhalten, und das ausgehend von einem ohnehin recht hohen Angstniveau. Bei den Männern war es nur jeder Zehnte. Statistisch gesehen markiert das eine Zeitenwende.

In der Silvesternacht 2015 kam es in einigen Großstädten Deutschlands, neben Köln auch in Düsseldorf, Bielefeld, Hamburg oder Frankfurt, zu massenhaft begangenen Straftaten wie sexueller Nötigung oder Eigentumsdelikten, vor allem durch Nordafrikaner. Das hat das Land geschockt. Die propagierte »Willkommenskultur« wurde in ihren Grundfesten erschüttert.

Die Vorgänge von Köln sind minutiös parlamentarisch aufgearbeitet worden. Der nordrhein-westfälische Landtag hatte am 19. Januar 2016 einen Untersuchungsausschuss eingesetzt. Die wesentlichen Ermittlungsergebnisse basieren auf dem Gutachten des Kriminologen und Psychologen Rudolf Egg. Ihm wurden insgesamt 1580 Fälle vorgelegt, von denen er 1022 auswerten konnte.

Was ist in dieser Nacht geschehen? Dic unkontrollierte Häufung der Straftaten führte Egg in erster Linie darauf zurück, dass die Polizei zu spät Präsenz auf der »Platte« zwischen Kölner Dom und Hauptbahnhof zeigte. Das schuf ein Klima der Anonymität, das den Tätern das Gefühl gab, nicht für ihre Handlungen persönlich zur Verantwortung gezogen werden zu können. So etwas kann einen Sogeffekt auslösen: Werden vor Ort von einigen bereits Straftaten im kleineren Umfang begangen, dann werden weitere Personen, die das eigentlich gar nicht vorhaben, dazu verführt, ebenfalls kriminell zu werden. Die Kriminologen sprechen dann von der Broken-Windows-Theorie – das heißt: Zerbrochene Scheiben müssen sofort repariert werden, um das Ausräumen des Geschäfts oder der Wohnung und damit Ausbreitung von Kriminalität zu verhindern.

Ungekannte Brutalität

Vonseiten der Polizei wäre geboten gewesen, frühzeitig einzugreifen und erste Straftaten konsequent zu verfolgen. Auch die Räumung und Sperrung des Domplatzes hätte frühzeitig erfolgen müssen. Der Rechtspsychologe Egg räumte allerdings ein, dass es sich bei den Vorgängen um ein in Deutschland neues Phänomen gehandelt habe.

In dieser Nacht hat der Staat versagt, auch wenn sich kaum sagen lässt, wer das nun individuell zu verantworten hat. Die Schilderungen der Opfer sind bedrückend. Eine Frau sagte:

»Ich fühlte mich in dieser Nacht nicht wie ein Mensch, sondern eher wie ein Gegenstand … hilflos. Ich habe die ganze Nacht nichts gesehen, nur gespürt, weil meine Augen voller Tränen waren.«

Der Polizeipräsident von Köln wurde mit dem Argument entlassen, er genieße kein Vertrauen mehr. Für die Bevölkerung war das ein Bauernopfer, um den politisch verantwortlichen Innenminister Ralf Jäger (SPD) zu schützen. Den Vorwurf der mangelnden Vorbereitung kann man dem Polizeipräsidenten kaum machen, schließlich hatte es einen solchen Vorfall noch nie gegeben. Eher war es ein Fehler, dass das Polizeipräsidium in den ersten Pressemeldungen von einer »normalen« Silvesternacht sprach. Das roch nach Vertuschung.

Diese völlig ungeregelte Situation in Köln und die ausweichende politische Reaktion hierauf haben in den Köpfen der Bürger etwas verändert. Das Grundvertrauen zwischen ihnen und ihrem Staat, der sie in den letzten Jahrzehnten weitgehend verlässlich beschützt hatte, ist stark beschädigt worden. Doch unser Staat lernt schwerfällig und die Fehler von Köln wurden auf dem G20-Gipfel im Juli 2017 in Hamburg wiederholt. Zunächst schätzte die Politik die Gewaltbereitschaft falsch ein. Der Erste Bürgermeister, Olaf Scholz (SPD), verglich den Gipfel im Vorfeld mit dem Hamburger Hafengeburtstag und versprach, dass die Bürger von der Veranstaltung »nichts bemerken würden«. Ein fataler Irrtum, der angesichts mehrerer Krawalle bei Gipfeltreffen in den letzten Jahren völlig unverständlich ist.

Wichtiger als dieser Irrtum ist aber der Gesamtzusammenhang mit dem Kulturzentrum »Rote Flora«, in dem die Hamburger Bürgerschaft seit ihrer Besetzung im Jahr 1989 immer wieder rechtsfreie Räume geduldet hat. Nach 25 Jahren Besetzung waren sich die Vertreter der »Roten Flora« so sicher, frei schalten und walten zu können, dass sie 2014 in einer Pressekonferenz äußerten: »Es ist egal, wem das Gebäude gehört – die Flora als Kulturzentrum bleibt ohnehin erhalten«. Unverblümter kann man die Missachtung des Rechts nicht ausdrücken.

Die Politik setzt das Recht aus Angst vor Krawallen schon lange nicht mehr konsequent durch. Dieses Vakuum, genutzt von selbstgerechten und demokratiefeindlichen Aktivisten, bietet einen idealen Nährboden für Gewalt. Unter dem Protest-Motto »Welcome to Hell« wurden bewusst Gewalttäter nach Hamburg gelockt. Die fast 30 Jahre währende Toleranz der Hamburger Bürgerschaft mit der »Roten Flora« und die dahinter stehende Erwägung, die Aktivisten würden kooperieren und sich so auf lange Sicht unseren Gesetzen anpassen, hat vermutlich zur Fehleinschätzung von Olaf Scholz geführt. Auch für Hamburg gilt: Die Duldung rechtsfreier Räume gepaart mit politischer Fehleinschätzung waren ein idealer Treibsatz, um die Demokratie zu beschädigen und das Vertrauen der Bürger in Sicherheit und Ordnung zu untergraben. Doch zurück zu Köln: Was wäre politisch zu tun gewesen?

Zweierlei Maßstäbe

Dem Bürger hätte als Allererstes gezeigt werden müssen, dass die Politik seine Sorgen ernst nimmt und dass man dafür auch bereit ist, an höchster Stelle politische Verantwortung zu übernehmen. Das dient einfach der politischen Hygiene. Aber ein Rücktritt, um einen politischen Neuanfang zu ermöglichen, scheint aus der Mode gekommen zu sein. Als er noch in der Opposition war, hatte gerade Ralf Jäger immer wieder Rücktritte gefordert. Als es in einer Jugendhaftanstalt in Siegburg im Jahr 2006 beispielsweise zu einem schlimmen Mord kam, stand die damalige Justizministerin Roswitha Müller-Piepenkötter (CDU) in der Schusslinie. Als sie nicht zurücktrat, versprach Jäger gegenüber der *FAZ* am 4. Dezember 2006, die Ministerin »zu grillen«. Als diese den Gefängnisdirektor entließ, erklärte er, sie könne sich nicht von ihrer Verantwortung »freikaufen«. Wer so hohe Maßstäbe wie Jäger setzt, sollte sich selbst an ihnen messen lassen.

Als Gast der WDR-Diskussionssendung von Bettina Böttinger konnte ich die Spannungen wenige Wochen nach dem Vorfall unmittelbar spüren. Frauen berichteten von ihrer Angst. Sicher war die Domplatte nun ausreichend geschützt, was aber war mit den Bahnhöfen in den Vororten, wo man gelegentlich als einziger Fahrgast im Dunkeln aussteigen muss? Was kann auf den unbeleuchteten Straßen der kleinen Städte Deutschlands passieren?

Ungesühnte Krawalle

Die Angst war da und hätte ernst genommen werden müssen. Aber – bis auf den Rücktritt des Kölner Polizeipräsidenten waren Konsequenzen nicht zu erkennen. Das Unbehagen vieler Menschen ist dadurch verschärft worden, dass nur wenige Täter angeklagt werden konnten. Bundesweit gab es wegen der Silvestervorfälle 1808 Anzeigen, die meisten in Köln. Nur 59 Personen wurden angeklagt und noch weniger verurteilt. Der Grund lag vor allem darin, dass sich viele der Täter durch Zeugenaussagen kaum hinreichend identifizieren ließen. Noch schlimmer ist aber, dass ein Jahr später, in der Silvesternacht 2016, erneut rund tausend Nordafrikaner bzw. Araber zusammenkamen und offensichtlich bereit waren, das gleiche Spektakel zu wiederholen. Nur war nunmehr die Polizei besser vorbereitet und konnte Straftaten weitgehend verhindern.

Der »Dank« dafür war, dass die grüne Parteivorsitzende Simone Peter den absurden Vorwurf diskriminierender Polizeikontrollen erhob. Hier ist ein weiterer Aspekt, der verändert werden muss: Die Polizei braucht politische Rückendeckung für ihre Maßnahmen. In nur wenigen Ländern ist die Polizei in ihrer Rechtsdurchsetzung so zurückhaltend wie in Deutschland. Wer einmal in den USA in eine Straßenkontrolle geraten ist, weiß das.

Die Stadt hatte sich nun nicht mehr überrumpeln lassen. Trotzdem empfinde ich die Tatsache als unheimlich, dass sich offensichtlich über soziale Medien Personen binnen kurzem zusammenrotteten, um den Staat herauszufordern. Im Übrigen spricht die Silvesternacht 2016 tendenziell gegen die Aussage des Gutachters Egg, 2015 habe sich niemand dazu verabredet, gezielt Straftaten zu begehen.

Dass an die tausend Personen erneut aufgewiegelt werden konnten, zeigt, dass man ähnliche Aktionen in Köln oder an anderen Orten künftig nicht mehr ausschließen kann. Diese Prognose wird auch dadurch bestätigt, dass sich Anfang März 2017 an die 150 junge Männer in Hanau zu einer Massenschlägerei verabredet hatten, an der in erster Linie unbegleitete minderjährige Flüchtlinge und türkischstämmige Einheimische teilnahmen. Trotz polizeilichen Einschreitens wurde dies nur wenige Tage später im nicht weit entfernten Gelnhausen wiederholt.

In all diesen Fällen muss eingehend aufgeklärt werden, was zu den Vorfällen führte, und natürlich muss die Polizei dazu auch die rechtlichen und technischen Voraussetzungen bekommen, um Verabredungen per Handy nachverfolgen zu können (siehe Kapitel »Hilft ein Überwachungsstaat?«, »Was die Politik ändern muss«, darin »Anpassung an die reale Welt«). Denn Ermittlungen im Täterkreis selbst sind nur schwer möglich, da sich die Beschuldigten regelmäßig nicht äußern.

Hilft ein Überwachungsstaat?

Das Thema Sicherheit ist zum zentralen politischen Thema geworden. Viele Forderungen sind überzogen, und manche Politiker erfinden Scheinlösungen, ohne Kriminalität objektiv eingrenzen zu können. Doch was kann man wirklich tun, um die Sicherheit zu erhöhen?

Hohe Erwartungen setzen viele Bürger in die Videoüberwachung. Mehr als 80 Prozent wünschen sich Umfragen zufolge den Ausbau des Kameranetzes im öffentlichen Raum. Videotechnik kann tatsächlich dazu beitragen, Straftaten nachträglich aufzuklären. Im Fall des Mannes, der 2016 ohne Grund eine ihm unbekannte Passantin so ins Kreuz trat, dass sie in Berlin eine U-Bahn-Treppe hinabfiel, brachten sie einen Fahndungserfolg. Fraglich ist dennoch, ob Kameras der Abschreckung dienen können. Eindeutig belegen lässt sich das nicht. Denn oft wird Kriminalität nur an andere Orte verdrängt. Auch verhindern Überwachungskameras nicht terroristische Anschläge, die gerade auf breite Öffentlichkeit zielen, oder spontan begangene Straftaten. In Köln beispielsweise konnte die Installation von Videokameras zu Silvester 2016 nicht verhindern, dass sich erneut 1000 Personen zum Randalieren verabredet hatten. Auch der Berliner Attentäter Anis Amri war auf zahlreichen Videofilmen zu erkennen. Aber nicht das führte dazu, ihn aufzuspüren, sondern erst eine klassische Polizeikontrolle in Italien.

Auch die elektronische Fußfessel – eine weitere von der Politik unterstützte Maßnahme – hat einen gewissen Nutzen. Ihr Signal verrät, wo Personen, von denen eine Gefahr ausgeht, gerade sind. So lässt sich beispielsweise verhindern, dass sich verurteilte Pädophile in der Nähe von Kindergärten oder Schulen aufhalten – immerhin. Entschlossene Straftäter aber wird eine elektronische Fußfessel nicht aufhalten. Dies hat etwa 2016 ein

Attentat im französischen Rouen auf einen 85-jährigen Priester verdeutlicht. Die Fußfessel des einen der beiden islamistischen Täter sollte seinen Hausarrest sicherstellen. Er durfte nur an wenigen Stunden am Tag das Haus verlassen und nutzte diese für die Tat. Ähnlich bei einem Mord an einem fünf Jahre alten Jungen im bayerischen Arnschwang. Der 41-jährige, geduldete Afghane trug eine elektronische Fußfessel, als er das Kind in einer Asylbewerberunterkunft niederstach.

Der deutsche Gesetzgeber hat die Fußfessel bei bevorstehenden terroristischen Straftaten eingeführt. Das Beispiel von Rouen aber zeigt, dass hier Erwartungen geweckt werden, die nicht eingehalten werden können.

Wie erkennt man »Gefährder«?

Als »Gefährder« werden laut Bundesregierung Personen bezeichnet, bei denen Ermittlungen die Annahme stärken, dass sie politische Straftaten von erheblicher Bedeutung planen. Nach dieser polizeilichen, aber letztlich sehr unbestimmten Definition gab es in Deutschland im März 2017 586 islamistische Gefährder, deutlich mehr als die nicht-muslimischen 22 aus dem rechten und die vier aus dem linken Spektrum.

Anis Amri war schon länger aufgefallen und wurde auch überwacht. Er war vorübergehend als »Gefährder« eingestuft. Wäre das Attentat verhindert worden, wenn er eine Fußfessel getragen hätte, um Nordrhein-Westfalen nicht zu verlassen? Dann wäre er vielleicht dort in eine Menschenmenge gerast.

Wie dieser Fall zeigt, hat der Staat Mühe, sich gegen »Gefährder« zur Wehr zu setzen. Sicher, man kann diesen Personen auferlegen, ihren Aufenthaltsort nicht zu verlassen. Wird dagegen verstoßen, ist das eine Straftat. Doch kam es zu solchen Anzeigen, wurde in den Strafverfahren von der Verteidigung darauf verwiesen, dass es unmenschlich sei, Menschen so an ihrer Bewegungsfreiheit zu hindern. Der Flüchtling, der ohnehin schon Gewalterfahrungen besitze, habe doch nur Verwandte und Freunde besucht. Zumeist werden solche Fälle durch die Staatsanwaltschaft eingestellt, allenfalls werden Geldstrafen verhängt. Die Idee des Journalisten (und Juristen) Heribert Prantl in der *Süddeutschen Zeitung*, dass ein strafrechtlicher Haftbefehl gegen Amri hätte erwirkt werden können, ist deshalb eine Illusion. Wenn nur Geldstrafen drohen, kann im Strafrecht allein aus Gründen der Verhältnismäßigkeit keine Untersuchungshaft verhängt werden.

Sicher, wir werden besser. Es gibt bereits Computerprogramme, die mit einer hohen Treffsicherheit Gefährder bestimmen können, wenn man sie mit den maßgeblichen Daten füttert. Aber was macht man in der Folge? In einem Rechtsstaat ist es unzulässig, einen Menschen einzusperren, der nur an eine Straftat denkt – immerhin kann er sich noch dagegen entscheiden. Der Vorschlag einer Präventivhaft (siehe Kapitel »Den Rechtsstaat nicht abbauen«) ist also heikel. Sicherheit ist ein Thema, auf das der Staat nie eine vollständige Antwort wird geben können – auch weil diese immer in einem Spannungsverhältnis zur Freiheit der Bürger stehen muss.

Keine Hauruck-Lösungen

Das Recht mit seinen komplizierten Abwägungsprozessen steht also schnellen Lösungen im Weg. Wir müssen das ehrlich einräumen, sonst enttäuschen wir die Bürger noch mehr, und sie fangen an, den Rechtsstaat als Bedrohung für die eigene Sicherheit zu empfinden. Sicherheit, so denke ich, muss Schritt für Schritt erarbeitet werden. Dazu ist es erforderlich, den Bürgern keine Placebos zu verabreichen. Fußfessel, Video- und andere moderne Überwachungsmaßnahmen sind zwar ein richtiger Schritt, aber sie werden die Probleme allenfalls leicht abschwächen. Ein totaler Überwachungsstaat kann nicht die Lösung sein.

Was wirklich hilft, sind die klassischen Mittel: mehr Polizei auf den Straßen, eine konsequente Strafverfolgung und ein strikt angewandtes Ausländerrecht. Vor allem darf es nicht wieder dazu kommen, dass wir die Kontrolle an unseren Grenzen verlieren.

Terror: Fehdehandschuh für die Demokratie

Er ist angekommen in Deutschland. Nicht nur örtlich und politisch, sondern in unseren Köpfen: der islamistische Terror. Zuerst hatte er einen Bogen um unser Land gemacht und vor allem Frankreich getroffen. Ausgerechnet das Land, das noch zu Beginn der 90er-Jahre für seine gelungene Integration gefeiert wurde. Nach der Euphorie der gewonnenen Fußball-WM 1998 im eigenen Land jubelten auch viele Franzosen muslimischen Glaubens für ihre Nation. Mit Kopftuch, aber weltoffen – so lautete die politische Botschaft.

Deutschland wurde wegen eines angeblich rückschrittlichen Staatsbürgerschaftsrechts vor allem von den Grünen kritisiert. Es hätte sich generell nicht ausreichend um die Integration gekümmert. Jetzt aber sind auch wir dran. Frankreich, Belgien, Deutschland, England, Schweden, ganz Europa. Wir sind nun wieder in einem Boot – und das hat ja bei allen Gefahren auch Vorteile.

Die Furcht wird größer

Seit Sommer 2016 vergeht kaum eine Woche ohne Nachrichten über aktuelle Terroranschläge oder Terrorwarnungen, auch in Deutschland: Ansbach, Bamberg, Berlin. Die anhaltende Bedrohung hinterlässt Spuren in unseren Köpfen. Das Sicherheitsgefühl der Deutschen ist stark angeschlagen. Die Furcht vor islamistischem Terror steigt nach einer Erhebung im Roland Rechtsreport (Februar 2017) stetig. Im Jahr 2009 hielten 55 Prozent die Gefahr für hoch, 2014 schon 63 Prozent und im August 2016 waren es bereits 77 Prozent. Nach Berlin dürfte die Kurve fast den höchsten Punkt erreicht haben.

Das ist nicht nur irgendeine abstrakte Einschätzung. Die Menschen beziehen die Gefahr auf sich persönlich und fühlen sich unmittelbar bedroht. Auch hier zeigt die Kurve steil nach oben. Von 39 Prozent im Jahr 2006 auf 65 Prozent im Jahr 2016. *Akut* bedroht fühlen sich jetzt schon 10 Prozent. Das beeinflusst auch unser Verhalten: 45 Prozent sind in größeren Menschenansammlungen verunsichert. Darunter sind mit 50 Prozent überdurchschnittlich viele Frauen. 27 Prozent der Bevölkerung meiden deshalb bestimmte Orte wie U-Bahnhöfe oder große Veranstaltungen: 31 Prozent der Frauen und 21 Prozent der Männer.

Das darf so nicht bleiben. Denn dann ginge die perfide Strategie der Terroristen auf: Einschüchterung. Wir sollen das aufgeben, woran wir glauben: Unsere Freiheit in friedlichen und demokratischen Strukturen. Die Gefahr ist da: Wir könnten uns radikalisieren und damit genau den Weg beschreiten, auf den sie uns zwingen wollen: nämlich uns ins Unrecht zu setzen bei dem Versuch, uns mit autoritären Maßnahmen zu schützen.

Den Rechtsstaat nicht abbauen

Und da kommen sie wieder, die Vorschläge, deren Umsetzung wesentliche Teile unseres Rechtsstaats einreißen würden. Eine Idee aus Bayern zum Beispiel ist, zeitlich unbegrenzte Präventivhaft einzuführen. Zwar ist es löblich, dass Bayern hier als eines der ersten Bundesländer überhaupt eine rechtliche Definition vorschlägt, wer als »Gefährder« in eine solche Präventivhaft sollte. Aber alle Vorschläge, Menschen, von denen eine Gefahr ausgeht, vorsorglich in Haft zu nehmen, sind immer an einem fehlenden Ausstiegsszenario gescheitert. Wann soll wer die Personen wieder freilassen?

Bayern will diese Entscheidung uns Richtern übertragen, das liegt nahe. Aber nach welchen Kriterien soll sie getroffen werden? Wenn mir ein vor Jahren gefährlicher Islamist sagt, er habe sich nunmehr von allen terroristischen Bestrebungen abgewandt, wie könnte ich ihm glauben? In der Haft konnte er das kaum unter Beweis stellen. Es bleibt also immer ein Risiko und dies verlängert die Haft ad infinitum. Denn welcher Richter sollte das Risiko eines folgenschweren Irrtums auf sich nehmen wollen?

Der gleiche Effekt führt übrigens dazu, dass psychisch kranke Straftäter länger in Kliniken untergebracht sind als Straftäter vergleichbarer Delikte in Justizvollzugsanstalten. Deshalb hat der Gesetzgeber für psychisch kranke Straftäter Endzeitpunkte eingeführt, zu denen sie spätestens zu entlassen sind.

Eine Form der Präventivhaft kennen wir heute schon. Hooligans werden vor einem als risikoreich eingestuften Fußballspiel in Haft genommen, damit sie kein Unheil anrichten können. Nur ist irgendwann das Spiel gelaufen, und dann kommen sie wieder frei. Hier gibt es also einen natürlichen Endpunkt. Bei islamistischen Gefährdern nicht. Dass jedoch Gefährder zur Vorbereitung ihrer Abschiebung in Haft genommen werden können, halte ich für richtig. Mit der Abschiebung wird die Haft aufgehoben; es gibt also hier im Gegensatz zur unbestimmten Präventivhaft einen absehbaren Endzeitpunkt der Haft.

Verwerfen wir also schnell diesen Gedanken, auch wenn jeder zweite Bundesbürger ihn für richtig hält. Er würde zwangsläufig die Wut der Feinde der Demokratie nur noch mehr schüren.

Ich muss an dieser Stelle die Binsenweisheit anführen, dass es gegen Terror keinen wirklichen Schutz gibt. Es beruhigt mich, dass sich unsere Bevölkerung dessen bewusst ist: Nur 26 Prozent der Deutschen glauben, dass die Politik in der Lage sein wird, sie vor Terror zu schützen; 58 Prozent glauben das nicht. Ich auch nicht. Es geht wie bei der Sicherheit im Straßenverkehr eher darum, ein Mehr an Sicherheit zu gewinnen. So schlimm das klingt: Die Verkehrstoten sind Normalität und so ähnlich wird es auch bei der Terrorgefahr werden. Wir müssen uns daran gewöhnen. Denn eine Alternative haben wir nicht. Wir können den Terror nicht wegzaubern.

Wenn wir unsere Fassung wahren, wird der Terror auch für die Terroristen weniger wirkmächtig. Sie erzielen dann nicht mehr das Maß der Verunsicherung, das sie sich wünschen. Für einen Teil der Terroristen wird die Faszination verloren gehen. Ein anderer wird sich neue Strategien ausdenken – darauf müssen wir vorbereitet sein.

Terror-Vorbereitung ist strafbar!

Wie können wir uns wappnen? Die Unterstützung der Bevölkerung für Maßnahmen zur Terrorbekämpfung wächst. Einiges ist bereits geschehen. Zum Beispiel im materiellen Strafrecht. Hier sind neue Straftatbestände geschaffen worden. Bei Terrorgefahr ist die Strafbarkeit in das Vorfeld der Tat vorverlegt worden. Was heißt das?

Nehmen wir einen Bankraub. Der Täter besorgt sich eine Wollmütze und schneidet Löcher hinein. Er kundschaftet den Tatort aus, besorgt sich eine Schreckschusspistole und setzt sich dann in ein Auto, um zur Bank zu fahren. Bis dahin ist alles straflos. Der Täter könnte es sich ja vor der Bank noch anders überlegen. Mit dem – strafbaren – Versuch des Bankraubs hat er noch nicht begonnen. Der fängt erst an, wenn er mit der Wollmütze über dem Kopf kurz vor der Schalterhalle ist.

Bei Terror ist das rechtlich inzwischen anders. Hier haben wir auch Taten unter Strafe gestellt, die »nur« der Vorbereitung der terroristischen Tat dienen, zum Beispiel der Besuch eines Terrorcamps oder finanzielle Transaktionen zur Unterstützung des Terrors. Schon die Mitgliedschaft in einer terroristischen Vereinigung ist strafbar. Mehr kann man juristisch nicht tun.

Kann man Terroristen überhaupt abschrecken? Durch Strafandrohungen wohl kaum. Wer auch den Tod in Kauf nimmt, wird sich von dem Urteil »lebenslänglich« nicht abhalten lassen. Wer die öffentliche Wahrnehmung ersehnt, wird Videokameras nicht fürchten. Andere Abschreckungsmaßnahmen – wie etwa das von Israel betriebene Abreißen von Häusern von Terroristen – befürworten wir nicht. Sie würden nur noch mehr Hass erzeugen.

Mehr Teamspiel der Länder

Was kann man noch tun? Notwendig ist eine bessere Prävention. Zum Beispiel eine effiziente Zusammenarbeit von Geheimdiensten und Sicherheitsbehörden in Deutschland und Europa. Innenminister Thomas de Maizière (CDU) hat völlig zu Recht die Frage aufgeworfen, ob wir es hier nicht mit den föderalen Strukturen übertrieben haben. Muss es in jedem Bundesland ein Landeskriminalamt und einen Verfassungsschutz geben? Sind die Länderverfassungen – wie sein parlamentarischer Staatssekretär Günter Krings (CDU) in einer Diskussion im März 2017 mit mir zu Recht fragte – so unterschiedlich, dass jedes Land einzelner Sicherheitsbehörden bedürfe? Ich denke nicht.

Die Überlegungen zu mehr Zentralisierung auf Bundesebene sind richtig. Ein erster Schritt ist das gemeinsame Terrorabwehrzentrum in Berlin, wo Vertreter der Länderbehörden sich austauschen. Amri war dort als Islamist erkannt, zum Schluss allerdings nicht mehr als akuter Gefährder eingestuft worden.

Natürlich benötigen die Sicherheitsbehörden auch moderne Instrumente der Überwachung und Strafverfolgung. Hier sehe ich die größten Defizite bei der Quellen-Telekommunikationsüberwachung (TKÜ) und der Verkehrsdatenspeicherung. Weitere Instrumente wären mit dem Verlust von Freiheitsrechten verbunden und deshalb problematisch. Das gilt vor allem für die Videoüberwachung. Das Bundesverfassungsgericht hat dies immer wieder ausgesprochen und verlangt deshalb, dass der Zweck der jeweiligen Überwachung klar umgrenzt ist. Sie muss also detailliert begründet werden. Alles Mögliche ohne jeden konkreten Anlass und ohne Verdacht zu überwachen, wäre wie der Schuss mit einer Schrotflinte in den Wald. Eine Kugel trifft vielleicht die Jagdbeute, die anderen können viel Schaden anrichten. Ich mahne also zur Vorsicht. Gleichzeitig hat der Gesetzgeber nachgelegt und die Videoüberwachung vereinfacht. So gab es immer wieder Probleme, wenn eine Kamera im Eingangsbereich eines Einkaufszentrums zugleich einen Ausschnitt der öffentlichen Straße mit aufnahm. Das wird nun eher kein Hindernisgrund mehr sein.

Der Staat holt auf

Wir wissen mittlerweile, wer sich im Land aufhält. Die Außengrenzen der EU sind besser gesichert und Asylsuchende müssen ihre Fingerabdrücke hinterlassen. Mehrfachanträge, um mehr Sozialhilfe zu erlangen oder die Spuren zu verschleiern, werden somit denkbar erschwert. Der Staat hat also Boden gut gemacht. Aber all das hat unnötig lange gedauert. Vieles wurde blockiert, weil viele gutmeinende Bürger die Abnahme von Fingerabdrücken mit Kriminalisierung gleichsetzten. Inzwischen wünscht sich eine Mehrheit, dass alle in die EU Einreisenden ihre Fingerabdrücke hinterlassen müssen. Die Ausweitung dieser Maßnahme über Asylsuchende hinaus halte ich jedoch für übertrieben. Viele der sonstigen Einreisenden müssen ohnehin ein Visum beantragen, bei dem der Zweck der Einreise überprüft wird. Dringend erforderlich ist es allerdings, besser zu überprüfen, dass diejenigen, die mit einem Visum einreisen, das Land auch wieder verlassen. Das geschieht bisher unzureichend.

Die Politik hat auf die terroristische Gefahr mit einiger Zeitverzögerung, aber angemessen reagiert. Sie setzt um, was sinnvoll ist, verfassungsrechtlich statthaft und akzeptiert wird. Trotzdem bleibt ein flaues Gefühl. Der Schutz, den man erreicht, bleibt lückenhaft. Was kann die Politik noch machen? Wir sollten uns offen fragen, weshalb der islamistische Terror entstanden ist. Liegt es nur an der Religion? Wohl kaum, denn Hunderte Millionen Muslime üben ihre Religion friedlich aus. Aus meiner Sicht fühlen sich viele aber vom Westen nicht auf Augenhöhe behandelt, nicht wertgeschätzt. Darauf hat auch der ehemalige Bundespräsident Christian Wulff mit seinem Statement, der Islam gehöre zu Deutschland, hingewiesen. Er wollte damit gewissermaßen die Bremsen im Verständigungsprozess lösen.

Scharia und Co.: Toleranz für Rechtsboykott

Das Ideal der Multikulti-Gesellschaft ist längst der Einsicht gewichen, dass es nicht immer leicht ist, unterschiedliche kulturelle Traditionen und Prägungen in unseren Rechtsstaat zu integrieren. Zum Beispiel Kinderehen, die von manchen als staatlich legalisierter Kindesmissbrauch bezeichnet werden.

Kinderehen akzeptieren?

Das Oberlandesgericht (OLG) Bamberg hat im vergangenen Jahr für Schlagzeilen gesorgt, als es die Ehe eines fünfzehnjährigen Mädchens mit einem 21-Jährigen für wirksam erklärte. Das Paar war aus Syrien geflohen und hatte bereits dort geheiratet. Das Jugendamt in Aschaffenburg hatte das Mädchen aber von ihrem Ehemann getrennt, weil es die Eheschließung nach deutschem Recht für nicht gültig befand. Das syrische Paar ging gegen diese Entscheidung vor. Während das Familiengericht noch dem Jugendamt Recht gab, hob das OLG die Entscheidung der unteren Instanz auf und erklärte die Ehe für wirksam.

Das Urteil ist rechtlich korrekt. Der Sprecher des OLG erklärte die Rechtslage so: »Der Familiensenat stützt sich bei seiner Entscheidung auf § 1633 Bürgerliches Gesetzbuch, wonach eine verheiratete Minderjährige selbst darüber bestimmen kann, wo sie sich aufhalten und mit wem sie Umgang haben möchte.« Die Rechte des Vormundes seien eingeschränkt, wenn eine wirksame Ehe bestehe. Das OLG bejahte den Eheschluss nach syrischem Recht, der auch in Deutschland wirksam sei, da es auch im deutschen Recht Ausnahmen gebe, bei denen Minderjährige eine Ehe eingehen können.

Der Familiensenat des Oberlandesgerichts hat die Rechtsbeschwerde gegen seine Entscheidung zugelassen, da die Sache grundsätzliche Bedeutung hat und geklärt werden sollte. Der Fall ging zum Bundesgerichtshof, der sich bislang nicht dazu geäußert hat. Wird die Ehe aus Gründen des Kinderwohls annulliert?

Die Aufregung ist – salopp gesprochen – schon in der Halbzeitpause groß. Wenn man über den Sachverhalt mit kühlem Kopf nachdenkt, wirkt das Urteil keinesfalls skandalös: Das Paar hat in Syrien geheiratet, und die Ehe war dort wirksam. Mit dem Grenzübertritt hat sie sich aber am deutschen Recht zu messen. Grundsätzlich akzeptiert es das ausländische Recht – denn eine Ehe hat Folgen. Wenn sie aufgelöst würde, wären mögliche Kinder aus der Ehe dann plötzlich nichtehelich. Erbschafts- und Unterhaltsansprüche würden entfallen.

Vergleich mit Deutschland

Unser Recht schreibt deshalb bisher eine Einzelfallprüfung vor, bei der das Kindeswohl im Zentrum steht. Aber wichtig ist hier auch die Frage, wie weit denn die syrische Regelung von unserer entfernt ist? Auch in Deutschland durfte bisher ein 18-Jähriger eine 16-Jährige heiraten. Also stellt sich die Frage: Ist dieses Recht so weit weg von dem Altersverhältnis 21 zu 15, dass die ausländische Ehe annulliert werden sollte?

Bis zum Inkrafttreten des Bürgerlichen Gesetzbuches am 1. Januar 1900 war die deutsche Regelung verblüffend ähnlich mit der syrischen: Frauen durften mit Vollendung des 14. Lebensjahres heiraten. Meine eigenen Großeltern könnten also solchen Ehen entstammen, die viele heute für einen Ausdruck des Kindesmissbrauchs halten.

Es ist schon vertrackt mit dem Recht. Da meint man, eine klare Position gefunden zu haben, und dann werden wieder Gegenargumente deutlich. Aber die Juristen machen es sich nicht einfach. Sie sagen ja nicht, dass jede Kinderehe wirksam sei, sondern prüfen jeden einzelnen Fall. Und der Rechtsstaat vermag zu reagieren. Durch eine Reform im Jahr 2017 hat der

Gesetzgeber die Gerichte von derartig schwierigen Entscheidungen erlöst. Zukünftig ist es in Deutschland verboten, unter 18 Jahren zu heiraten. Das macht den Weg juristisch frei, auch im Ausland wirksam geschlossene Ehen Minderjähriger zu annulieren. War ein Ehegatte 15 oder jünger, ist die Ehe automatisch in Deutschland ungültig, war der Ehegatte 16 oder 17, entscheidet das Familiengericht.

Ist die öffentliche Empörung da wirklich gerechtfertigt? Ich denke nicht.

Freispruch für Scharia-Polizei

Für Unverständnis in der Öffentlichkeit sorgte auch eine Entscheidung im Fall der sogenannten »Scharia-Polizei«: Sieben Islamisten, die im Jahr 2014 durch die Wuppertaler Innenstadt »patrouilliert« waren, wurden zwei Jahre später vom Landgericht Wuppertal freigesprochen. Fünf von ihnen hatten orangefarbene Warnwesten mit dem Aufdruck »Shariah Police« getragen. Vor Spielhallen und Cafés sollen sie junge Muslime angesprochen und zur Einhaltung islamischer Verhaltensregeln aufgefordert haben.

Schließlich wurde die Gruppe von der Polizei angesprochen und aufgehalten. Ihre Mitglieder wurden wegen des Verstoßes gegen das Uniformverbot bzw. der Beihilfe dazu angeklagt, dann aber doch freigesprochen. Der Richter begründete das damit, dass es kein Gesetz gebe, gegen das die Männer verstoßen hätten. Die Westen wertete das Gericht nicht als Uniform; sie hätten zudem keine einschüchternde Wirkung gehabt. So hatte ein Zeuge ausgesagt, dass er die Aktion der Männergruppe für einen Junggesellenabschied hielt. Weil die Männer ihre Aktion aber auch ins Internet gestellt hatten, sorgte sie bundesweit für Empörung.

Wir müssen uns in der Tat fragen, ob der Rechtsstaat für solche fundamentalistischen Herausforderungen gerüstet ist. Diskussionen gab es zum Beispiel darüber, ob die kulturelle Herkunft eines Täters strafmildernd gewertet werden solle – zum Beispiel bei Ehrenmord. Solche Tendenzen zur Strafmilderung sind vom Bundesgerichtshof zu recht stark eingeschränkt worden. Es wäre auch ein völlig falsches Signal.

Zweierlei Moral

Fundamentalismus spielt sich aber auf vielen Ebenen ab. Durchaus vergleichbar sind – ohne eine ähnliche öffentliche Aufmerksamkeit und Empörung auszulösen – Aktionen der Tierschutzorganisation PeTA. Seit geraumer Zeit sprechen ihre Mitglieder in Fußgängerzonen Passanten mit Felljacken an und »kontrollieren« in Läden, ob diese echte Pelze im Sortiment haben. Dabei tragen sie eine Bekleidung, die der Polizeiuniform viel ähnlicher ist als die der Scharia-Polizei.

Man kann von Pelzen halten, was man will. Doch in beiden Fällen machen Menschen in uniformähnlicher Kleidung anderen moralische Vorhaltungen für ein rechtlich zulässiges Verhalten – in einem Fall ist es das Tragen von Pelzen, im anderen der Besuch einer Spielhalle. Für mich gibt es da keinen Unterschied. Trotzdem ist PeTA in den Augen vieler eine »gute« Organisation, während die Wuppertaler Richter heftige Kritik einstecken mussten, weil sie – rechtlich absolut vertretbar – die Scharia-Polizei freisprachen.

Eines machen diese Beispiele klar: Deutschland ist durch die über Jahrzehnte stattfindende Zuwanderung komplizierter geworden, aber auch interessanter, moderner, offener. Ebenso durch die Globalisierung, die technischen Entwicklungen, das Internet. Neue Grenzen müssen gezogen werden. Aber es gibt auch Graubereiche, in denen kontroverse Aspekte Ausgleich finden müssen. Wir werden das Recht immer der Zeit anpassen müssen. Das dauert aber immer etwas und bis dahin müssen wir mit der Ambivalenz des Rechtes leben.

Fahrlässig unterschätzt: Clans und die Reichsbürger

Es gibt Menschen, die diesen Staat ausbeuten, bekämpfen oder ablehnen – Feinde des Rechts. Ihre Angriffe haben eine neue Dimension erreicht. Sicher, komische Käuze, Radikale und Querulanten gab es schon immer. Aber früher hatten sie es schwer, sich zu verbinden und ihren Ideologien Nachdruck zu verleihen. Sie saßen vereinzelt an ihren Schreibmaschinen und hämmerten dummes Zeug in die Tasten. Wenn sich terroristische Vereinigungen bildeten – wie in Zeiten der Roten Armee Fraktion –, konnte der Staat auf breiter Front ermitteln und sie bekämpfen. Doch nun sind neue Feinde aufgetaucht. Wirken die alten Mechanismen zum Schutz des Rechtsstaats noch?

No-Go-Areas und deutsche Ghettos

Immer wieder gibt es Schlagzeilen zu kriminellen Familienclans. Der Bürger fragt sich, wie so etwas mitten in Deutschland möglich ist. In der Tat sind kriminelle Gruppen aus isolierten Ethnien ein riesiges Problem. Ein Beispiel sind die in Berlin, Duisburg, Bremen wie auch anderen europäischen Städten lebenden bekannten libanesischen Großfamilien. Aber es gibt auch viele andere Ethnien, die in Ghettos ein abgeschottetes Leben führen.

Ich mache mich also auf den Weg, denn ich will es genauer wissen. Auf Einladung der Duisburger Polizeipräsidentin Elke Bartels sitze ich Ende März 2017 in einem Bulli der Polizei und fahre mit ihr und zwei Streifenbeamten abends durch Duisburg-Marxloh, den Stadtteil, der als No-Go-Area über die Medien bekannt geworden ist.

Was ich sehe, ist unglaublich: Da stehen sie, junge Männer in Gruppen vor runtergekommenen Geschäften. Sie fallen sofort durch ihr Machogehabe auf. Als sie den Streifenwagen sehen, grinsen und winken sie. Es ist keine Freundlichkeit, sondern Häme. Sie fühlen sich überlegen, in ihrer Gruppe stark.

Vom Auto aus kann man in manche Häuser hineinsehen. Die Wohnungen haben bessere Zeiten gesehen, jetzt dominiert Armut. Die Polizeipräsidentin erzählt mir, dass in vielen Häusern die Beleuchtung nicht funktioniert. Die Stromkabel wurden herausgerissen und das Kupfer verkauft, die Birnen zerschlagen. Kakerlaken haben die dunklen Treppenhäuser erobert, überall ist es dreckig. Zentimeterdicker Schimmel sitzt auf den Wänden.

Am Straßenrand stehen schäbige Möbel, auf denen Bewohner des Viertels sitzen. Als wir schließlich aussteigen, werden die Polizisten sofort angegangen, auch körperlich bedrängt. In den USA lägen sie dafür sogleich gefesselt auf dem Boden. Aber meine Begleiter sprechen geduldig und mit erstaunlich freundlichen Worten mit den Provokateuren. In einer solchen Situation ruhig zu bleiben, ist eine enorme Leistung. Häufig, sagen die Polizisten, würden sie auch bespuckt und angerempelt. Zu Anzeigen käme es allerdings nur in Extremfällen. Das brächte ohnehin nichts. Enttäuschung klingt durch. Ich bin froh, dass ich im Gerichtssaal solchen Situationen nicht ausgesetzt bin.

Die Polizei fühlt sich alleingelassen

In solchen Brennpunkten gehören gefährliche Situationen zur Tagesordnung. Ein Polizist muss immer damit rechnen, plötzlich einer Überzahl von aggressiven jungen Männern gegenüberzustehen. Ihr Hass trifft aber nicht nur die Ordnungshüter, sondern alles, was für den Staat gehalten wird: Sozialarbeiter, Ordnungsamt, Feuerwehr, sogar Sanitäter. Warum können Menschen auf die Idee kommen, Sanitäter an der Rettung anderer Menschen zu hindern? Dafür kann es keine Entschuldigung geben. Die Polizisten, die hier Dienst tun müssen, fühlen sich alleingelassen – von der Politik, vom Rechtsstaat. Nach diesem Tag kann ich die Frustration besser nachvollziehen.

Wie konnte es so weit kommen? Schauen wir uns die Clanstruktur einmal näher an. Die Angehörigen der Großfamilien sind gar keine echten Libanesen, sondern ethnische Kurden mit der Besonderheit der arabischen Sprache und schiitischen Religion. Vor Jahrhunderten wurden sie im heutigen Grenzraum zwischen Irak und Türkei zwangsumgesiedelt, wanderten dann in den Libanon aus und kamen während des libanesischen Bürgerkriegs in den Jahren nach 1975 nach Europa. In den Zeiten der Verfolgung haben sie gelernt, nur durch eine starke Familie überleben zu können. Sie sind streng patriarchalisch organisiert. Das Familienoberhaupt ist auch religiöses Oberhaupt. Sein Wort ist also nicht nur weltliches Gesetz. Sie heiraten nur untereinander – die Cousinenehe ist akzeptiert – und haben ein »Friedensrichtersystem« etabliert, um Streitigkeiten untereinander zu schlichten. Sie integrieren sich nicht in das Bildungssystem. Es gelingt ihnen, erhebliche Immobilienwerte anzuhäufen, obwohl sie über kein regelmäßiges Einkommen verfügen. Das Geld kommt aus organisiertem Drogen- und Menschenhandel, Schutzgelderpressungen, Autoschiebereien. Bei der Verteidigung dieser Pfründe schrecken die Clanmitglieder auch vor Mord oder dem Zertrümmern von Händen nicht zurück. Häufig tauchen über 60 Prozent der männlichen Familienangehörigen in den Polizeistatistiken auf; rechnet man die Dunkelziffer hinzu, ist wohl die überwiegende Mehrheit kriminell.

Razzien und Sozialarbeit

In Duisburg-Marxloh reagiert der Staat seit einigen Jahren mit speziellen Ermittlungseinheiten: Es gibt Abhörmaßnahmen, gezielte Observationen, V-Leute und Razzien. Im neu geschaffenen Wohnungsaufsichtsgesetz gibt es eine Regelung, die es erlaubt, Wohnhäuser in gesundheitsgefährdendem Zustand zu schließen. Davon macht das Bauamt jetzt Gebrauch. Eine Task Force hilft bei der Umsetzung. Sozialarbeiter sind vor Ort und helfen unter anderem Frauen, die in dem Clan-System unterdrückt werden. In Kooperation mit anderen Behörden werden Razzien durchgeführt. Dieses konzertierte Durchgreifen zeigt Erfolg: Ein Familienoberhaupt in Duisburg – als Pate von Rheinhausen bekannt – konnte im Jahr 2015 zu sieben Jahren Haft verurteilt werden. Doch wird ein Familienangehöriger aus dem Verkehr gezogen, rückt sofort ein anderes Mitglied des Clans, der oft 200 und mehr Mitglieder umfasst, nach und übernimmt die Führung. Gelingt es Polizei und Justiz, die gesamte Familie durch Verfolgungsdruck zu schwächen, dann rückt ein anderer, konkurrierender Clan in das Machtvakuum ein. Nur wenn es gelingt, die Abschottung der Clans aufzulösen, besteht Hoffnung, den Zirkel der Kriminalität zu durchbrechen. Bildung zu fördern muss eines der wichtigsten Ziele sein. Nur dürfen wir dazu keine Problemschulen entstehen lassen, die selbst wieder Ghettos sind, weil der Migrantenanteil

90 Prozent beträgt. Nur mit einem guten Schulabschluss kann eine gute Berufslaufbahn eingeschlagen werden.

Auch bei diesen No-Go-Areas hat die mangelnde Konsequenz der Anwendung des Ausländerrechts vieles verschlimmert. Die meisten Clanangehörigen haben gar keinen richtigen Aufenthaltstitel, viele sind nur geduldet und nicht im Besitz von rechtmäßigen Papieren. Der Staat hat nicht energisch genug versucht, diese Migranten abzuschieben. Weil sie keine Papiere vorweisen können, wollen sie weder der Libanon noch die Türkei als ihre Staatsangehörigen bestätigen. Deshalb wurden sie geduldet, obwohl sie in ihren Herkunftsländern nicht bedroht sind. In Deutschland sind sie aber aufgrund ihres unklaren Status nicht integriert worden. Sie konnten nicht heimisch werden und wurden von vielen Chancen ausgeschlossen. Als man merkte, dass sie dauerhaft bleiben, hätte man einen vernünftigen Aufenthaltstitel ausstellen sollen, um Integration zu ermöglichen.

Strenger durchgreifen

Ein neues Gesetz soll helfen, gegen kriminelle Ausländer schärfer vorzugehen. Konnten früher ausländische Straftäter erst ab einer Freiheitsstrafe von drei Jahren ausgewiesen werden, so ist dies nunmehr bereits ab einem Jahr möglich und zwar unabhängig davon, ob die Strafe zur Bewährung ausgesetzt wurde oder nicht. Voraussetzung ist nur, dass eine Straftat gegen Normen begangen wurde, die besonders wichtig für den gesellschaftlichen Zusammenhalt sind – wie etwa die zum Schutz der körperlichen Unversehrtheit oder der sexuellen Selbstbestimmung, des Eigentums oder bei Widerstand gegen Vollstreckungsbeamte.

Diese Regelung ist gut und richtig. Damit können die Ausländerbehörden nun Druck in die Familien bringen, aber dazu brauchen sie politische Rückendeckung. Darüber hinaus muss der wirtschaftliche Ertrag aus den Straftaten vom Staat konsequenter eingezogen werden. Hier hat das jüngst verabschiedete Gesetz zur Reform der strafrechtlichen Vermögensabschöpfung Fortschritte gebracht. Wer Vermögen hat, muss nun in strafrechtlichen Ermittlungen beweisen, dass er es legal erworben hat. Sonst wird es eingezogen. Es bestehen also nun Handlungsinstrumente auch gegen Clans. Diese müssen nur konsequent genutzt werden und die unbescholtenen Mitglieder die Chance erhalten, sich in die Gesellschaft einzugliedern.

Gezielter Sozialbetrug – auch bandenmäßig

Duisburg-Marxloh steht aber nicht nur für Clans aus dem Libanon. Hier gibt es – wie auch in anderen Städten des Ruhrgebiets – nach Straßenzügen fein säuberlich aufgeteilt viele andere Migranten: aus Bulgarien, Rumänien und anderen südosteuropäischen Ländern. Manche haben für sich einen eigenen Weg entwickelt, um zu Geld zu kommen. Durch reguläre Arbeit geht das kaum: Oft sind 95 Prozent ohne jede Berufsausbildung. Ohne Sprachkenntnisse haben sie ohnehin keine Chance auf einen Job. Mietwucher, Sozialbetrug, Scheinbeschäftigung oder Schwarzarbeit sind ihr Gewerbe.

Da gibt es zum Beispiel die folgende Masche: Schrottimmobilien sind im Ruhrgebiet günstig. Ein großes Mietshaus ist für 80 000 Euro, eine 50-m^2-Wohnung für 3000 Euro zu haben. Sie sind noch günstiger, wenn sie beim Amtsgericht in einem Zwangsversteigerungsverfahren erworben werden, zumal man dabei nur 10 Prozent der Kaufsumme sofort nachweisen muss. Nunmehr lässt der Erwerber der Immobilie Arbeitswillige mit ihren Familien aus Südosteuropa kommen. Seit 2014 herrscht Freizügigkeit auch für die EU-Mitglieder Rumänien und Bulgarien. Diese Arbeitsmigranten kommen oft aufgrund falscher Versprechungen. Natürlich können sie die verlangte horrende Miete für die Schrottimmobile nicht zahlen. Der »Vermieter« lässt sie deshalb einen fingierten Arbeitsvertrag etwa als Hausmeister unterschreiben. Natürlich gibt es dieses Arbeitsverhältnis nicht. Es berechtigt aber zur Aufstockung nach Hartz IV und zum Kindergeldbezug. Diese Familien haben oft sechs, sieben oder mehr Kinder. Durch falsche Urkunden kann man die Zahl leicht auf zehn erhöhen. Das kann das Jobcenter gar nicht kontrollieren. So kann eine solche Familie locker 2500 € und mehr monatlich erhalten.

Diese Strukturen sind mittlerweile bandenmäßig. Die Anträge an die Behörden sind perfekt ausgefüllt, obwohl die Zuwanderer keine Deutschkenntnisse haben. Natürlich hat der »Vermieter« von ihnen eine Vollmacht, sodass das Geld auf sein Konto gezahlt wird. Wie viel davon überhaupt an die Familien weitergeleitet wird, ist kaum nachvollziehbar. Aber offenbar übersteigen diese Sozialleistungen immer noch bei weitem die Einkommen, die in Rumänien und Bulgarien gezahlt werden. In jedem Fall kann der »Vermieter« blitzschnell die noch beim Amtsgericht im Zwangsversteigerungsverfahren offen stehenden Restzahlungen leisten.

Was hilft? Sicher Razzien der Behörden, womit im Ruhrgebiet mit Erfolg seit Ende 2016 begonnen wird. Vor allem aber die Pläne der Bundesregierung, Sozialleistungen erst nach fünf Jahren im Gastland auszuzahlen – wenn das EU-rechtlich akzeptiert wird.

Die Welt der Reichsbürger

Eine unheimliche Entwicklung mit einer ganz anderen Geschichte sind die Reichsbürger. Diese heterogene Sammlung unterschiedlichster Splittergruppen umfasst nach Auskunft der Verfassungsschutzbehörden rund 12 000 Personen in Deutschland. Einen tut sie lediglich die Ablehnung des modernen Rechtsstaats. In oft skurriler Art und Weise nehmen sie Vertreter desselben aufs Korn – zum Beispiel fesselten Reichsbürger einen Gerichtsvollzieher bei einer Zwangsvollstreckung. Früher habe ich sie nicht ernst genommen, doch inzwischen nehmen ihre Gewalttaten zu und in Bayern ist sogar ein Polizist erschossen worden.

Die dem rechtsextremen Spektrum angehörenden Reichsbürger erkennen die Bundesrepublik Deutschland nicht an. Sie beharren darauf, dass das Deutsche Reich nicht untergegangen sei, und halten sich für seine Statthalter. Behörden und ihre Vertreter überfluten sie mit seltsamen Schreiben, die sie vorzugsweise per Fax verschicken. Zum Beispiel heißt es: »*Wertgeschätzter Herr Gnisa, Herr M. und wertgeschätzte Frau K. bei dem Amtsgericht Bielefeld, auf der Grundlage außervertraglicher Verhältnisse sind Sie Mir gegenüber nicht Grundrechtberechtigt und auch nicht Grundbefugt, sondern Mir gegenüber Grundverpflichtet. Die völkerrechtliche Verpflichtung steht Mir als geschützte Persönlichkeit/als geistig –irdisches Lebewesen nach den völkerrechtlichen Verträgen zu und darf nicht gefordert werden.*«

Trotz dieses skurrilen Wortlauts sind die Reichsbürger keine niedlich-versponnene Gemeinschaft. Sie haben es darauf angelegt, unseren Staat zu zersetzen.

Reich ohne Justiz?

Es gibt nur einen deutschen Staat und der wird als Nachfolger des Deutschen Reiches anerkannt. Die Reichsbürger sehen das nicht so, sondern liefern Verschwörungstheorien: Da die Bundesrepublik nicht existiere, könne sie auch keine Geburten vermerken. Deshalb würden Neugeborene, behaupten sie, als verstorben eingetragen. Beim Papst werde aber ein Register geführt, in dem alle Geburten aufgezeichnet seien. Durch eine Anfrage könne man sich dort juristisch wieder ins Leben zurückversetzen lassen. Deshalb verwenden die Angehörigen dieser Gruppe oft Namen wie »der beseelte xy«.

Ich wollte an meinem Gericht die Faxe sperren lassen, aber das geht nicht wegen des Rechtsgewährungsanspruchs. Also faxen sie weiter. Mit einer merkwürdigen Verbindung von juristischem Pseudowissen, Querulantentum und Rechtsradikalität zielen die Reichsbürger auf die Funktionsträger unseres Staates ab, u.a. Richter und Staatsanwälte, die sie persönlich verfolgen. Einer der prominentesten Mitglieder ist Horst Mahler, ehemals Verteidiger der Roten-Armee-Fraktion.

Die Malta-Masche

Zum Beispiel fordern Reichsbürger Schadenersatz für das Handeln deutscher Juristen und Behördenvertreter. Ihre erdachten Forderungen lassen sie in das Online-Handelsregister Uniform Commercial Code (UCC) des US-Bundesstaats Washington eintragen. Jeder kann auf dieses Verzeichnis zugreifen und echte oder vermeintliche Schulden eintragen. Dann werden die Forderungen an die »Pegasus International Incasso Limited« auf Malta übertragen – ein Inkasso-Unternehmen, das Reichsbürger offenbar eigens für diesen Zweck gegründet haben. Die Bundesrepublik hat 2016 gehandelt und mit Malta vereinbart, dass solche vorgetäuschten Forderungen nicht zivilrechtlich zum Erfolg führen; in Deutschland werden regelmäßig Strafverfahren wegen versuchter Erpressung eingeleitet.

Unser Staat braucht lange, bis er sich zu einer entschlossenen Reaktion aufrafft, manchmal zu lange. Jetzt aber nutzt er gegen die Reichsbürger sämtliche rechtlichen Möglichkeiten: Steuerbescheide, die von den Reichsbürgern meistens nicht gezahlt werden, werden nun vollstreckt. Wer die Bundesrepublik nicht akzeptiert, kann natürlich auch nicht Polizist oder Lehrer sein – die Entlassungsverfahren laufen. Waffenscheine werden wegen Unzuverlässigkeit entzogen. Es werden KFZ-Kennzeichen mit Reichsflagge eingezogen und sogar die Fahrerlaubnis widerrufen, da Reichsbürger, deren Eingaben an die Behörden keinerlei Sinn ergeben, als ungeeignet zum Fahren von Kraftfahrzeugen angesehen werden können – so das Thüringer Oberverwaltungsgericht am 2. Februar 2017.

Dem Staat ist der Geduldsfaden gerissen und er zeigt, dass er durchsetzungsfähig ist. Endlich.

Neue Kriminalität: Das Recht wird abgehängt

Vor einiger Zeit war in Baden-Württemberg ein Polizeibeamter ganz nah an der Aufklärung eines Wohnungseinbruchs. Die Staatsanwaltschaft beantragte bei Gericht, die Verkehrsdaten derjenigen Handys einsehen zu können, die sich zum Einbruchszeitpunkt in der Nähe der Wohnung befanden. Das Ziel: Die Telefonnummern sollten mit anderen Einbruchsorten verglichen werden und Hinweise auf Übereinstimmungen liefern.

Doch der Antrag wurde abgelehnt. Es gibt strenge Vorschriften, wann so ein Eingriff in die Privatsphäre möglich ist und wann nicht. Und die besagten, dass normaler Einbruchsdiebstahl für eine solche Anfrage nicht ausreicht, allenfalls bei einem Bandendiebstahl – also dann, wenn mindestens drei Personen beteiligt sind. Das vermutete der Polizist, nur konnte er es noch nicht beweisen. Die bloße Vermutung ist aber zu wenig, auch wenn sie sich in vielen Fällen am Ende der Ermittlungen als zutreffend herausstellt. Also »Antrag abgelehnt«. Die Akte musste ohne Ergebnis geschlossen werden. Der Polizist war frustriert und vermerkte dort: »Wieder einmal steht die Rechtsordnung der Aufklärung einer Straftat im Weg«.

Streit um Kommunikationsdaten

Ein hartes Urteil des Beamten, das ich gut nachvollziehen kann. In den vergangenen Jahren hat sich ein heftiger Streit um den Zugang zu den erwähnten Verkehrsdaten entwickelt. Es gab ein Gesetz zur Vorratsdatenspeicherung, das 2010 für verfassungswidrig erklärt wurde, weil es dem Telekommunikationsgeheimnis widerspreche. Die schwarz-gelbe Regierung mit Justizministerin Sabine Leutheusser-Schnarrenberger (FDP) weigerte sich strikt, eine verfassungsgemäße Neuregelung zu schaffen. Auch im schwarz-roten Kabinett von Angela Merkel vertrat Justizminister Heiko Maas (SPD) diese Linie, bis Vizekanzler Sigmar Gabriel endlich die Tür für eine Neuregelung öffnete. Nun gibt es ein Gesetz zur Vorratsdatenspeicherung, aber auch schon wieder ein Urteil des Europäischen Gerichtshofs, das dieses erneut in Zweifel zieht.

Worum geht es? Um die Speicherpflicht der Telefongesellschaften. Nach dem Telekommunikationsgesetz sind diese eigentlich seit dem 1. Juli 2017 verpflichtet, für einige Wochen die sogenannten »Verkehrsdaten« der Telefone zu speichern. Es geht wohlgemerkt nicht um die Inhalte der Telefonate, sondern nur um die Informationen, von welchem Telefon aus wann und für wie lange ein anderes Telefon angerufen wurde. Die Aufregung darüber habe ich nie verstanden. Diese Informationen kennen wir alle noch aus unserer eigenen Telefonrechnung. Früher hat das jeder Telefonanbieter genau gespeichert, um abrechnen zu können, nur hat das niemanden gestört. Mehr noch: niemand hätte die Telefonrechnungen bezahlt, wenn nicht der jeweilige Verbindungsnachweis übermittelt worden wäre. Die Polizei wusste das natürlich auch und konnte im Fall einer Strafermittlung bei den Telefongesellschaften auf diese Daten zurückgreifen.

Heute ist das anders. Die Flatrate wurde erfunden, und niemand brauchte mehr detaillierte Verbindungsnachweise. Also haben die Telefongesellschaften die Speicherung abgeschafft, denn sie ist teuer. Das störte die Polizei, die so ein wichtiges Mittel zur Ermittlung von Straftaten verlor. Deshalb wurden die Telefongesellschaften schließlich per Gesetz gezwungen, die Daten zu speichern. Das wiederum rief die Datenschützer auf den Plan. Aber warum, um Himmels Willen – wenn sich doch früher kein Bürger über die Datenspeicherung aufregte? Sicher, es werden neben den reinen Telefondaten auch die Funkzellen gespeichert, in die sich das Handy die letzten Male eingewählt hat. Aber auch das hat positive Konsequenzen, denn viele Menschen konnten in den letzten Jahren gerade deshalb gerettet werden, weil man ihren Weg anhand der genutzten Funkmasten nachvollziehen konnte, als ihr Handy kein Signal mehr abgeben konnte. Doch nun malen Datenschützer plötzlich das Schreckgespenst des Überwachungsstaats an die Wand.

Zwingt man die Telefonanbieter nicht per Gesetz zur Vorratsdatenspeicherung, dann käme es außerdem zu einer unwürdigen Konkurrenz zwischen Polizei und den Wirtschaftlichkeitserwägungen der Telefonanbieter: Bei demjenigen, der auf noch mehr Effizienz setzt und deshalb so schnell wie möglich löscht, um Speicherplätze und damit Geld zu sparen, wären Kriminelle dann sicher.

Der Widerstand gegen die Vorratsdatenspeicherung ist hartnäckig. Ein starker Rechtsstaat muss aber mit dem Wandel der digitalen Welt Schritt halten können. Die Justiz muss die Regeln des Rechtsstaates auch hier durchsetzen.

Der Enkeltrick

Noch wichtiger als beim Einbruch ist die Vorratsdatenspeicherung beim sogenannten »Enkeltrick«. Hier hat es sogar ein Krimineller zur Berühmtheit gebracht: Arkadiusz Lakatosz. Aus den östlichen Staaten Europas heraus lässt er nach derzeitigem Ermittlungsstand über eine Art Callcenter ältere Bürger in Deutschland anrufen, die an ihren (unmodischen) Vornamen identifiziert wurden. Den verschreckten Herrschaften teilt dann jemand mit, dass sich ihr Enkel in einer Notsituation befände und dringend Geld bräuchte. Gleich käme ein Abholer vorbei. Da Lakatosz über ein enges Netz von Unterstützern in Deutschland verfügt, bereitet ihm das keine Schwierigkeiten. Er schickt seine Leute los, die über Telefon und Internet koordiniert werden.

In solchen Fällen gibt es nur einen einzigen Ermittlungsansatz: Die Telefonnummer, von der aus angerufen wurde, und das Handy vom Geldabholer, das sich in einen der Sendemasten eingewählt hat. Diese Informationen sind aber weg, wenn sie nicht als Vorratsdaten gespeichert werden. Bis den betrogenen Rentnern klar wird, dass die Sache erlogen war, und sie sich bei der Polizei melden, ist es zu spät.

Ähnlich ist es bei anderen Straftaten gegenüber älteren Mitbürgern. Aktuell geben sich Kriminelle häufig als Polizisten aus und bringen sie mit perfiden Tricks dazu, ihre Sparbücher zu plündern. Oder sie gaukeln einen Gewinn vor – natürlich muss man eine »Gebühr« bezahlen, bevor der Gewinn ausgezahlt wird. Auch in diesen Fällen ist häufig nur die Telefonnummer der Betrüger der Ansatzpunkt für Ermittlungen der Kriminalpolizei. Lakatosz übrigens wurde im Frühjahr 2017 in Warschau verhaftet, aber nach der Behauptung, er sei haftunfähig, gegen 70 000 Euro Kaution wieder entlassen.

Nein, die Vorratsdatenspeicherung darf nicht kippen, sie ist ohnehin nur ein Torso. Weite Bereiche werden gar nicht erfasst – E-Mails oder Kommunikation über Skype. Zudem sind die Hürden höher als bei der Überwachung des gesprochenen Wortes am Telefon, was keinen Sinn ergibt, da der Eingriff in die Rechte der Bürger bei der Vorratsdatenspeicherung geringer ist, als wenn sie abgehört würden.

Doch es sieht anders aus. Die Gegner der Vorratsdatenspeicherung haben mit dem Urteil des Europäischen Gerichtshofs einen wichtigen Etappensieg errungen. Obwohl nur mit den Gesetzen Großbritanniens und Schwedens befasst, hat der EuGH mit einer weitreichenden Begründung auch unsere Regelungen einbezogen, die einer völlig anderen Sicherheitsarchitektur folgen. Die Bundesnetzagentur sah sich deshalb im Juni 2017 gezwungen, die Vorratsdatenspeicherung auszusetzen. Was wird wohl Lakatosz dazu sagen?

Digital abgehängt

Durch die Digitalisierung hat der Staat den Zugriff auf weite Bereiche der Kommunikation unter Kriminellen verloren. Generalbundesanwalt Peter Frank kritisierte gemeinsam mit sämtlichen Generalstaatsanwälten Deutschlands im November 2016 scharf die derzeitige Gesetzeslage – zu Recht. Er wies darauf hin, dass heutzutage 85 Prozent der Kommunikation zwischen Kriminellen verschlüsselt erfolge, der Staat aber hierauf so gut wie keine Zugriffsmöglichkeit habe. Weil es keine ausreichende Vorratsdatenspeicherung gibt, können wir nachträglich nicht ermitteln, wer beispielsweise wem eine WhatsApp-, oder Threema-Nachricht geschrieben hat. Noch schlimmer aber ist, dass selbst wenn wir die Straftäter genau kennen und wissen, dass sie sich gerade Nachrichten senden, ihren Gesprächen nicht mehr folgen können, wenn sie Messengerdienste wie WhatsApp oder Threema nutzen oder ihre Gespräche über Skype führen. Wir können sie also nicht in »Echtzeit« überwachen. Auch auf Computer gibt es von außen keinen Zugriff.

Rechtlich bessert der Gesetzgeber nach vielen verlorenen Jahren unter dem Druck der aktuellen Sicherheitsdebatte nun nach. Wir benötigen aber auch dringend eine technische Nachrüstung für die Ermittlungsbehörden. Auch hier möchte der Staat nur alte Befugnisse zurück, die er durch die technische Entwicklung verloren hat. Wie haben Kriminelle früher kommuniziert? Sie haben einander Briefe geschrieben, die von der Polizei abgefangen werden konnten, oder sie trafen sich und wurden dabei beobachtet. Auch das Telefon durfte unter streng definierten Voraussetzungen überwacht werden. Doch heute wird der Rechtsstaat von kriminellen Kräften abgehängt und droht zum Nachtwächterstaat zu werden.

Die frühere Bundesjustizministerin Leutheusser-Schnarrenberger (FDP) etwa spricht dagegen vom »Dauerfeuer gegen die Grundrechte«. Unsinn – es muss endlich wieder Waffengleichheit zwischen hochtechnisierten Banden und dem Staat hergestellt werden.

Freie Fahrt für Kriminelle im Internet – auch für Pädophile

Nicht nur die staatlichen Ermittler werden abgehängt. In der digitalen Welt ist es auch für die Täter einfacher, Straftaten zu begehen, für die früher viel mehr Aufwand erforderlich war. Zuletzt ist mir dies erneut in einem Prozess gegen einen Pädophilen bewusst geworden. Die Akte bereitete mir schon in der Terminvorbereitung große Schwierigkeiten. Es ging um Kinderpornografie, und die ist von erlaubten Nacktbildern von Kindern zu unterscheiden. Um von unzulässiger Kinderpornografie ausgehen zu können, müssen die Bilder einen gewissen Grad an Sexualisierung aufweisen. Dies wissen wir ja seit dem Fall des Bundestagsabgeordneten Sebastian Edathy (SPD), dessen Verfahren schließlich eingestellt wurde.

Pädophile verstecken heute nicht mehr ein paar Bilder an geheimen Orten ihrer Wohnung. Nein, sie besitzen mehrere Festplatten und riesige Speicher mit Tausenden von Fotos. Diese sind zunächst von der Polizei zu sichten, bevor dann die aussagekräftigsten den Staatsanwälten und Richtern vorgelegt werden. Ich waltete also meines Amtes. Kaum jemals hat mich meine Arbeit auch körperlich so mitgenommen wie an diesem Tag – eine widerliche Angelegenheit. Schließlich ließen sich einige Bilder identifizieren, und sie führten zur Verurteilung.

Ich weiß nicht mehr welche Haftstrafe genau ich verhängt habe. Das letzte Wort des Angeklagten ist mir aber sehr wohl noch in Erinnerung: »Ich bin pädophil und bleibe es. Das könnt ihr mir nicht verbieten. Ich mache weiter.« Die Dreistigkeit in einer solchen Situation wunderte mich. Er wird weitermachen – auch nach der Haft. Das Internet macht es ihm einfach und das Gesetz kann nichts dagegen tun.

Auf der ganzen Welt werden Kinder wie Sklaven dazu gezwungen, sexuelle Handlungen zu erdulden. Mit ihren Fotos wird viel Geld verdient. Es gibt aber auch Tauschbörsen, zu denen man erst Zugang bekommt, wenn man seinerseits Fotos zur Verfügung stellt. So etwas ist der Polizei natürlich nur schwer möglich. Es ist deshalb nicht leicht, weltweit agierende Banden auffliegen zu lassen. Dazu braucht es modernste Technik und geschultes Personal und viel Geld, denn jeder gute ITler verdient in der Privatwirtschaft erheblich mehr als beim Staat.

Weltweite vernetzte Kriminalität

Die Herausforderungen für den Staat durch das Internet sind riesig: Es geht um Phishing-Mails (mit gefälschten Absendern und Inhalten), Identitätsdiebstahl oder Erpressungen mithilfe von Botnetzen (automatisierten Schadprogrammen), Bestellungen von Waffen über das anonyme und speziell geschützte Darknet und vieles mehr. Eine schier nicht zu bewältigende Aufgabe. Aber aufgeben können wir nicht. Unsere Rechtsordnung muss sich auch im Netz bewähren.

Der Staat wird nicht alles selbst lösen können, er ist auf die Mitwirkung der Internetwirtschaft angewiesen. Allerdings hat man oft den Eindruck, bei den Zuständigen von Google Plus, Facebook, Twitter, Youtube und Co. herrscht mental immer noch die frühere Garagenbastlermentalität, die neue Freiheitsräume schaffen wollte, Freiheit auch von rechtlichen Schranken. So wird beim Versuch, gegen Hassbotschaften, Fake-News und Mobbing im Netz vorzugehen, geblockt, was das Zeug hält. Auch zivilrechtliche Ansprüche von Geschädigten müssen hier besser durchsetzbar sein. Rechtswidrige oder gar strafbare Inhalte müssen schneller von den Plattformen entfernt und wirksamer sanktioniert werden. Das geht nicht nur über zeitgemäße Gesetze, vielmehr muss die Internetwirtschaft ihre Einstellung ändern.

Erste Anfänge sind hier allerdings gemacht, und ich habe den Eindruck, dass man etwa bei Youtube die Beseitigung rechtswidriger Inhalte nun schneller erreicht. Dies ist mir selbst vor Kurzem gelungen. Eine Gerichtsverhandlung, die rechtswidrigerweise von demokratiefeindlichen Reichsbürgern gefilmt und ins Netz gestellt wurde, wurde wieder gelöscht. Ein kleines Zeichen. Dringend geboten ist es zunächst, das Internet von rechtswidrigen Inhalten zu befreien. Dass das geht, zeigt das Zusammenwirken der wichtigen Stellen bei der Kinderpornografie. Dort arbeitet das Bundeskriminalamt bestens mit den verschiedensten Beschwerdestellen und der Internetwirtschaft zusammen. Von hier aus werden die Staaten benachrichtigt, in denen kinderpornografische Inhalte ins Netz gestellt werden. Das Ergebnis ist wirklich gut: 70 Prozent der Inhalte wurden in der Bundesrepublik innerhalb von zwei Tagen gelöscht, 96 Prozent nach einer Woche. Leider haben freiwillige Absprachen mit den Internetdiensten im Bereich der übrigen Kriminalität, insbesondere bei Hassdelikten und Volksverhetzung, nicht zum gewünschten Erfolg geführt. Also müssen sie durch Gesetz gezwungen werden. Da ist der Gesetzgeber mit dem Gesetz zur Verbesserung der Rechtsdurchsetzung in sozialen Netzwerken auf dem richtigen Weg. Er zwingt sie nun, effektiv arbeitende Beschwerdestellen vorzuhalten und mit der Polizei zu kooperieren. Die Plattformen selbst sind also in der Pflicht. Zwar argumentieren Facebook und Co immer wieder dahin, dass der Staat sie nicht als Hilfssheriff verpflichten könne. Wer allerdings eine Einkaufspassage betreibt, in deren Läden von den Kaufleuten Hehlerware offen verkauft wird, muss auch einschreiten. Genau so sind die Plattformen gefordert, indem sie nun ein Beschwerdemanagement einrichten und zügig prüfen und löschen. Zudem müssen sie den Opfern von Hass und Verleumdung die Daten der Täter offenbaren, damit diese auch zivilrechtlich vorgehen können.

Richter auf Facebook

Der Staat ist dabei, Zentralstellen für Cybercrime einzurichten, die endlich effektiv Straftaten aufdecken können. So etwas gibt es bereits in den Ländern NRW, Bayern und Hessen. Das ist alles nur ein Anfang, aber immerhin. Dringend erforderlich ist es, dass die Justiz selbst die technischen Prozesse besser durchdringt. Das wurde noch einmal in dem Verfahren zwischen dem Asylsuchenden Anas Modamani und Facebook vor dem Landgericht Würzburg deutlich. Modamani hatte ein Selfie mit Bundeskanzlerin Angela Merkel angefertigt und ins Internet gestellt. Dieses Foto wurde nun von dort kopiert und neben Fotos von Terroristen gepostet, um Modamani selbst als Terroristen erscheinen zu lassen. Diese Posts wurden hundertfach geteilt.

Die Justiz muss sich hier eigene Sachkenntnisse zulegen. Bis heute ist sie selbst aber bei Facebook kaum vertreten, wie beim Modamani-Prozess deutlich wurde. Nachforschungen sind meistens nur möglich, wenn Richter oder Staatsanwälte persönlich registriert sind, nicht aber offiziell.

Facebook erklärte sich bereit, die Ausgangsbeiträge zu löschen, möchte aber keinesfalls alle Posts, die den Inhalt geteilt hatten, herausfiltern. Zudem geht es um die Frage, ob diese Beiträge zu löschen sind oder lediglich geblockt werden müssen, denn Letzteres kann technisch umgangen werden. Solche Fragen sind juristisch schwierig und sie berühren darüber hinaus oft auch rechtliches und zudem technisches Neuland.

Die Justiz darf die Richter und Staatsanwälte hier nicht alleinlassen, sondern muss sich in ihren Strukturen so ausrichten, dass sie über offizielle Zugänge zu Facebook und anderen Plattformen verfügt. Es darf nicht dem Zufall überlassen bleiben, ob die Richter nun internetaffin sind oder nicht. Es besteht also auf allen Ebenen Nachholbedarf. Ein moderner

Rechtsstaat kann nur effektiv sein, wenn er sich und seine Vertreter technisch optimiert.

Populismus: Das Recht wird instrumentalisiert

Das Recht kann seine Funktionen nur wahrnehmen, wenn es verstanden wird. Was man nicht nachvollziehen kann, akzeptiert und befolgt man auch nicht. Populisten aus Medien und politischen Lagern benutzen Gerichtsentscheidungen gerne, um eigene Interessen zu befördern oder schlicht die Sensationsgier zu befriedigen. Diese instrumentalisierten Debatten über einzelne Gerichtsurteile sind für mich Anzeichen einer beunruhigenden Entwicklung.

Bienenstich und Pfandbon

Zum Beispiel im Arbeitsrecht. Martin Schulz (SPD) hat die (soziale) Gerechtigkeit als sein zentrales Thema für den Bundestagswahlkampfthema gewählt. In der Diskussionssendung *Anne Will*« im ARD-Fernsehen bedient er alte Vorurteile: Es könne nicht sein, dass Arbeitnehmer, die nur geringwertigste Dinge entwendet hätten, sofort entlassen würden, hingegen hoch bezahlte Top-Manager, die riesige Konzerne vor die Wand führten, nicht dafür einstehen müssten. Beide Aussagen sind falsch – und das weiß Schulz auch. Aber er nutzt den Umstand, dass die Menschen die arbeitsgerichtliche Rechtsprechung nicht nachvollziehen können, für seine Interessen aus.

Schauen wir uns die entsprechenden Fälle näher an. Bei der sogenannten »Bienenstichentscheidung« aus dem Jahr 1984 hatte eine Verkäuferin ein Stück Kuchen aus der Auslage genommen und nicht dafür bezahlt. Dafür war sie von ihrem Arbeitgeber fristlos gekündigt worden. Später ging es in ähnlichen Fällen um Milchschnitten im Wert von 26 Cent oder für den Mülleimer bestimmte Maultaschen und Frikadellen. Berühmt wurde schließlich der Fall Emmely aus dem Jahr 2008: Einer Verkäuferin wurde nach 31 Jahren Beschäftigung von Kaiser's Tengelmann gekündigt, weil sie zwei Pfandbons im Wert von insgesamt 1,30 Euro, die ein Kunde verloren hatte, für sich selbst eingelöst hatte.

Arbeitsgericht und Landesarbeitsgericht Berlin bestätigten die Kündigung der Frau, was erhebliche politische Reaktionen auslöste. Dabei hatten die Gerichte nicht nur auf den Diebstahl abgestellt, sondern auch darauf, dass die Kassiererin nicht zugegeben hatte, die Pfandbons eingelöst zu haben, sondern stattdessen zwei Kolleginnen der Tat bezichtigte. Dieser juristisch zentrale Aspekt ist damals von den Medien verschwiegen worden. Dabei stellt er den Vorwurf des Arbeitgebers in ein völlig anderes Licht.

Der damalige Vizepräsident des Deutschen Bundestages, Wolfgang Thierse (SPD), sprach von einem »barbarischen Urteil asozialer Qualität« – eine unverhältnismäßige Wortwahl. Nicht einmal Donald Trump äußerte seinen Ärger über die US-Gerichte in derart drastischer Weise, als sie zunächst sein Einreiseverbot für Bürger einiger muslimischer Staaten für unbeachtlich erklärten.

Volksverdummung durch Politiker

Die Äußerungen von Thierse waren purer Populismus – aber das wurde ihm anscheinend nicht krummgenommen. Bis heute gibt es das Vorurteil in der Bevölkerung, ein Diebstahl geringwertiger Sachen durch Arbeitnehmer würde automatisch und sofort zur fristlosen Kündigung führen. Das stimmt nicht. Auch im Fall der Pfandbons hat das Bundesarbeitsgericht letztendlich entschieden, dass die Kündigung nicht gerechtfertigt sei. Emmely hat also gewonnen. Ihr Fall hält trotzdem immer wieder als Beispiel einer weltfremden, ungerechten Rechtsprechung her. Die Richter sind zwar unabhängig, aber sie müssen sich über Rechtsmittel der Parteien einer internen Richtigkeitskontrolle innerhalb der Justiz unterziehen. Abschließend entschieden ist ein Fall immer erst, wenn alle Rechtsmittel ausgeschöpft sind und damit Rechtskraft eingetreten ist. Diese Rechtsmittelkontrolle hat im Fall Emmely gegriffen.

Die Sache ist juristisch schnell erklärt – doch die Medien neigen dazu, häufig nur die halbe Wahrheit zur Kenntnis zu nehmen. Nach § 626 BGB kann ein Arbeitsvertrag aus wichtigem Grund ohne Frist gekündigt werden – nach Abwägung aller Umstände des Einzelfalls und unter Berücksichtigung der wechselseitigen Interessen. Seit dem Bienenstichfall ist klar, dass ein Diebstahl – immerhin ist der auch bei geringwertigen Sachen eine Straftat – als »wichtiger Grund« ausreicht. In Wirklichkeit steht dabei nämlich gar nicht der Diebstahl selbst, sondern der damit verbundene Vertrauensverlust im Fokus des Arbeitgebers. Kann er einem Mitarbeiter vertrauen, der sich in einer solchen Weise pflichtwidrig verhält? Wer einmal lügt, dem traut man nicht. Das gilt auch für den Diebstahl und zwar unabhängig vom Wert des Gestohlenen.

Wenn dann aber die Abwägung der Interessen der Parteien erfolgt, verliert der Arbeitgeber häufig. In der Praxis stellt sich nämlich fast immer heraus, dass hinter der Kündigung andere Dinge stecken: Man sucht zum Beispiel Gründe, um einen missliebigen Arbeitnehmer loszuwerden, weil er vielleicht für eine Gewerkschaft tätig geworden ist, sich an einem Streik beteiligt hat oder zu oft krank war. Dann wird das Recht missbraucht, denn ein Vertrauensverlust ist durch die Tat gar nicht eingetreten, sondern vorgeschoben.

Selbst wenn das nicht der Fall ist, gibt es für eine Kündigung weitere juristische Hürden. Etwa das Prinzip der Verhältnismäßigkeit: Reicht nicht auch eine Abmahnung? Warum der Arbeitgeber das nicht findet, muss er detailliert darstellen. Bei der Abwägung der Interessen bekam schließlich die Verkäuferin Emmely Recht. Denn das Bundesarbeitsgericht erkannte zwar eine Pflichtwidrigkeit in dem Diebstahl, führte aber auch ihre 31-jährige Mitarbeit ohne jede Beanstandung an. Das in dieser langen Zeit erworbene Vertrauen könne durch den einmaligen Verstoß nicht völlig aufgebraucht sein. Deshalb reiche eine Abmahnung aus. Unter Juristen war die Entscheidung allerdings stark umstritten, da die falsche Beschuldigung der Kolleginnen im Raum blieb.

Vorurteile bringen nicht weiter

Was ist nun auf der anderen Seite mit der Schuld der Manager? Wenn die einen Konzerne vor die Wand fahren, ist der Schaden sicher viel größer als der Wert des Bienenstichs oder des Pfandbons. Schlechte Arbeit aber ist kein Pflichtverstoß, solange man nach Kräften das tut, was man eben kann. Das Ruinieren eines Konzerns ist keine Straftat. Pflichtverstöße sind schwerer aufzuspüren und nachzuweisen. Trotzdem stehen auch Manager nicht außerhalb des Gesetzes. So hat im VW-Skandal um die getürkten Abgasmessungen die Staatsanwaltschaft Braunschweig Ermittlungen gegen den ehemaligen Vorstandsvorsitzenden Martin Winterkorn wegen Betruges eingeleitet. Kommt das durch, kommen sicher auch erhebliche zivilrechtliche Ansprüche auf ihn zu. Von seiner üppigen Rente bleibt dann nicht mehr viel.

Das Vorurteil, dass »kleine« Arbeiter oder Angestellte und »große« Topmanager nicht gleich behandelt werden, ist, wir sehen es bei Martin Schulz, schnell gefällt. Im Detail sind die Dinge jedoch viel komplexer, als das auf den ersten Blick erscheint. Leider zeichnen Politiker immer wieder ein falsches Bild von der Rechtsprechung in der Öffentlichkeit.

Strenge oder Milde?

Mit der Zeit bekommt man als Richter ein gutes Gespür dafür, welche Urteile der Justiz Ärger einbringen. Etwa jene, die der Öffentlichkeit zu mild erscheinen. Wie im Fall eines vierzehnjährigen Mädchens im Februar 2016. Sie war von einer fünfzehnjährigen Freundin in die Wohnung eines der Täter mitgenommen worden. Dort konsumierten sie Alkohol, bis das Opfer besinnungslos war. Vier junge Männer vergewaltigten und malträtierten sie mit Gegenständen. Ihre Freundin filmte die Taten. Anschließend schleppten sie das Mädchen in den Hinterhof und ließen sie dort bei eisigen Temperaturen liegen. Dass sie überlebt hat, verdankt sie der Rettung eines aufmerksamen Nachbarn.

Drei der Angeklagten waren selbst erst zwischen vierzehn und siebzehn Jahre alt, der vierte 21. Für Entsetzen in der Öffentlichkeit sorgte das Urteil: Lediglich der 21-jährige Bosco P. wurde zu einer Haftstrafe von vier Jahren verurteilt, die übrigen Angeklagten wurden nach Jugendstrafrecht zu Bewährungsstrafen verurteilt und in Therapie geschickt.

Einen negativen Eindruck hinterließ auch, dass alle Angeklagten bei Prozessauftakt selbstbewusst in den Gerichtssaal eingezogen waren und sich in Siegerpose fotografieren ließen.

Der 21-Jährige behauptete bis zum Schluss, der Geschlechtsverkehr sei einvernehmlich gewesen. Als der Richter sein Urteil verkündete, begannen Verwandte und Bekannte der Täter laut zu jubeln. Der Vorsitzende Richter wurde in den Medien mit diesem Satz seiner Urteilsbegründung zitiert: »Die Strafen mögen einem Teil der Öffentlichkeit milde erscheinen. Daran aber hat sich die Kammer nicht zu orientieren.«

Er begründete die Aussetzung zur Bewährung damit, dass die Jugendlichen glaubhafte Geständnisse abgelegt und sich reumütig gezeigt hätten; außerdem verwies er auf ihre guten Sozialprognosen. Die Staatsanwaltschaft hat gegen das Urteil Revision eingelegt. Im Anschluss an das Urteil hieß es in einer Talkshow: »Wieder einmal hat ein lascher Richter Bewährung gegeben, weil der Angeklagte eine schlechte Jugend hatte.«

Dieses Urteil hat auch mich überrascht. Auch ich empfinde es als milde. Aber ist es deshalb falsch? Immerhin steht beim Jugendstrafrecht der Erziehungsgedanke im Mittelpunkt und nicht der Sühnegedanke. Das weiß die Öffentlichkeit auch. Sie denkt aber überwiegend, dass das Jugendstrafrecht für weniger drastische Fälle erdacht wurde – für typische jugendliche Verfehlungen und für junge Menschen, auf die durch Erziehung noch positiv eingewirkt werden kann.

Recht darf nicht rächen

Ist das Jugendstrafrecht tatsächlich die richtige Antwort für junge Menschen, die vielleicht zur Gewalt erzogen wurden oder die westliche Werteordnung verachten? Wie erklärt man der Öffentlichkeit, dass das Ziel des Urteils nicht die Strafe ist, trotz der Brutalität des Vorgehens und obwohl die Täter so siegessicher vor Gericht auftraten? Man hätte die Begründung sicher geschickter formulieren können.

Im Namen des Volkes zu urteilen, heißt aber natürlich nicht, dass man als Richter der Mehrheit nach dem Munde reden soll. Man muss bereit sein, große Widerstände in der Öffentlichkeit zu ertragen, wenn man zu einer entgegenlaufenden rechtlichen Überzeugung kommt. Trotzdem darf man nie den Anspruch aufgeben, Wert und Ziel eines Urteils zu vermitteln.

Sehr oft habe ich als Strafrichter die Erfahrung gemacht, dass ich nach dem Lesen einer Akte mit einer bestimmten Meinung in die Hauptverhandlung gegangen bin – wahrscheinlich ist der Angeklagte schuldig, Bewährung kann er keine mehr bekommen oder bei ihm würde sie nichts bewirken. Oder umgekehrt – eine Geldstrafe wird ausreichen. Wie oft habe ich Lehrgeld zahlen müssen.

Der Gesetzgeber hat eine weise Entscheidung getroffen: Man kann gute Urteile nicht auf der Basis der Aktenlage fällen. Es hat fast immer eine Hauptverhandlung stattzufinden. Ein Verfahren gegen Abwesende gibt es in Deutschland nicht. Die Juristen sollen die Menschen – Täter, Opfer, Zeugen – kennenlernen. Das Gericht muss sich selbst einen unmittelbaren Eindruck machen, um gerechte Urteile zu fällen. Dann aber stellen sich die Dinge sehr oft ganz anders dar. Jeder Mensch ist anders, jeder hinterlässt einen besonderen Eindruck. Seine Vorgeschichte, sein Auftreten, seine Einstellung zur Tat, sein Verhalten nach der Tat, all das fließt zusammen und wird dann bei der Strafe berücksichtigt. Es ist also schwierig, die Dinge richtig zu bewerten, wenn man dies alles nicht richtig verfolgen konnte.

Sensationalismus der Medien

Die Medien spielen bei der Vermittlung von Recht natürlich eine große Rolle. Leider tragen sie immer weniger zum Verständnis bei, sondern spielen sich im Kampf um die immer knapper werdende Aufmerksamkeit des Publikums immer öfter selbst als Richter auf – vor allem die Boulevard-Medien. Zum Beispiel in Großbritannien: Als im November 2016 der High Court entschied, dass die Regierung vor dem Brexit erst das Parlament anzurufen habe, überschlug sich die Presse in der Richterschelte. Die *Daily Mail* brandmarkte die Richter in der Aufmachung als »Feinde des Volkes«, und der *Daily Telegraph* titelte: »Die Richter gegen das Volk«. Der Richter Sir Terence Etherton wurde in höchstem Maß persönlich angegriffen.

Sicher, so weit ist es noch nicht in Deutschland, aber die Betonung liegt auf »noch«. Denn der Medienmarkt ist unter Druck, Medien brauchen auch hier Schlagzeilen, um sich behaupten zu können. Das Mittel der Skandalisierung wird dabei gezielt eingesetzt. Auch bei uns gibt es Boulevardblätter, die Richter abbilden und ein Urteil mit dem Satz »Schämt Euch« kommentieren. Das Oberlandesgericht München wurde im Hinblick auf den holprigen Start des NSU-Verfahrens als »dümmstes Gericht Deutschlands« bezeichnet. In der Berichterstattung werden Freisprüche stets zu »Schlappen für die Staatsanwaltschaft«, eine Urteilsaufhebung durch ein Revisionsgericht wird mit einem »groben Fehler« gleichgesetzt. Häme schlägt vor allem erstinstanzlichen Richtern entgegen, und Peter Hahne darf in seiner ZDF-Sendung zum Thema »Kuscheljustiz« fragen: »Sind die Richter … noch bei Trost?«

Sicher muss man auch als Justiz mit harter Kritik rechnen, und wir sollten nicht mimosenhaft reagieren. Selbstkritisch möchte ich einräumen, dass wir Richter uns in der Vergangenheit zu schnell auf unsere Unabhängigkeit zurückgezogen haben. Trotzdem kann aber die Justiz doch wohl erwarten, dass die Medien nicht nur pauschal Vorurteile bedienen, sondern sich zumindest die Mühe machen, die tragenden Gründe eines Urteils nachzuvollziehen. Es wird nur auf das Ergebnis geblickt, also die Strafe. Passt die nicht, ist das Urteil eben ein Skandal und die Richter sind Idioten.

Diese Form der Kritik entzieht dem Recht den Boden. Denn es kann nur selten in den vom Fernsehen für Statements geforderten drei Kurzsätzen erklärt werden. Wie soll das auch gehen bei Entscheidungen, für die ein Gericht eine lange Beweisaufnahme durchführen musste?

Gerichtsreporter gehören der Vergangenheit an

Als ich vor 27 Jahren mit dem Richteramt begann, hatte fast jede Zeitung ihren Gerichtsreporter vor Ort. Der hatte Zeit, sich die Hauptverhandlungen bis zum Ende anzuschauen, und schrieb dann seinen Artikel. Oft saßen in ganz normalen Alltagsverfahren sogar mehrere Reporter. Heute sitzen Hospitanten oder Volontäre im Saal, die von dem, was da vor sich geht, meist nicht die geringste Ahnung haben. Dann kommen auch unbedarfte Fragen wie die, ob die Haft von drei Jahren zur Bewährung ausgesetzt wird (was rechtlich ausgeschlossen ist). Diese freien Journalisten können nichts dafür, morgens berichten sie aus dem Gericht, nachmittags über einen Unfall und abends von einer Ratssitzung. Aber das Niveau vor Ort ist deutlich gesunken.

Die großen Zeitungen verfügen fast alle noch über Juristen, die als Journalisten Gerichtsentscheidungen erläutern und kommentieren. Dies geschieht im Regelfall so niveauvoll, dass ich die Beiträge eigentlich immer gern lese. Trotzdem gibt es auch hier eine Tendenz zur ungebührlichen Zuspitzung. Ein Beispiel ist der Artikel des Juristen und Journalisten Heribert Prantl in der *Süddeutschen Zeitung* vom 21. Februar 2017, der überschrieben war mit: »Der Bundesgerichtshof bricht mit einem Kernsatz des Rechts«.

In der Entscheidung ging es darum, ob Bausparkassen Verträge nach Zuteilungsreife des Darlehens kündigen dürfen. Wenn die Zinssätze für das eingezahlte Eigenkapital zu Hochzinszeiten versprochen wurden, riefen immer mehr Kunden nun weder Eigenkapital noch Darlehen ab, da sie mittlerweile auf dem Markt viel günstigere Konditionen bekamen. Sinn und Zweck derartiger Verträge ist es allerdings, ein Haus bauen zu können, anstatt es bis zum Sanktnimmerleinstag zu verzinsen.

Der Bundesgerichtshof wendete deshalb analog eine Rechtsvorschrift aus dem Darlehensrecht an, wonach die Bausparkassen nach zehn Jahren eine Kündigung aussprechen können. Meines Erachtens ist das ein vernünftiger Kompromiss und eine weise Entscheidung. Prantl kommentierte das jedoch in kaum verständlicher Schärfe: Der Bundesgerichtshof habe es gestattet, dass »Altkunden ein Tritt gegeben werden könne«, dies sei nicht nur verbraucherunfreundlich, sondern falsch. Er warf dem höchsten deutschen Zivilgericht vor, mit juristisch interessanten, bankenfreundlichen »Winkelzügen« das Recht der Verbraucher ausgehebelt zu haben.

Das ist schon schweres Geschütz. Man kann ja anderer Auffassung sein, aber eine bewusste Unausgewogenheit zu unterstellen, ist ein starkes Stück. Da kann man sich vorstellen, was noch alles auf die Gerichte zukommen wird, wenn sich selbst seriöse Journalisten offensichtlich gezwungen sehen, sich am Wettbewerb um die reißerischste Kritik zu beteiligen.

Digitale Medien als negative Verstärker

Diese veränderte Medienlandschaft wird für die Justiz besonders explosiv, weil sich mit dem Generationswechsel eine veränderte gesellschaftliche Einstellung ausgebreitet hat. Man vertraut den Institutionen des Staates nicht mehr. Die *digital natives* beziehen ihre Informationen aus den isolierten Kanälen der digitalen Welt. Kontroverse Debatten haben keinen Platz mehr. Jeder beharrt auf seinem eigenen Standpunkt und glaubt seiner jeweiligen Peergroup.

Die Justiz kann dieser Entwicklung nicht untätig zusehen. Sie hat auch bereits in Ansätzen reagiert: Gerichte und Staatsanwaltschaften bemühen sich nun, kompetente Ansprechpartner zu liefern. Das ist gar nicht so einfach, denn externe Pressesprecher dürfen nicht angestellt werden. Es sind immer Richter oder Staatsanwälte, welche sich die Fachkenntnisse beibringen müssen, ohne dass dies Vorteile für ihre Karriere bringt. Der Bundesgerichtshof hat für Öffentlichkeitsarbeit nur eine halbe Stelle, die anderen Bundesgerichte gar keine.

Recht ins Wohnzimmer?

Vielleicht fragen Sie sich: Könnten nicht Kameras im Gerichtssaal angebracht werden und zu mehr Verständnis verhelfen? In den USA ist das allgegenwärtig, wir kennen das aus dem publicityträchtigen Verfahren gegen den ehemaligen Football-Spieler OJ Simpson. Bei uns aber sind Kameras im Gerichtssaal während der Verhandlung strikt verboten. Das steht so in § 169 des Gerichtsverfassungsgesetzes.

Dazu hat die Bundesregierung nun aber ein neues Gesetz auf den Weg gebracht. Sie geht davon aus, dass mehr Kameras nicht nur dem Informationsbedürfnis der Bevölkerung dienen würden, sondern auch dem Image der Justiz. So zitiert sie im Gesetzentwurf den Präsidenten des Bundesverfassungsgerichts: »Die breite Verfügbarkeit von bewegten Bildern in allen Lebensbereichen hat die Wirkung von Medien verändert. Bilder fiktiver Prozesse im Fernsehen prägen teilweise die Vorstellung der Bevölkerung über die Justiz. Diesen für die deutsche Situation nicht passenden falschen Bildern, die vielfach von amerikanischen Geschworenenprozessen geprägt werden, kann man möglicherweise durch eine realistische, bildliche Darstellung der hiesigen Gerichte entgegenwirken.«

Die Justiz müsse für die Bürger erfahrbar sein, um in der Breite akzeptiert zu werden – so die Botschaft. Da ist was dran. Es wäre eine Chance, ein realistisches Bild vom Recht in die Wohnzimmer Deutschlands zu übermitteln. Aber der Preis dafür darf nicht die Wahrheitsfindung sein. Mir geht es nicht darum, dass das Gericht ein Forum der Eitelkeiten für die Prozessbeteiligten werden könnte. Das ist Nebensache. Mir geht es um die Zeugen, die Opfer, auch die Angeklagten, die mit Medien nichts zu tun haben wollen.

Kamerascheue Prozessbeteiligte

Stellen wir uns folgendes Szenario vor: Der örtliche Lokalsender berichtet live aus der Fußgängerzone ihrer Heimatstadt und tritt mit einem Mikrofon auf Passanten zu. Was passiert? Sie ziehen sich zurück, stehen in Menschtrauben außer Reichweite der Moderatoren. Die meisten schütteln wortlos den Kopf, wenn sie angesprochen werden. Ein Mikrofon setzt die Menschen unter Druck, eine Kamera erst recht. Angeklagte, Zeugen und andere mit den Medien nicht geübte Prozessbeteiligte sind aber zum Erscheinen vor Gericht gezwungen. Sie können gar nicht ausweichen wie die Passanten in der Fußgängerzone. Sie reagieren anders, werden vielleicht einsilbig, sprechen nicht frei, sichern sich vielfach ab. Eine solche unter Druck abgegebene Aussage lässt sich folglich viel schlechter auf ihren Wahrheitsgehalt überprüfen.

Genau aus diesem Grund schreiben die Prozessordnungen den Juristen auch vor, einen Zeugen zunächst im Zusammenhang berichten zu lassen und ihnen nicht ein festes Fragenkorsett vorzugeben. Der frei sprechende unbefangene Zeuge ist das Meisterstück einer guten Befragung. Der Gesetzentwurf ist auf diese Kritik der Richterschaft auch eingegangen und sieht nur noch Tonaufnahmen bei historisch bedeutsamen Prozessen vor. Das ist ein vernünftiger Kompromiss. Denn erfahrungsgemäß setzen kleine Mikrofone für Tonaufzeichnungen die Prozessbeteiligten nicht so unter Druck wie Kameras. Historisch bedeutsame Prozesse sind im Übrigen selten. In der Anhörung des Rechtsausschusses des Deutschen Bundestages vom 27. März 2017 durfte ich diese Argumentation letztendlich mit Erfolg vortragen. Der Wahrheitsfindung während der Beweisaufnahme ist damit gedient.

Demnächst wird es weiter möglich sein, dass die obersten Bundesgerichte die Verkündung ihrer Entscheidungen im Fernsehen oder Radio übertragen lassen. Das ist auch in Ordnung, da die Ermittlung des Sachverhalts durch Einvernahme von Prozessbeteiligten dann längst abgeschlossen ist. Das Verfahren wird also nicht beeinträchtigt. Dieser Weg bietet für die Justiz eine große Chance, dem Bedürfnis der Bürger nach mehr Bildern entgegenzukommen – ohne zu trivialisieren. Journalisten können so Aufmerksamkeit für Gerichtsentscheidungen wecken und haben auch die Gelegenheit, Hintergründe und Auswirkungen von Entscheidungen zu beleuchten. Ein wichtiger Schritt zu einer besseren Öffentlichkeitsarbeit der Justiz. Insgesamt müssen Richter und Staatsanwälte öffentlichkeitsbewusster werden und die Vermittlung des Rechts als eine ihrer wesentlichen Aufgaben begreifen. Zu oft fehlt es noch an dieser inneren Bereitschaft.

Gericht als Show

Viele Bürger verstehen nicht, was im Gerichtssaal vor sich geht. Eigentlich könnte man ja auch auf Gerichtsshows setzen, um die Wirkung von Bildern noch mehr zur Vermittlung der Juristenwelt zu nutzen. Hier sind mit Barbara Salesch (ihre Gerichtsshow wurde inzwischen abgesetzt) und Alexander Hold sogar echte Richter beteiligt. Die könnten mit ihrem Wissen, wie echte Gerichtsverhandlungen laufen, durchaus etwas bewirken, indem sie die Sendeformate an der Realität ausrichten. Das funktioniert aber nicht. Diese Sendungen haben mit der Wirklichkeit so wenig zu tun wie Madame Tussauds Wachsfigurenkabinett mit lebenden Berühmtheiten. Sie sind auf die Unterhaltung aufgebaut, die der Zuschauer erwartet und entsprechend konzipiert. Für Geld stellen sich sogar leibhaftige Richter für so etwas zur Verfügung.

Wer wirklich etwas über den Alltag im Gericht lernen will, der muss schon die Couch verlassen und sich in ein Gericht begeben, um an einer der vielen öffentlichen Verhandlungen teilzunehmen. Bei fast allen Verhandlungen besteht diese Möglichkeit und die Richter sehen das positiv, sind sogar bereit, in Verhandlungspausen den Fall für die Zuschauer noch mal zu erläutern. Einen solchen Tipp gibt überraschenderweise ein Stadtführer über meine Heimatstadt Bielefeld, der den Besuch einer Gerichtsverhandlung empfiehlt. Ungewöhnlich, aber warum nicht?

Politiker respektieren das Recht (immer öfter) nicht

Ob Doping im Sport, der Fall Amri, Wettbetrüge, Hassmails, Fake-News, Angriffe auf Sanitäter, Beleidigungen von Polizisten oder Behinderungen durch Schaulustige an Unfallorten – immer häufiger stellen sich Politiker vor die Kameras und teilen auf nicht selten effekthaschende Weise ihre Meinung mit. Rationale Betrachtungen sind natürlich sinnvoll und gehören zum *Checks-and-Balances*-Prinzip einer Demokratie. Gerade dies aber geschieht eben immer seltener. Entweder fordern jene Politiker von den Gerichten – gleichsam populistisch verengt – die volle Härte des Gesetzes, oder aber sie wollen das Recht umgehend geändert sehen, weil es angeblich nicht ausreicht. Beide Kommunikationsvarianten mögen (opportunistischem) Eigeninteresse der Politik folgen. Aber sie sollten nicht einfach hingenommen werden, denn sie sind gefährlich – und sie ärgern mich daher auch.

Zunächst zur vollen Härte des Gesetzes: Auf diese haben die Politiker gar keinen Einfluss, da die Justiz zu entscheiden hat: die Staatsanwälte über die Frage der Anklage und dann unabhängige Richter über die Verurteilung. Politiker könnten sich auch nach einem Unfall vor ein Krankenhaus stellen und von den Ärzten die unverzügliche Genesung der Opfer verlangen oder vor die Zentrale des Deutschen Wetterdienstes, um dort Sonne für alle zu fordern. All das liegt nicht in der Macht der Politiker. Sie sollten sich deshalb auch nicht zu strafrechtlichen Folgen äußern.

Missachtung der Gewaltenteilung

Seit der Einführung der Gewaltenteilung ist das eigentlich klar, und doch gerät dieser Grundsatz unserer Demokratie in Vergessenheit oder ist nie so richtig verinnerlicht worden. Selbstverständlich muss sich die Justiz nach Abschluss eines Verfahrens der Kritik stellen, wenn die Öffentlichkeit mit dem Ergebnis nicht zufrieden ist. Die Politik baut aber durch ständige plakative Forderungen schon vor Beginn eines Verfahrens Druck auf und schafft einen Erwartungshorizont bei den Bürgern, dem die Justiz nicht immer entsprechen kann und auch nicht immer sollte. Erfüllt das Urteil nicht die Erwartungen, wird der Justiz die Schuld zugeschoben. Diese steht dann allzu häufig mit dem Rücken zur Wand.

Noch schlimmer ist die Forderung, umgehend das Gesetz zu ändern. Dass gegen ein Gesetz verstoßen wurde, bedeutet nicht, dass es falsch ist. Es muss nur durchgesetzt und eine rechtswidrige Handlung sanktioniert werden. So verstößt Doping im Sport zwar häufig nicht gegen das Strafgesetzbuch, aber immerhin doch gegen das Arzneimittelrecht. Es braucht kein neues Gesetz, um dagegen vorzugehen. Angriffe auf Rettungskräfte und Beleidigungen von Polizisten sind strafbar. Auch hier bedarf es keiner neuen Regeln, wie nun der Bundestag beschlossen hat. Und der Berlin-Attentäter Amri hätte wahrscheinlich vor seiner Tat sehr wohl in Abschiebungshaft genommen werden können, wenn das rechtlich besser überlegt worden wäre. Aber statt genau zu prüfen, ob es überhaupt eine Gesetzeslücke gibt, oder ob diese – auch das kommt vor – nicht sogar einen gezielten Platz im Recht hat, ist es viel einfacher, gegen die Rechtslage zu polemisieren.

Polemik schwächt Vertrauen

Das ist ein weiterer Mosaikstein, der zum Vertrauensverlust des Bürgers in das Rechtssystem führt. Das Recht, so bekommt der Bürger den Eindruck, ist so löchrig wie ein Schweizer Käse, nicht auf der Höhe der Zeit, unzureichend und vernachlässigt. Das stimmt aber nicht.

In jüngster Zeit hat das Jammern über das Gesetz eine neue Stufe erreicht. Immer häufiger wird es gezielt für politische Forderungen instrumentalisiert. Nehmen wir das Beispiel Gina-Lisa Lohfink: Anfang Juni 2012 suchte die ehemalige Castingshow-Kandidatin nach einer Feier in einem Berliner Nachtclub mit ihrem Begleiter Pardis F. die Wohnung seines Bekannten Sebastian C. auf. Dort hatten die drei Geschlechtsverkehr. Beide Männer filmten dies mit ihren Handys.

Am nächsten Tag versuchten sie das Filmmaterial an die *BILD*-Zeitung zu verkaufen. Als diese ablehnte, verbreiteten die Männer die Filme im Internet. Lohfink setzte sich gegen die Veröffentlichungen zur Wehr: Ihr Anwalt stellte Strafanzeige wegen unerlaubter Verbreitung von Ton- und Bildaufnahmen. In seinem Schreiben ist dabei von »einvernehmlichem Sex« die Rede. Lohfink soll sich nach der fraglichen Nacht erneut mit Pardis F. getroffen und erneut mit ihm geschlafen haben. Außerdem existieren zärtliche SMS von den Tagen nach der Tat.

Nach Aussage Lohfinks will sie erst einige Tage später die Videos der Nacht gesehen haben. Dann sei ihr klargeworden, was in dieser Nacht wirklich geschehen sei, nämlich eine »Vergewaltigung«. Sie sagt aus, die Männer hätten ihr K.-o.-Tropfen verabreicht, sie sei während der Nacht nicht Herrin ihrer Sinne gewesen, sondern habe einen »Filmriss« gehabt. Damit erklärte ihr Anwalt auch ihr Verhalten nach der Tat. Tatsache ist, dass auf den Videos mehrfach das Wort »Nein!« und die Aussage »Hört auf!« zu hören ist. Laut Gina-Lisa Lohfink soll das der Beleg sein, dass sie mit den sexuellen Akten nicht einverstanden gewesen sei. Die Staatsanwaltschaft deutete diese Aussagen aber als Aufforderung, mit dem Filmen aufzuhören. Die Männer bekamen deshalb Strafbefehle wegen des unerlaubten Verbreitens des Filmmaterials.

Aufsehen erregte der Fall aber erst, als die Staatsanwaltschaft Berlin einen Strafbefehl gegen Gina-Lisa Lohfink beantragte, der vom Gericht auch erlassen wurde. Sie warf ihr falsche Verdächtigung vor, da sie eben nicht vergewaltigt worden sei. Lohfink legte Einspruch ein und es kam zur Hauptverhandlung. Durch viele feministische Netzwerke und die sozialen Medien lief eine beispiellose Welle der Solidarität: Der Umgang mit dem Fall Gina-Lisa zeige, wie Opfer vor Gericht behandelt würden – wie so häufig habe man das Opfer zur Täterin gemacht. Nur weil das Model sich gern freizügig zeige, werde ihr das Recht abgesprochen, Opfer zu sein. Es entstand eine Protestbewegung.

Auch Bundespolitiker schalteten sich vor Ende der Verhandlung in das Verfahren ein und bekundeten ihre Solidarität mit der Angeklagten. Der Fall Lohfink wurde zu einem wesentlichen Argument für eine Strafrechtsreform, die mittlerweile Gesetz ist: Die »Nein-heißt-Nein-Lösung«. Dass ein medizinischer Gutachter, dem das gesamte Filmmaterial zur Verfügung gestellt wurde, in der Verhandlung aussagte, dass für ihn das Verabreichen von K.-o.-Tropfen ausgeschlossen sei, dass sich die Angeklagte in ihrer Vernehmung in Widersprüche verstrickt hatte, kein Attest über den erzwungenen Beischlaf existierte, obwohl Lohfink beim Arzt gewesen sein will – all das verpuffte in der öffentlichen Wahrnehmung. Auch, dass eine, auf solche Straftaten spezialisierte Staatsanwaltschaft, die Erfahrung mit Opfern hat, den Strafbefehl beantragt hatte.

Feministinnen gegen Richterin

Frauen würden benachteiligt, hieß es, Delikte zum Nachteil der Opfer zu häufig eingestellt und das ganze Gesetz sei unzureichend. Ehrlich gesagt war ich froh, dass die Justiz von einer Frau vertreten wurde – nicht auszudenken welche Protestform noch gewählt worden wäre, wenn von Männern entschieden worden wäre. Trotz des öffentlichen Drucks verurteilte eine mutige Richterin das Model zu einer Geldstrafe.

Am 28. April 2016 begannen im Bundestag die Debatten zu einer Neufassung der §§ 177 und 179 des Sexualstrafrechts. Das Bündnis »Nein heißt Nein«, das bereits einige Zeit zuvor vom Deutschen Frauenrat gegründet worden war und dem sich weitere Frauen- und Menschenrechtsorganisationen sowie zahlreiche Unterstützerinnen angeschlossen hatten, forderten in einem offenen Brief eine grundlegende Überarbeitung des Regierungsentwurfs.

Nach bisherigem Recht wurde man wegen Sexualstraftaten gegen den Willen des anderen nur dann verurteilt, wenn diese mit Gewalt oder bestimmten Drohungen erzwungen wurden. Ein bloßes »Nein« reichte also dafür nicht aus. Das war nicht mehr zeitgemäß. Die Gegner einer Änderung befürchteten aber – bis heute – Beweisschwierigkeiten. Denn Gewalt verursacht Spuren, und auch Drohungen lassen sich leichter nachweisen als ein bloßes »Nein«. Zudem befürchtete man, dass Täter einfach sagen könnten, das »Nein« sei ganz anders gemeint gewesen. Mich haben diese Argumente irgendwann nicht mehr überzeugt. Ich schloss mich schließlich der »Nein-heißt-Nein-Lösung« an.

Bereits zum Weltfrauentag am 8. März 2016 hatte das Deutsche Komitee für UN Women die Social-Media-Kampagne *#NeinheißtNein* ins Leben gerufen. Unterstützt durch viele Prominente und nach den Vorfällen der Silvesternacht in Köln kämpften die Aktivistinnen auch über das Internet für eine Reform des deutschen Sexualstrafrechts. Konkret forderten sie, alle sexuellen Handlungen gegen den Willen der Betroffenen unter Strafe zu stellen. In dem offenen Brief an den Bundestag hieß es: »Übergriffe bleiben weiterhin straffrei, auch wenn die von Gewalt betroffene Person ihren entgegenstehenden Willen bekundet und der Täter sich darüber hinweggesetzt hat. Maßgeblich bleibt also das Verhalten der geschädigten Person und nicht des Täters bei der Be- und Verurteilung.« Diese Ansicht ist in der Rechtswissenschaft zwar umstritten. Dennoch wurde der Gesetzentwurf schlussendlich durch eine Arbeitsgruppe aus Frauen beider Koalitionsfraktionen entsprechend angepasst.

Ministerin auf Irrwegen

In diese aufgeheizte Debatte fiel dann der Fall Gina-Lisa Lohfink. Weil es in dem Verfahren darum ging, ob eine Vergewaltigung stattgefunden hatte, und weil das »Nein« des angeklagten Models auch auf dem Video-Material zu hören ist, bot sich das publicityträchtige Geschehen perfekt als Illustration der behaupteten Gesetzeslücke an. Unter dem Hashtag *#TeamGinaLisa* solidarisierten sich Feministinnen aller Richtungen mit dem Model. Für besondere Aufmerksamkeit sorgte aber die Einmischung der damaligen Bundesfamilienministerin Manuela Schwesig (SPD): Noch während des laufenden Prozesses schlug sie sich auf die Seite des Partygirls und unterstützte öffentlich das *#TeamGinaLisa*. Schwesig wurde in den Medien mit den Worten zitiert: »Wir brauchen die Verschärfung des Sexualstrafrechts, damit endlich in Deutschland die sexuelle Selbstbestimmung voraussetzungslos geschützt wird. Nein heißt Nein muss gelten. Ein ›Hör auf‹ ist deutlich. Es ist schlimm, dass wir erst solche Fälle brauchen, um zu debattieren.« Diese Äußerungen brachten der Ministerin massive Kritik ein, weil sich gerade dieser Fall kaum eignete, um eine Gesetzesänderung zu legitimieren.

Auch Justizminister Heiko Maas (SPD) wurde unterstellt, auf das laufende Verfahren Einfluss genommen zu haben. Anfang Juni hatte er sich – in engem zeitlichen Zusammenhang mit dem Lohfink-Prozess, aber ohne Bezug darauf – für eine Verschärfung des Gesetzentwurfes ausgesprochen. Eine Ministeriumssprecherin hatte damals auf Rückfrage betont, der Minister äußere sich nicht zu laufenden Gerichtsverfahren.

Am 7. Juli votierte der Bundestag einstimmig für eine Neuregelung der entsprechenden Paragraphen. Aus meiner Sicht ist zwar ein richtiges Gesetz durchgesetzt worden. Aber der Fall zeigt beispielhaft, wie öffentlicher Druck auf die Justiz aufgebaut wird. Das Amtsgericht hat Frau Lohfink die Vergewaltigung trotzdem nicht geglaubt. Das müssten auch die beteiligten Politiker erkannt haben. Maas hat deshalb keinen Zusammenhang mit dem Fall hergestellt. Schwesig hatte da offenbar weniger Probleme. Als Gina-Lisa Lohfink später vom Berliner Amtsgericht der falschen Verdächtigung für schuldig befunden und zu einer Geldstrafe von 20 000 Euro verurteilt wurde, wollte das Familienministerium – das zuvor so lauthals aktiv gewesen war – dies nicht mehr kommentieren.

Ob die Politik aus diesem unrühmlichen Vorfall gelernt hat?

Gerechtigkeit: Was ist das?

Dieses Kapitel wird ohne ein Beispiel aus meiner eigenen Erfahrung als Richter auskommen müssen. Ich habe mich stets bemüht, ein gerechtes Urteil zu finden. War ich mit meiner Lösung im Ergebnis noch nicht zufrieden, habe ich mir Zeit genommen, den Fall noch einmal beiseitegelegt. Auch wenn das vielleicht überheblich klingt, aber mir fällt kein Fall ein, in dem ich mein Urteil oder meinen Vergleichsvorschlag im Nachhinein selbst nicht mehr für gerecht gehalten hätte.

Fast allen Richtern geht es ähnlich. Die Umfragen belegen, dass die Gerechtigkeit für sie kein großes Thema ist – weil sie damit im Reinen sind. Sie haben andere Sorgen, die Personalausstattung oder die Handhabbarkeit der Prozessordnung. Änderungen im materiellen Recht stehen eher hinten. Immerhin 44 Prozent der Richter sähen zwar gern den Verbraucherschutz gestärkt, um mehr Chancengerechtigkeit herzustellen (Roland-Rechtsreport 2014), selbst das aber findet sich erst auf Platz 6 der Wunschliste.

Keine Wiedergutmachung

Manchmal schrecke ich trotzdem auf. Zum Beispiel, wenn Richter den enttäuschten Parteien sagen, dass von ihnen keine Gerechtigkeit zu erwarten sei, sondern nur ein Urteil. So im Kölner Raser-Fall, wo im April 2016 zwei junge Männer nur zu Bewährungsstrafen verurteilt worden waren, obwohl sie im Jahr zuvor eine 19-jährige Radfahrerin bei einem illegalen Autorennen getötet hatten. Der Vorsitzende Richter sagte zu den Eltern: »Wir sehen, dass Sie sich hier mit Ihren Emotionen nur unzureichend aufgehoben fühlen, aber wir können Ihnen nicht gerecht werden.«

Die Öffentlichkeit versteht so etwas als fatalistische Preisgabe der Gerechtigkeit, dabei ist es ganz anders zu verstehen: Ein Arzt kann Leben retten, einen Patienten gesunden lassen. Diese Chance haben Richter und Staatsanwälte nicht. Es bleibt auch nach dem Gerichtsverfahren bei den Parteien fast immer etwas zurück: Trauer, Wut, Enttäuschung. Auch eine noch so harte Strafe macht einen getöteten Menschen nicht wieder lebendig. Die Vergewaltigung und die psychischen Leiden der Opfer nach einer solchen Tat kann ein Urteil nur unzureichend ausgleichen.

Ähnliches gilt im Zivilrecht. Die materiellen Folgen eines Verkehrsunfalls können ersetzt werden. Es bleibt aber zum Beispiel die Angst des Unfallopfers, wieder am Straßenverkehr teilzunehmen. Daran verzweifeln auch Richter und Staatsanwälte manchmal. Dies kaschieren sie mit solchen Statements, ohne allerdings die Wirkung auf die Öffentlichkeit zu bedenken.

Trotz solcher Einschränkungen sehen Richter und Staatsanwälte kein Problem mit der Gerechtigkeit. Bei Anwälten ist das schon anders. Denn sie identifizieren sich im Regelfall mit ihrer Partei und kämpfen für deren Rechte – es erstaunt mich immer wieder positiv, wie selten sie dabei ihre professionelle Distanz verlassen. Für sie hat die Gerechtigkeit aus dieser subjektiven Wahrnehmung heraus eine ganz wesentliche Rolle, und ihr Engagement wird im Einzelfall enttäuscht, wenn sich vielleicht das Recht einmal nicht in ihrem Sinne gestaltet. Ein generelles Gerechtigkeitsproblem sehen aber auch sie nicht.

Gleiches Recht für alle oder Willkür in der Rechtsprechung?

Deckt sich die Selbsteinschätzung der Juristen mit dem Gerechtigkeitsgefühl der Bürger? Das Grundgesetz verlangt Chancengleichheit. Jeder soll die gleiche Chance auf Glück, Freiheit und Wohlstand haben. Dies heißt für den Staat und sein Rechtssystem: Er muss Benachteiligungen ausgleichen und faire Chancen für alle ermöglichen. Dazu muss er den Stärkeren in der Gesellschaft mehr aufbürden als den Schwachen.

Dem Grundgesetz ist also eine Ausgleichspflicht zwischen Stark und Schwach zu entnehmen. Jede Gesellschaft hält nur ein bestimmtes Maß des Abstandes zwischen Arm und Reich aus. Wird die Differenz überspannt, reißt das Band der Solidarität. Maßloser Egoismus wird von der anderen Seite mit der Kündigung der Rechtstreue beantwortet. Soziale Gerechtigkeit herzustellen ist also eine der vornehmsten Aufgaben des Rechtswesens und damit auch der Justiz. Nur, wie ist es darum bestellt?

Umfragen ergeben, dass die Bürger nicht davon überzeugt sind, dass das Recht Gerechtigkeit herstellen kann. Skandale und offensichtliche Schwachstellen im Recht haben das Ihre dazu beigetragen: Bonuszahlungen an Manager, obwohl sie ihre Unternehmen beinahe oder tatsächlich in die Insolvenz geführt haben, oder auch Steuerfreiheit für internationale Großunternehmen. Viele Bürger haben den Eindruck, Haft gebe es zwar für die »Kleinen«, die ihren Bußgeldbescheid nicht zahlen, nicht aber für die »Großen«, die Steuerhinterzieher und Finanzjongleure.

Zwei Drittel der Bevölkerung sind der Ansicht, dass derjenige bessere Chancen auf ein günstiges Urteil habe, der sich einen bekannten Anwalt leisten könne. 60 Prozent beklagen, dass es in Deutschland eine sehr uneinheitliche Rechtsprechung gebe. Strafmaß und Urteil hingen stark vom zuständigen Gericht ab. Damit wird indirekt der Vorwurf der Willkür erhoben. Schauen wir uns drei Bereiche an, in denen das besonders thematisiert wird.

Der Fall Ecclestone: Geld statt Knast

Im Strafrecht wird der Fall Ecclestone oft als Beispiel für eine ungerechte Strafjustiz genannt. Dem ehemaligen Formel-1-Boss Bernie Ecclestone wurde vorgeworfen, den früheren Bayern LB-Vorstand Gerhard Gribkowsky im Jahr 2006 mit 44 Millionen Dollar bestochen zu haben. Dieser soll dafür gesorgt haben, dass die Bank ihren Formel-1-Anteil an Ecclestones Wunsch-Investor CVC verkauft und Ecclestone so Chef der Rennserie blieb. Im Jahr 2011 war Gribkowsky für den gleichen Vorgang zu achteinhalb Jahren Haft verurteilt worden.

Der Staatsanwaltschaft fiel es im Prozess aber schwer, Ecclestone den Tatvorwurf nachzuweisen. Ein Urteil gab es daher nicht; das Verfahren wurde im August 2014 gegen die Rekordsumme von 100 Millionen Dollar nach §153 a StPO eingestellt. Diese Vorschrift besagt, dass ein Strafverfahren unter Auflagen und Weisungen eingestellt werden kann, wenn diese geeignet sind, das öffentliche Interesse an der Strafverfolgung zu beseitigen, und die Schwere der Schuld dem nicht entgegensteht. Die Summe richtete sich wie üblich nach dem Vermögen des Angeklagten und fiel deshalb derart hoch aus.

Trotzdem brachte die Einstellung erhebliche Kritik mit sich, es habe sich um ein »Freikaufen« gehandelt. Dieser Eindruck konnte auch deshalb entstehen, weil die Einstellung erst nach einigen Monaten der Verhandlung erklärt wurde. Ähnliche Vorwürfe gab es auch im Fall von Mannesmann/Vodafone in den Jahren 2004 bis 2006, wo ein Wirtschaftsstrafverfahren mit einem Schaden von 60 Millionen Euro schließlich mit der Auflage einer Zahlung von 5,8 Millionen Euro eingestellt wurde.

Als Jurist kann man dem viel entgegenhalten. Die Einstellungen als solche waren rechtmäßig, sie sieht das Gesetz so vor. Bei Ecclestone zum Beispiel war also die Frage zu stellen, ob, wie im Gesetz gefordert, eine Geldzahlung das Interesse an der Strafverfolgung beseitigen konnte, das Verfahren also nicht vollständig beendet, sondern gewissermaßen abgekürzt werden konnte. Ich habe diese Vorschrift selbst schon hundertfach angewandt, allerdings in erster Linie bei Kriminalität geringerer Tragweite. Es würde jedenfalls dem Gleichheitsgrundsatz widersprechen, wohlhabende Menschen von dieser Vorschrift auszuschließen. Dann muss die Geldbuße entsprechend höher ausfallen. Der große Vorteil ist, dass man nach einer solchen Einstellung nicht vorbestraft ist – deshalb konnte Josef Ackermann im Mannesmann-Verfahren auch weiterhin Chef der Deutschen Bank bleiben. Der Tatvorwurf steht dann nicht rechtskräftig fest.

Das Strafrecht ist umgekehrt recht sozial, indem es strukturelle Benachteiligungen von Angeklagten an vielen Stellen ausgleicht. So bekommt ein Angeklagter in für ihn wichtigen Verfahren (entscheidend ist unter anderem die Schwere des Tatvorwurfs), oder wenn er sich nicht hinreichend selbst verteidigen kann, einen Pflichtverteidiger, der vom Staat bezahlt wird. Pflichtverteidiger sind weit besser als ihr Ruf. Die Zeiten, in denen so ein Mandat nur von erfolglosen Anwälten entgegengenommen wurde, sind lange vorbei. Richter und Staatsanwälte verfolgen zudem nicht einseitig, sondern sie haben von Amts wegen auch entlastende Umstände zu ermitteln. Dies hilft vor allem Tätern, deren Mittel beschränkt sind, um sich eine bestmögliche Verteidigung zu leisten.

Die öffentliche Kritik am Fall Ecclestone zeigt: Die Bürger wünschen sich einen transparenten Staat, der den Dingen auf den Grund geht. Sie haben vielleicht gar nichts dagegen, wenn am Ende des Verfahrens, also nach der vollständigen Beweiserhebung, eine Einstellung steht. Sie möchten aber nicht, dass dieses Instrument genutzt wird, um die Ermittlungen nicht zu Ende zu bringen. Die Einstellung aber wird von Richtern und Staatsanwälten – mich eingeschlossen – oft präferiert: Nicht nur, um Zeit zu sparen, sondern auch, weil wir mit unserem juristischen Blick sehen, dass bei diesem oder jenem Verfahren nicht viel herauskommen wird. Wir agieren dann wie Schachspieler, die ein Remis anbieten, weil sie erkennen, dass sie das Spiel nicht mehr gewinnen können.

Mir ist bei den Diskussionen um diese Fälle noch einmal bewusst geworden, wie vorsichtig wir als Richter und Staatsanwälte mit dem § 153 a StPO umgehen müssen – auch wenn er uns Zeit spart. Gerechtigkeit nämlich lässt sich nur auf der Basis der vollen Wahrheit umsetzen. Wenn diese aber nicht mehr ausnahmslos aufgeklärt wird, dann nimmt das Vertrauen der Bürger Schaden. Denn Wahrheit ist nicht verhandelbar.

Der Fall VW: Schadensersatz für mehr Abgase?

Im Zivilrecht wird von vielen Bürgern eine ähnliche Schieflage zwischen »Groß« und »Klein« wahrgenommen. Sie empfinden ein starkes Ungleichgewicht zwischen Konzernen und Verbrauchern, Mietern und großen Mietgesellschaften oder Arbeitnehmern und Unternehmen.

Dies wird am Fall des VW-Abgasskandals deutlich: Die Volkswagen-AG ließ über Jahre eine illegale Abschalteinrichtung in die Motorsteuerung ihrer Dieselfahrzeuge einbauen, welche die Abgasmessung manipuliert und zur Überschreitung der Grenzwerte im Echtbetrieb führte. Zivilrechtlich stellt so etwas einen »Mangel« des Fahrzeuges dar, der Käufer kann daraus bestimmte Rechte ableiten. In den USA wurden gegen VW nicht nur Geldbußen verhängt. Es kam auch zu pauschalen Schadensersatzzahlungen an die Käufer von meist 5000 US-Dollar.

In Europa haben es die Käufer schwerer. Jeder Einzelne muss klagen und kann sich nicht einfach mit anderen zusammenschließen. Die Möglichkeiten für Musterverfahren, deren Ergebnis dann für alle Gültigkeit hat, sind im deutschen Recht sehr eingeschränkt. Ist das ungerecht?

Wir Juristen finden das nicht: In den USA dient Schadensersatz als Instrument, um zum Beispiel Unternehmen zu rechtmäßigem Verhalten zu zwingen. Deutschland regelt das mit dem Verwaltungs- oder Strafrecht. Warum sollte also bei uns jemand wie in den USA Millionär werden, nur, weil er bei McDonalds einen zu heißen Kaffee serviert bekam und sich verbrüht hat? Oder warum soll eine Lehrerin einer Schülerin über eine Million US-Dollar für eine entwürdigende Strafe zahlen? Sie hatte ihr den Toilettengang verweigert, sodass sie hinter einem Vorhang in einen Eimer urinieren musste. Diese Demütigung schien bei ihr zu psychischen Folgen geführt zu haben. Ein starkes Stück. Aber warum soll dabei ein Schadensersatz herauskommen, der so hoch ist, dass die Schülerin nie mehr arbeiten muss? So etwas vergiftet das gesellschaftliche Klima, weil Schaden mit Profit gleichgesetzt wird und Geschädigte sich mit diesem Vorwurf konfrontiert sehen.

Unser Recht ist klüger: Bei uns ist das Ziel von Schadensersatz nur, den konkreten Schaden auszugleichen. Das Gesetz sagt:

Man soll finanziell nicht schlechter stehen als vor dem erlittenen Schaden. Ausnahme ist der Schmerzensgeldanspruch, wenn Körper oder Freiheit beeinträchtigt wurden. Dieser gleicht keine materiellen, sondern ideelle Nachteile aus. Aber die Rechtsprechung ist damit sehr zurückhaltend.

Wenn nun kein finanzieller Nachteil entsteht, weil VW den Mangel durch eine neue Software am Fahrzeug beheben kann, wird auch kein Schadensersatz gezahlt. Wer sich zu Recht getäuscht fühlt, kann den Vertrag zurückabwickeln und das Geld für das Auto zurückverlangen, aber eben nicht automatisch Schadensersatz verlangen. Das halte ich für völlig richtig, denn als Käufer habe ich Anspruch auf ein mangelfreies Auto, aber der Autobauer muss mir nicht die nächste Urlaubsreise finanzieren, wenn er den Mangel folgenlos beseitigt hat. Soweit die materielle Rechtslage. Aber komme ich in einem Zivilprozess gegen einen Konzern überhaupt an?

Was verdienen Opfer?

Ähnlich wie im Strafrecht gibt es auch im Zivilrecht vielfache Ausgleichsprinzipien zwischen einem mächtigen Konzern und einem schwachen Verbraucher. Kann der Verbraucher etwa seinen Anwalt nicht bezahlen, bekommt er – wenn Aussicht auf Erfolg besteht – diesen vom Staat bezahlt. Das nennt sich Prozesskostenhilfe. Natürlich kann man nun argumentieren, das reiche nicht. Denn ein Anwalt, der von einem Autokonzern beauftragt werde, habe in Zukunft sicher weitere lukrative Aufträge in Aussicht und wird sich deshalb besonders anstrengen. Ein Verbraucheranwalt bekomme dagegen weniger Gebühren und könne deshalb auch nur weniger für sein Geld tun.

Dieser Einschätzung widerspreche ich aber vehement. Die Fälle, in denen ich das Gefühl hatte, ein Anwalt gebe nicht sein Bestes, sind nur wenige, und sie waren dann eher auf ein schlechtes Verhältnis zwischen Anwalt und Mandanten zurückzuführen. Gott sei Dank ist es bei uns nicht wie in den USA, wo Anwälte ein Erfolgshonorar bekommen und deshalb profitable Materien zu ihrer eigenen machen und schon am Unfallort – kein Scherz – ihre Visitenkarten verteilen.

Abgesichert werden Verbraucher noch durch ein weiteres Prinzip: Es gibt Hinweispflichten der Richter. Wenn etwas bei der Rechtsverfolgung übersehen wurde, müssen sie das deutlich machen. Auch gibt es Beweiserleichterungen: Zeigt sich zum Beispiel innerhalb von sechs Monaten ein Mangel am Fahrzeug, muss der Verkäufer beweisen, dass das Fahrzeug bei Übergabe den Mangel noch nicht hatte.

Starke Verbraucherverbände achten zudem darauf, dass keine unwirksamen Vertragsklauseln verwandt werden.

In die USA zu schielen, ist also Rosinenpickerei. Diese Perspektive vernachlässigt die positiven Seiten unseres Systems. Die Vorteile unseres Rechtssystems sind mir bei einem eigenen Fall besonders deutlich geworden: Ein Kind hatte einen tragischen Verkehrsunfall erlitten und war für einige Zeit klinisch tot. Dann konnte es reanimiert werden, litt aber fortan an einer geistigen Behinderung und Querschnittslähmung. Die Familie vollbrachte Beeindruckendes und pflegte ihr Kind zuhause.

Trotzdem hatte ich das Gefühl, es stimme etwas nicht. Denn durch die sehr hohen Schmerzensgeldzahlungen und die Bezahlung der Pflege durch die Versicherung war das behinderte Kind auf einmal zum Ernährer geworden. Alles in der Familie wurde um es herum organisiert. Wir schritten ein, als die Eltern einen Teil der Schmerzensgeldzahlungen dem Geschwisterkind übertragen wollten, und haben das nicht genehmigt. Sie sahen offensichtlich die Einnahmen des geschädigten Kindes als Familieneinnahmen an. Das war aber nicht richtig, denn das Geld galt ausschließlich dem Ausgleich der starken Beeinträchtigungen.

Die Eltern verstanden unsere Entscheidung nicht. Das Beispiel illustriert, wie schnell »ungesunde Strukturen« entstehen können, wenn man so etwas wie einen Strafschaden oder einen sehr hohen finanziellen Ausgleich zubilligt. Es geht dann nicht mehr um die Gerechtigkeit, sondern gleichsam um krude ökonomische Vorteile.

Steuer-Schiebungen

Besonders sensibel reagiert die Öffentlichkeit im Bereich des Steuerrechts. Gerade das soll zur Chancengleichheit führen und Positives zum Gemeinwesen beitragen. Trotz aller Bemühungen ist das aber längst nicht immer der Fall. Große, international tätige Gesellschaften verlagern etwa ihre Gewinne in Niedrigsteuerländer. Facebook kam mit so einer Steuerkonstruktion im Jahr 2012 in die Schlagzeilen: Den Berichten nach zahlte das Unternehmen bei einem Umsatz von 1,8 Milliarden Euro nur 1,9 Millionen (also etwas mehr als ein Promille) an seinem Hauptsitz Irland an Steuern, einen Großteil seiner Einnahmen wird über eine Holding nach den Cayman Islands verschoben, auf denen keine Steuern gezahlt werden müssen. Inzwischen jedoch hat die US-Finanzbehörde Zweifel an dem Vorgehen und stellt Nachforderungen in Milliardenhöhe. Natürlich werden bei uns auch Vermögen ins Ausland verlagert. Der Ankauf von Steuer-CDs aus der Schweiz hat die Dimensionen klargemacht.

Es gibt viele weitere Punkte, die als Ungerechtigkeit diskutiert werden: Etwa, dass Kapitaleinkünfte geringer besteuert werden als Einkünfte aus Arbeit, dass Vermögen nicht angetastet werden, die Mitte der Steuerzahler stärker belastet würde als andere Teile der Gesellschaft und vieles mehr. Das deutsche Recht versucht, dem mit einer Vielzahl von Vorschriften entgegenzusteuern. Nach einem Juristenwitz sollen 90 Prozent der Steuervorschriften der Welt in Deutsch geschrieben sein – das ist natürlich übertrieben. Wahr aber ist, dass das Recht versucht, Gerechtigkeit mit immer detaillierteren Vorschriften herzustellen – mit nur mäßigem Erfolg. Dem Vorschlag des damaligen CDU-Fraktionsvorsitzenden Friedrich Merz, die Steuer »auf einem Bierdeckel« ausrechnen zu können – also hohe Pauschalen bei wenigen Regelungen einzuführen –, ist von der Politik schon lange eine Absage erteilt worden.

Trotz eines wachsenden Regelwerks sehen die Bürger keine Steuergerechtigkeit. Deshalb bejahen sie auch mit Nachdruck den Ankauf von CDs aus der Schweiz, was in hohem Maße problematisch ist, weil das selbst zu Straftaten der Bankangestellten, die die CDs erstellen, verleitet (siehe Kapitel »Der Staat als Hehler«).

Wie man es auch sieht: Die Erwartung, dass das Recht für Gerechtigkeit sorgen soll, ist legitim und verständlich. Die Bürger empfinden das Recht als lückenhaft und spüren einen Mangel an Gerechtigkeit. Die Vertreter des Rechts – die Politik und die Protagonisten des Justizsystems selbst – müssen das stärker zur Kenntnis nehmen, wenn es nicht zu weiterer Verdrossenheit und zu weiterem Vertrauensverlust der Bevölkerung kommen soll. Und sie müssen sich stärker damit beschäftigen, warum es zu solchen vertrauens- und damit demokratieerodierenden Entwicklungen kommt. Das nächste Kapitel tut das.

KAPITEL 2

DIE ANALYSE DES MISSTRAUENS

Der Verlust an Achtung für den Rechtsstaat hat dazu geführt, dass die Justiz auf beunruhigend vielen Ebenen geschwächt wurde. Die Wurzeln des Vertrauensverlustes sind weit verzweigt. Sie finden sich in der Natur der Rechtsprechung selbst, die für Nicht-Juristen nicht immer leicht zu verstehen ist und in Schule und Öffentlichkeit zu wenig vermittelt werden. Vor allem verstehen viele Bürger nicht, dass moralische Argumentation im Gerichtssaal nichts zu suchen hat, weil sie Ausfluss des Zeitgeistes sind und damit keine stabile Grundlage des Rechts. Da Richter nicht Hellseher sind und die Wahrheit oft verschiedene Seiten hat, kann es außerdem sein, dass ein Prozess mehrere Instanzen durchlaufen muss, bis endgültig Recht gesprochen werden kann. Dieses Prozesshafte der Rechtsprechung findet in unserer ungeduldigen Gesellschaft immer weniger Sympathien, ist jedoch gerade ein Garant der Rechtssicherheit aller Bürger. Aber auch das Revisionsrecht kann natürlich nicht verhindern, dass vereinzelt Justizirrtümer geschehen, weil schlicht die Beweislage nicht ausreicht oder falsche Schlüsse zulässt.

Der oft zu lange Weg zum Recht ist es außerdem, der manche Strafverfahren zum Hindernislauf werden lässt. Die Strafprozessordnung ist zu kompliziert, und das Recht ufert aus – während gleichzeitig die Justiz vom Sparstrumpf erdrosselt wird. Dagegen kann sie sich kaum wehren, denn Deutschland ist eines der wenigen Ländern Europas, wo es noch einen Justizminister gibt, von dem sie abhängig ist, so wie die Staatsanwälte hier noch weisungsgebunden sind, abhängig von der Politik. Dabei sind es gerade die parlamentarischen Volksvertreter und die Regierungsmitglieder, die das Recht unverblümt umgehen oder ihm sogar offen zuwiderhandeln, wenn dies die politische Stimmung scheinbar gebietet. Kein Wunder, dass die Justiz sich viele Vorwürfe machen lassen muss – oder sind es Vorurteile über die Rechtsprechung? Ein Faktencheck zum Schluss dieses Kapitels soll das klären.

Gefühle sind unerheblich: Wie denken eigentlich Juristen?

Als »steife Civilisten« beschrieb Adolph Freiherr von Knigge, selbst Jurist, unseren Berufsstand, »in menschlichen Dingen, in […] den Geist aufklärenden, das Herz bildenden Kenntnissen unerfahren«. So ganz Unrecht hatte er damit nicht, denn ein wenig ist dieses Wesen der Jurisprudenz auch Programm, zumindest was unsere Art zu denken angeht. Gefühle haben da nichts zu suchen, zumindest bei den Entscheidungen. Das bringt uns immer wieder in Konflikt mit dem Empfinden der Nicht-Juristen, die das Beharren auf den Buchstaben des Gesetzes nicht immer als den Wert erkennen, der er meiner Meinung nach ist. Aber fangen wir von vorn an – mit der Ausbildung.

Jura ist ein interessantes Fach. Es vermittelt das Wissen, wie eine Gesellschaft zusammengehalten werden kann, sich Konflikte lösen lassen, und skizziert dabei wesentliche geistige Entwicklungen der Menschheitsgeschichte nach. Außerdem erschließt eine juristische Ausbildung alle nur erdenklichen Lebenssphären. Denn das Recht ist heute überall präsent. Juristen werden deshalb mit allem Möglichen konfrontiert: mit Morden und misslungenen Reisen, mit Streit am Arbeitsplatz, zerrütteten Ehen, verwahrlosten Kindern und den Blättern in Nachbars Garten. Aber auch mit Sportentscheidungen, Urheberrecht oder Unternehmensfusionen bis hin zu Verfassungsangelegenheiten.

Ich kann mich gut an den ersten Tag meines Studiums erinnern. Die Bundeswehr hatte ich am Freitag verlassen, es war der Montag danach, ein schöner Oktobertag im Jahr 1983. Ich saß mit 480 anderen Studenten im fensterlosen Hörsaal der Uni Bielefeld. Wir warteten gespannt auf einen leibhaftigen Professor.

Die pure Anzahl meiner Mitstudenten war für mich belastend. Wo sollten wir alle nur einmal arbeiten? Ich war Teil des Studentenbergs oder der Juristenschwemme, wie wir damals genannt wurden. Eine Bemerkung am Rande: Ich wundere mich schon darüber, dass einerseits seit Jahrzehnten das Wort Juristenschwemme gebraucht wird, andererseits aber Justizminister Heiko Maas darauf hinweist, man möge doch bitteschön das Wort Flüchtlingsschwemme nicht in den Mund nehmen, da es diskriminierend ist. Ja, ist es auch: aber für alle.

Abschreckung als Prinzip

Anders als ich es mir in meiner Naivität vorgestellt hatte, begann meine erste Vorlesung nicht mit einem Werbeblock für die Juristerei, sondern mit purer Abschreckung. Tagelang wurde uns erklärt, wie viele von uns durchfallen oder aufgeben würden. Dass diese Ausbildung geradewegs in die Arbeitslosigkeit, oder, wenn es gut läuft, ins Taxigewerbe führen würde.

Nur jeder Dritte komme überhaupt durchs Examen, hieß es, also war ich monatelang damit beschäftigt, mich gedanklich einzusortieren. Würde ich es ins obere Drittel schaffen? Ich war mir nicht sicher. Am dritten Tag der Abschreckungswoche passierte etwas völlig Unerwartetes: Plötzlich erhob sich ein Student, ging geradewegs auf das Klavier im Hörsaal zu und begann, die Horrorszenarien mit seinem Klavierspiel zu unterbrechen. An das Lied kann ich mich zwar nicht mehr erinnern, aber unser Pianist war der Einzige, der alles richtig gemacht hatte – er hat mit Musik protestiert. Was sind das für Professoren, die den Nachwuchs nicht für ihr Fach begeistern wollen? Die nicht motivieren, bei diesem Studium zu bleiben? Die ihnen nicht das Notwendige dafür beibringen wollen, sondern nur darauf sinnen, in den ersten Wochen die Studentenzahl zu reduzieren?

Bis heute hat sich nur wenig geändert. Nach wie vor wird auf Abschreckung gesetzt, um für diejenigen, die bleiben, erträgliche Studienverhältnisse zu schaffen. Dabei hat der Juristenmarkt bisher alle aufgenommen, und der zukünftige Bedarf ist riesig. Heute werden Richter per Annonce gesucht und gut laufende Kanzleien auf dem Land mangels Bewerbern geschlossen. Die Studenten werden also nicht nur abgeschreckt, sondern auch noch getäuscht – welche Verschwendung von Lebenspotenzial.

Was macht einen Juristen aus?

Die eigentliche Frage ist: Was wird aus den Studenten, die es schaffen? Sie begegnen uns ja später als Juristen wieder: als Richter, Staatsanwalt oder Rechtsanwalt. Mit großem Fleiß, harter Disziplin, beeindruckender Effektivität, Intelligenz und einer ungeheuren Leistungsbereitschaft konnten sie bestehen. Genau diese Eigenschaften werden sie nun ein Leben lang prägen, und sie werden ihre Umwelt daran messen. Andere wichtige Eigenschaften müssen erst mühsam im Beruf erworben werden, weil sie nicht Teil der Ausbildung sind: Einfühlungsvermögen, geduldiges Zuhören, sich in Menschen hineinzuversetzen und sie überzeugen – all das eben, was man unter sozialer Kompetenz versteht.

Das Wichtigste aber ist die anfangs zitierte Rationalität. Die juristische Gedankenwelt ist streng gegliedert. Anders als in anderen Rechtssystemen lernt der juristische Nachwuchs nicht Paragraphen auswendig, sondern absolviert eine Denkschule. Ich habe diese völlig verinnerlicht und kann gar nicht mehr anders vorgehen. Diese Denkschule ist eigentlich ganz einfach: Juristen erschließen sich immer zuerst den Sachverhalt und versuchen dies völlig frei von Wertungen zu tun – ich weiß, dies beruht auf einer Selbsttäuschung, hilft aber. Der Sachverhalt sollte möglichst lückenlos und unverfälscht von zu frühen Bewertungen sein.

Steht dieser, legt der Jurist seine rechtliche Schablone darüber. Im Zivilrecht sucht er nach einer Vorschrift, die das Begehren der Partei erfüllt, die Anspruchsgrundlage. Verlangt ein Verkäufer den Preis, den der Käufer nicht zahlen will, so ist § 433 Abs. 2 BGB die richtige Norm. Darin heißt es: »Der Käufer ist verpflichtet, dem Verkäufer den vereinbarten Kaufpreis zu zahlen und die gekaufte Sache abzunehmen«.

Diese Vorschrift wird nun zergliedert in einzelne Tatbestandsmerkmale. Voraussetzung für den Anspruch ist, dass ein Kaufvertrag geschlossen wurde. Das setzt ein Angebot und eine Annahme voraus. Hat der Jurist diese Tatbestandsmerkmale, muss er diese noch definieren und bringt dann seinen Sachverhalt darunter. Natürlich sind die praktischen Fälle viel komplizierter, aber das Prinzip läuft immer gleich: Anspruchsgrundlage, daraus die einzelnen Tatbestandsmerkmale extrahieren, sie definieren und sodann den Sachverhalt darauf prüfen. Im Strafrecht läuft es ähnlich. Hier wird geprüft, ob sich jemand strafbar gemacht haben könnte. Eine entsprechende Norm wird gesucht, wieder zergliedert, definiert und der Sachverhalt darauf geprüft. Klingt doch ganz einfach.

Nichts außer den Vorschriften

Alle Wertungen jenseits dieser Vorschriften haben keine Geltung – egal, wie man sie nennt, Missgunst oder Moral. Der Jurist unterscheidet hier auch gar nicht. Unerheblich ist unerheblich, egal wie man es nun nennt. Gerechtigkeit ist ein moralisches Konstrukt, das emotional ganz unterschiedlich unterfüttert wird. Wenn Winterkorn eine hohe Rente bezieht, will man das nicht. Das ist aber nicht ungerecht, das ist Missgunst. Nur gibt das keiner zu. Also argumentiert man moralisch und sagt, das sei ungerecht.

Für mich besteht nur die Frage, ob er einen wirksamen Anspruch auf das Geld hat. Wenn man das nicht will, soll man andere Verträge machen. Juristisch gesehen ist Moral eine nicht zu akzeptierende Argumentationsebene – häufig ist sie doppelbödig. Bleiben wir bei Winterkorn: So kritisierten Mitglieder des VW-Aufsichtsrates öffentlich die Höhe des Einkommens des VW-Vorstandsvorsitzenden Martin Winterkorn – das sie selbst mit festgelegt hatten. Wie passt das zusammen? Die Frage ist umso berechtigter, als die ehemalige Richterin am Bundesverfassungsgericht Christine Hohmann-Dennhardt vom gleichen Aufsichtsrat zu VW geholt wurde, um im Rang eines Vorstandsmitglieds für »Integrität und Recht« im Konzern zu sorgen – nur um nach nur einem Jahr das Unternehmen wieder zu verlassen und dabei eine vom Aufsichtsrat abgesegnete Abfindung in zweistelliger Millionenhöhe zu kassieren. Hier erlebe ich den strapazierten Begriff der Gerechtigkeit als willkürlich und halte mich lieber an die klaren Vorgaben des Rechts. Dies besagt: beide hatten einen Anspruch auf das Geld. Wir sollten deshalb keine moralischen Vorwürfe erheben, sondern bessere Verträge einfordern – vom Aufsichtsrat.

Gerechtigkeit steht nicht im Gesetz

Während meines Studiums meldete sich eine Studentin in einem Seminar und meinte, das gefundene Ergebnis sei ungerecht. So sollte ein Jurist nicht denken. Denn: der Begriff Gerechtigkeit steht nicht im BGB, hat also keinerlei rechtlichen Ansatz.

Allerdings gibt es, wie so oft, auch hier kleine Schlupflöcher: Ist der Jurist mit seinem Ergebnis nicht zufrieden, kann er es nochmals über sogenannte Korrekturparagraphen überprüfen – dies dient dazu, eine missbräuchliche Ausübung des Rechts zu verhindern und inakzeptable Ergebnisse zu berichtigen. Meine Mitstudentin hätte anders argumentieren sollen und sich auf »Treu und Glauben« (§ 242 BGB) beziehen können, einen Grundsatz, der im Vertragsrecht gilt und vorschreibt, dass über die vertraglichen Vereinbarungen hinaus generell die Verkehrssitten berücksichtigt werden müssen, dass also zum Beispiel auf die berechtigten Erwartungen des Vertragspartners Rücksicht zu nehmen ist.

Genauso denke ich: wertungsfreier Sachverhalt – strikte rechtliche Prüfung – Ergebnis. Alles andere sieht der Jurist als Ideologie oder schlichtes »Gewäsch« an. Moralische, philosophische Vorstellungen oder Gefühle haben vor Gericht nichts zu suchen.

Emotional aufgeheizt: Was will die Öffentlichkeit?

Das Beispiel der Studentin ist sehr gut geeignet um zu zeigen, wie der Nichtjurist im Allgemeinen tickt. Oft akzeptiert er keine Entscheidungen, die einfach »trocken« an Paragraphen ausgerichtet sind. Er erwartet, dass Gefühle berücksichtigt werden. Er will nicht Empfänger einer juristischen Wahrheit sein, die diese unbeachtet lässt. Immer wieder erreichen mich Bürgerzuschriften, die in etwa so auf den Punkt gebracht werden könnten: »Ich bin wütend, also ist die Entscheidung falsch. Bitte tun Sie was!« Es häufen sich solche Proteste gegen Urteile – egal ob nun von Opfern oder Tätern, Nebenklägern, Frauen-, Kinderschutz- oder Opferverbänden, Umweltaktivisten, Verbraucherschützern, Arbeitskreis Asyl und anderen. Gefühlen wird zunehmend freien Lauf gelassen und vor allem werden sie schneller und einfacher kommuniziert.

Die Welt emotionalisiert sich. Denken wir an das bekannte Wembley-Fußball-Spiel Deutschland gegen England 1966. Das berühmte Tor zum 3:2 kommentierte Reporter Rudi Michel mit auffallend ruhiger Stimme: »Hei! Nicht im Tor! Kein Tor! Oder doch? Jetzt, was entscheidet der Linienrichter? Tor! Oh, ist das bitter«. Heute kann man die gemäßigte Stimmlage gar nicht mehr nachvollziehen. Denn spätestens mit der »Make-love-not-war«-Generation durften Gefühle nicht nur gezeigt werden, sie wurden sogar Programm. Zum Beispiel sollten Jungs in Kursen lernen zu weinen. Psychotherapie wurde »in«, die sexuelle Befreiung propagiert. Heute sind Emotionen das Motoröl unserer Gesellschaft – im Kampf um Aufmerksamkeit, für Werbung, Einschaltquoten, Wahlprogramme, Sonderangebote. Nur das Recht muss ohne auskommen.

Bilder brennen sich ein

Visuelle Technologien fördern diese Entwicklung. Fast alles wird heute mit Handy oder Videokameras gefilmt und ins Internet gestellt, kopiert, verbreitet. Bilder haben eine besondere Macht zu emotionalisieren. Nehmen wir den Berliner U-Bahn-Treter, dessen Tat von einer Videokamera festgehalten wurde. Er betritt eine U-Bahnstation, sieht eine völlig unbeteiligte Frau die Treppe heruntergehen, geht ihr ein Stück hinterher und tritt ihr in den Rücken, sodass sie die Treppe herunterfällt. Dabei bricht sie sich den Arm. Diese Bilder sind auf alle Zeit festgehalten. Als Zuschauer spürt man quasi den Schreck und den Schmerz des Opfers. Auch die Gefühlskälte und die menschenverachtende Gleichgültigkeit des Täters werden deutlich. Würde man das als Artikel in der Zeitung lesen, man hätte es schnell wieder vergessen.

Durch die verstärkte Videoüberwachung gibt es nun mehr Filme über das Tatgeschehen. Die Tat wird in all ihrer Brutalität dauerhaft festgehalten und damit auch Schmerz, Schreie, Emotionen. Abstand gibt es nicht mehr. Das erhöht die Straferwartung der Öffentlichkeit.

Der Richter aber muss anders denken, sich davon frei machen. Der Film darf für ihn nur Beweismittel sein, um den Täter zu überführen oder den Tatablauf sicher festzustellen.

Kein innerer Abstand mehr

Doch so wird man immer wieder neu mit den Bildern konfrontiert, und die Gefühle werden immer wieder wachgerufen: die LKW-Fahrt von Nizza, Amri auf der Flucht, sterbende Kinder in Syrien. Das wirkt auf die Menschen, ihre Gefühle verstärken sich und diese Emotionalisierung wird über die Bilder auch in den Gerichtssaal getragen.

Früher machte genau das den Unterschied zwischen der Polizei und den Juristen aus. Die Polizei erlebte vor Ort die Tränen der Opfer, hatte das Blut auf der Straße gesehen, vielleicht auch die respektlose Reaktion der Täter erleben müssen – wenn etwa ein beschuldigter Raser sich mehr um Schäden an seinen Autofelgen sorgt, als er Mitleid mit dem getöteten Opfer empfindet. An den Polizisten geht das nicht spurlos vorbei. Deshalb haben sie auch eine ganz andere Straferwartung als die Juristen, die später mit dem Fall beschäftigt sind. Mehr noch: Die Zeit, die bis zu einem Gerichtsprozess verging, wurde zur emotionalen Beruhigung der Betroffenen genutzt. In der Verhandlung wurde dann alles in Ruhe und mit Abstand nachvollzogen.

Moral am falschen Platz

Die Emotionen werden in der Ökonomie der Aufmerksamkeit gezielt als Mittel verwendet. Wer kein Parteiprogramm hat, setzt auf »Gerechtigkeit«, was immer das heißen mag. Wer kein gutes Produkt hat, setzt auf Sehnsüchte. Facebook schafft eine heimelige Ersatzfamilie, nicht um die Welt besser zu machen, sondern um mehr Werbeeinnahmen zu erzielen. Die Vereinzelung der Menschen lässt sich so versilbern.

Was das mit dem Thema Recht zu tun hat? Die Emotionalisierung führt neben einer merkwürdigen Moralisierung in unserer Gesellschaft zu Verschiebungen weg von der Rationalität. Nehmen wir den Fall Hoeneß. Der frühere – und weil in München offensichtlich Resozialisierung ernstgenommen wird – auch wieder aktuelle Präsident vom FC Bayern München wurde vom Landgericht München wegen Steuerhinterziehung zu einer Freiheitsstrafe von drei Jahren und sechs Monaten verurteilt. Juristisch war das wenig spektakulär, eigentlich Routine. Deshalb erstaunten mich die Fan-Demonstrationen vor dem Gerichtsgebäude, die Solidarität mit Hoeneß forderten. Wie sollte diese aussehen? Sollte das Gericht Hoeneß freisprechen? Oder wollten seine Fans mit ihm ins Gefängnis?

Emotional sind die Demonstranten mit Hoeneß verbunden und argumentieren dann auf moralischer Ebene: Auf einem Schild hieß es »Milde für Uli Hoeneß – er tut so viel Gutes«. Natürlich wird auch bei der Strafzumessung das Vorleben des Angeklagten berücksichtigt. Aber hätte der Demonstrant dieses Schild auch in die Höhe gestreckt, wenn der Präsident von Borussia Dortmund angeklagt worden wäre oder gar einer dieser verhassten Bankmanager? Wohl kaum. Man hätte eher einen Leserbrief geschrieben, dass das Urteil viel zu milde sei.

Gute und böse Täter

Die Öffentlichkeit unterscheidet zwischen »guten« und »bösen« Straftätern. Als böse gelten meist betrügerische Manager, raffgierige Steuerhinterzieher, aber auch – für mich schon eher nachvollziehbar – Kinderschänder, Vergewaltiger, Mörder. Hier wird die volle Härte des Gesetzes verlangt. Für gut hält man Demonstranten für eine altruistische Sache wie Frieden oder Umwelt, selbst wenn sie gewalttätig geworden sind. Manche Menschen erhalten besondere Solidarität von der Gesellschaft wie etwa Gustl Mollath, dessen Maßregelvollzug Anlass für viele Spekulationen und kontroverse Debatten bildete. Sicher ist in diesem Fall in der Justiz vieles falsch gelaufen. Der unschuldige Mensch, für den die Öffentlichkeit ihn erklärte, war er aber beileibe nicht. Immerhin hat er seine Frau angegriffen und übel zugerichtet. Merkwürdigerweise zählte dies nicht. Moralisch begründete Entscheidungen haben bei Gericht aber nichts zu suchen, sie verbietet der Gleichheitsgrundsatz.

Eine weitere Kategorie sind Freisprüche. Rechtlich ist das eigentlich einfach: Wer frei gesprochen wurde, ist unschuldig. Dabei ist es übrigens egal, auf welcher Basis der Freispruch erfolgte. Wenn die Beweise nicht reichen, ist ein Angeklagter freizusprechen, unabhängig davon, wie verdächtig er immer noch sein mag. Freispruch ist Freispruch. Juristisch betrachtet, ist der Angeklagte anschließend also voll rehabilitiert, sieht sich aber in der Regel in seiner gesellschaftlichen Stellung desavouiert. Nehmen wir den Fall Kachelmann. Trotz des Freispruchs meidet ihn die Öffentlichkeit. Man mag ihn nicht mehr, weil pikante Details über seine Lebensführung bekannt geworden sind. So einen möchte man nicht mehr neben der Wetterkarte sehen. Vielleicht würden sich ja dann die Tiefs häufen?

Mediale Menschenhatz

Gesellschaftliche Moral, will ich mit diesen Beispielen verdeutlichen, steht gegen die Norm des Rechts. Auch bei Christian Wulff. Der ehemalige Bundespräsident wirkt heute verbittert, und ich kann es verstehen. Zwar spricht es für unser Rechtssystem, dass auch kleinste mögliche Verfehlungen durch ein Staatsoberhaupt wie die Annahme eines Bobbycars, einer Einladung auf ein Oktoberfest oder das unentgeltliche Wohnen bei Freunden juristisch überprüft werden. Aber Wulff ist trotz einer medialen Menschenhatz von der Justiz freigesprochen worden. Und trotzdem wirkt er auf merkwürdige Weise bis heute von der Gesellschaft ausgestoßen und vermag sich irgendwie nicht von den Vorwürfen zu befreien.

Wir sollten uns eines klarmachen: Jeder von uns kann falsch beschuldigt werden. Um dies zu klären, gibt es unabhängige Gerichte. Wenn deren Entscheidung aber aus Gründen, die abseits des Rechts liegen, nicht mehr beachtet werden, haben wir ein Problem. Und dieses Problem kann ein Problem von jedem von uns werden.

Die Emotionalisierung nimmt weiter zu. Gerade setzen Staatspräsidenten wie Donald Trump oder Recep Tayyip Erdoğan auf diese Strategie und brechen gleichzeitig eine rechtliche Schranke nach der anderen. Aber wir sollten nicht nur mit den Fingern auf andere zeigen, sondern auch vor der eigenen Türe fegen.

Ungewohnte Rolle: Richter im Rampenlicht

Während Emotionen in der Gesellschaft immer wichtiger werden, kämpfen die Juristen um ihre Welt. Aus Sicht einer breiten Öffentlichkeit sitzen wir in einem »Elfenbeinturm«: In der Theorie ausgebildete Angehörige einer höheren Schicht urteilen nach theoretischen Überlegungen und Gesichtspunkten über Sachverhalte.

Mitunter verkauft sich die Justiz auch so. Der Vorsitzende Richter am Bundesgerichtshof (BGH) a.D. Thomas Fischer zum Beispiel gab im Januar 2017 bei *Maischberger* genau dieses Bild ab: einen Juristen ohne Empathie, an juristischen Details mehr interessiert als an den Folgen der Tat, oberlehrerhaft und zynisch. Symptomatisch war die Szene, in der eine Blumenhändlerin, in deren Laden schon mehrfach eingebrochen wurde und die dann auch noch Opfer eines Trickdiebstahls wurde, ihre Gefühle beschrieb – ihre Enttäuschung über die Strafverfolgung durch den Staat. Dabei verwendete sie fälschlicherweise das Wort »Raub«. Das erzürnte nun Fischer, der sie darüber belehrte, dass kein Raub, sondern »nur« ein Diebstahl stattgefunden habe.

Das ist juristisch richtig – es fehlen Gewalthandlung oder Drohung, die für einen Raub notwendig sind. Aber der Blumenhändlerin ging es nicht um die exakte juristische Einordnung, sondern um die Beschreibung der Tatfolgen. Sie sprach auf der Gefühlsebene, Fischer antwortete auf der Sachebene. Als BGH-Richter entschied er lange Jahre anhand von Akten, ob Rechtsfehler begangen wurden, und vernahm keinen Angeklagten und keinen Zeugen mehr. Doch weil er durch markante Sprüche und Positionen von sich reden machte, war Fischer, der nun in Pension ist, ein gern gesehener Gast in den Medien und prägte ein Bild der Justiz in der Öffentlichkeit, das weit vom Alltag entfernt ist.

Die »normale« Justiz hat mit Talkshows eher Schwierigkeiten, da dort mehr über das Recht als mit der Justiz gesprochen wird. Erinnern wir uns an die Denkschule des Jurastudiums: Erst den Sachverhalt vollständig erfassen, dann (juristisch) werten. Anders die Talkshows. Egal was stattgefunden hat – in Nullkommanichts sitzt eine Runde von »Experten« zusammen und spekuliert. Die Stunde der Juristen aber beginnt erst, wenn man alles weiß. Nur – dann ist in den Medien niemand mehr daran interessiert. Mittlerweile ist viel Neues passiert, wen interessiert da der Schnee von gestern.

Deshalb weiß die Bevölkerung auch nicht, dass uns die Dinge nicht kalt lassen. Mich schmerzt immer noch jede Aufhebung durch ein höheres Gericht, jeder Brief eines Opfers, das sich falsch verstanden fühlt, jede Zuschrift, die sachliche Kritik übt. Fehlurteile, gar Justizirrtümer, sie lassen sich nie ganz ausschließen und bleiben einem in Erinnerung, auch wenn sie Jahrzehnte zurückliegen.

Distanziert, aber nicht weltfremd

Natürlich nehmen wir gesellschaftliche Entwicklungen wahr und reagieren darauf. Nach der Bewährungsstrafe für den Teilnehmer eines Autorennens mitten in Köln setzte eine öffentliche Debatte darüber ein, ob so jemand nicht bewusst das Risiko in Kauf nehme, jemanden zu töten. Dann würde diese Person vorsätzlich handeln und hätte eine viel schärfere Strafe verdient.

Die Staatsanwaltschaften Bremen und Berlin haben dieses Argument aufgegriffen und tatsächlich Anhaltspunkte für einen solchen Vorsatz in eigenen Fällen gefunden. Daraufhin haben sie Anklage wegen Mordes erhoben. Das Gericht in Bremen erkannte zwar weiterhin auf Fahrlässigkeit, sprach aber immerhin eine Strafe von zwei Jahren und neun Monaten aus, ohne Bewährung. Das Berliner Schwurgericht verurteilte demgegenüber zwei Angeklagte Anfang 2017 wegen Mordes zu lebenslanger Freiheitsstrafe. Aufhorchen ließ auch ein Urteil aus dem Sauerland zu Beginn des Jahres 2017. Ein junger Mann wurde nur einen Tag nach der Androhung von Anschlägen auf den Kreis Olpe im Internet in einem beschleunigten Verfahren zu sechs Monaten Haft ohne Bewährung verurteilt. Die Rechtsordnung muss nicht stereotyp antworten, sondern kann auch die jeweilige Bedrohungslage einbeziehen.

Reagiert die Justiz, wird ihr häufig vorgehalten, gegenüber der öffentlichen Meinung einzuknicken. Das ist ein unsinniger Vorwurf. Das Recht enthält Spielräume, die man als Richter nutzen kann, um auf gesellschaftliche Veränderungen zu reagieren.

Wer darf überhaupt richten?

»Wann kommt denn endlich der Richter?«, erkundigte sich einmal ein Schüler einer Klasse, der ich in einer Sitzungspause den gerade verhandelten Fall etwas näher erläuterte. Ich war vielleicht 30 Jahre alt und entsprach offensichtlich nicht der Vorstellung des Jungen, obwohl ich schon einige Jahre als Strafrichter tätig war.

In der Tat kann man sich fragen, warum bereits Uni-Abgänger, Ende 20 und ohne Berufserfahrung, sofort Richter werden können und über das weitere Leben von Menschen entscheiden? Sie haben zwar ausgezeichnete Noten, aber sie sind weder psychologisch geschult noch verfügen sie über Lebenserfahrung. Dass sich die Öffentlichkeit eher reifere Persönlichkeiten als Richter vorstellt, liegt vielleicht auch an dem Bild, das aus Fernsehen und Filmen vom angloamerikanischen Rechtssystem vermittelt wird. Dort hat man bereits eine lange juristische Laufbahn hinter sich, etwa als Anwalt, bevor man Richter wird.

Das liegt auch daran, dass Richter dort weit besser bezahlt werden. Ein britischer Richter verfügt sicherlich über mindestens das Vierfache meines Gehalts. Deutsche Finanzminister möchten derartige Gehälter nicht aufbringen, was für mich natürlich sehr bedauerlich ist. Richter werden in Deutschland höchstens bezahlt wie ein gehobener Angestellter in der Industrie. Wer sich also als guter Jurist als Anwalt eine gut gehende Kanzlei aufgebaut oder in einem Unternehmen eine erfolgreiche Karriere gemacht hat, der wird sich zu Recht fragen: Warum soll ich mich verändern und dabei noch finanzielle Einbußen hinnehmen?

Zudem genießt das Richteramt in Großbritannien einen weit besseren Ruf als das in Deutschland. Anwälte streben deshalb dort das Richteramt von vornherein als Ende ihres Karrierezieles an. Die Richter sind dann allerdings relativ alt. Das hat Nachteile. In Deutschland wünschen wir uns zum Beispiel jüngere Richter in Jugendstrafsachen, da diese einfach noch näher an den Problemen der Jugend dran sind. Manche Richter scheiden im anglo-amerikanischen Rechtssystem sogar erst mit ihrem Tod aus. Ich finde das im Übrigen unwürdig, wie beim US-Supreme-Court auf den Tod von drei über 80-jährigen Richtern gewartet wird und im Vorfeld bereits über die Aufteilung ihrer Stellen diskutiert wird.

Verweilen wir noch kurz beim angloamerikanischen System: Der entscheidende Nachteil ist aus meiner Sicht, dass die Richter dort unter dem Einfluss der Politik stehen oder gegebenenfalls sogar über direkte Wahlen in ihr Amt kommen. Ein Richter muss also den Politikern oder der Bevölkerung, die ihn gewählt hat, eine bestimmte Ausrichtung seiner Rechtsprechung zusagen. Hält er diese nicht ein, bekommt er erhebliche Probleme und wird gegebenenfalls nicht wieder gewählt. Kann man bei solchen Richtern wirklich davon sprechen, sie seien unabhängig? In der Schweiz ist es übrigens ganz ähnlich.

Aber zurück nach Deutschland, wo wir ein anderes Modell haben: den Laufbahnrichter. Das Richteramt wird im Regelfall auf Lebenszeit ausgeübt. Bis zur Wiedervereinigung fing man als junger Richter beim Landgericht an und konnte dort in einer Kammer lernen, wie ein erfahrener Vorsitzender, der als Mentor auftrat, eine Sitzung leitete oder das Verfahren organisierte. Danach kam man zumeist noch in eine Strafkammer – in beiden Fällen urteilten jeweils drei Berufsrichter. Erst deutlich später kam man dann zu einem Amtsgericht, wo es galt, erstmals als Einzelrichter kleinere Fälle zu bearbeiteten: niedrige Streitwerte in Zivilsachen oder solche mit einer geringen Straferwartung. Familien- und Vormundschaftssachen (heute Betreuungssachen), bei denen es auf eine größere Lebenserfahrung ankommt, durfte man auch hier immer noch nicht bearbeiten.

Effizienz auf Kosten der Qualität

Dieses System wurde, um die Effizienz zu steigern, leider nach der Wiedervereinigung verändert. Nunmehr mussten auch die jüngeren Richter früher ran und die Lücken schließen, die dadurch entstanden waren, dass sich ältere Richter in die neuen Bundesländer hatten abordnen lassen, um die Justiz dort aufzubauen. Auch Anfänger wurden gleich als Einzelrichter am Landgericht tätig, und in Strafsachen entscheiden häufig nunmehr nur noch zwei Berufsrichter statt dreien.

Das war eine erhebliche Schwächung des bewährten Ausbildungssystems, die mit der Ausnahmesituation der Wiedervereinigung gerechtfertigt war. Mitte der Neunzigerjahre hätte man ohne weiteres zu dem alten System zurückkehren können. Im Westen aber war inzwischen der schlanke Staat propagiert worden. Die Rückkehr zu den alten Verhältnissen hätte mehr Personal verlangt. An die Effizienzsteigerungen des Systems aber hatte man sich gewöhnt, und kein Finanzminister wollte diese wieder hergeben.

Der Vollständigkeit halber muss indes hinzufügt werden, dass die Justiz auf der anderen Seite nachgelegt hat. Es gibt nun viel mehr Fortbildung für Berufsanfänger – etwa zur Aussagepsychologie, Zeugenvernehmung oder zum Verhandlungsmanagement. Die fehlende praktische Erfahrung kann das nicht ersetzen. Die jungen Richter brauchen vor allen Dingen Vorbilder.

Es erstaunt mich immer wieder, dass sich viele junge Richter trotz der erschwerten Bedingungen zumeist zu sehr guten Richtern entwickeln und bereits im frühen Stadium ihrer Laufbahn angemessene Leistungen erbringen. Ein Grund dafür ist, dass heute die Richter in sehr vielen Bundesländern nicht mehr nur nach Noten ausgewählt werden, sondern beispielsweise in einem Assessment-Center. Ihre kommunikativen Fähigkeiten – ohnehin heute bei jungen Menschen besser ausgeprägt als früher – werden also gezielt in strukturierten Gesprächen, Rollenspielen und praktischen Aufgaben erkundet.

Allerdings schlagen, wo das Kammerprinzip mit mehreren Richtern aus Effizienzgründen nahezu abgeschafft wurde, die individuellen Fähigkeiten der Richter mehr durch und somit auch mögliche Schwächen. Das ist zweifellos ein Qualitätsverlust der Justiz. Es wäre deshalb dringend geboten, doch wieder in Richter-Personal zu investieren und zum Kammerprinzip zurückzukehren.

Diskretes Schwarz

»Bei diesem Richter konnte ich ja gar nicht gewinnen …!« Haben Sie schon einmal darüber nachgedacht, warum Justitia blind ist? Das Symbol für die Gerechtigkeit soll ohne Ansehung der Person entscheiden. Es kommt nicht darauf an, wer ihr zugeführt wird, sondern was das Gesetz vorschreibt, wie man bei dem Sachverhalt zu verfahren hat. Deshalb kann sie natürlich auch keine Plakate von Pro-Hoeneß-Demonstranten sehen, die um milde Behandlung für ihn bitten, weil er »so viel Gutes« getan habe. Ohne Ansehung der Person – das bedeutet gleiche Behandlung aller Bürger und damit Herstellung von Gerechtigkeit.

Hat Justitia als Symbol der Gerechtigkeit irgendetwas mit den Roben zu tun, die Richter, Staatsanwälte und Rechtsanwälte tragen? Ja! Denn auch sie sollen eben nicht als individuelle Personen wahrgenommen werden, sondern das unabhängige Recht repräsentieren. Daran mahnt die Robe. Der Star im Gerichtssaal ist das Recht und nicht einer der Protagonisten.

Dieses Prinzip der persönlichen Bescheidenheit und Unauffälligkeit ist nach wie vor von Juristen tief verinnerlicht. Obwohl zum Beispiel Anwälte vor den meisten Amtsgerichten keine Robe mehr tragen müssen. Diese Berufsgruppe, die in besonderer Weise Liberalität und Modernität in Anspruch nimmt, hat sich diese »Freiheit« erkämpft und die Vorschriften zu Fall gebracht. Trotzdem tragen die meisten Anwälte weiterhin freiwillig die Robe, denn sie hat sich bewährt.

Ähnlich zurückhaltend ist auch das Auftreten der Juristen in der Öffentlichkeit. Der ein oder andere Anwalt oder Notar ist sicher stadtbekannt und als Unternehmer auch angewiesen darauf, dass man ihn kennt. Trotzdem fallen sie nur selten durch exzentrische Aktionen auf. In Stil und Auftritt halten sie sich zurück.

Richter und Staatsanwälte sind ohnehin selten einer breiten Öffentlichkeit bekannt. Für sie gilt schon nach dem Gesetz ein Mäßigungsgebot. Anderes würde ihrem Amt, das Neutralität mit sich bringen muss, schaden. Die Angehörigen dieser Berufsgruppen spielen sich nicht in den Vordergrund. Von welchem Richter des Bundesgerichtshofs zum Beispiel haben Sie schon mal etwas gehört? Allenfalls von Thomas Fischer und das auch nur wegen seiner scharfzüngigen Kolumne »Fischer im Recht« in der *ZEIT online*.

Genau diese Tradition innerhalb der Justiz ist in Gefahr, wenn immer mehr Richter und Staatsanwälte ins Scheinwerferlicht gezogen werden. Kürzlich habe ich das selbst zu spüren bekommen: In meinem Briefkasten fand ich eine Nachnahme. Da ich ein neugieriger Mensch bin, machte ich mich gleich auf den Weg zur Post. Als ich den Brief entgegennahm, wusste ich sogleich, dass ich einen Fehler gemacht hatte. Denn auf dem Brief prangte dick und fett das fiktive Zeichen eines Staates Preußen – so etwas machen nur die sogenannten Reichsbürger. Gezielt verfolgen sie Richter und Staatsanwälte als Einzelpersonen und hatten offensichtlich meine Privatadresse herausgefunden. Ich war ihnen auf den Leim gegangen und hatte auch noch Nachporto gezahlt.

In Bedrängnis

Vor einiger Zeit begann an einem Landgericht in Westfalen ein Mordprozess; die Öffentlichkeit war in hohem Maße interessiert. Daraufhin veröffentlichte die Lokalzeitung ein Dossier aller am Prozess beteiligten Juristen mit Lebenslauf, bisherigen Tätigkeiten, Einschätzungen ihrer besonderen Fähigkeiten usw. Ich fühlte mich an die Spekulationen vor einer Fußball-WM erinnert, wer wohl in der Anfangsformation des Eröffnungsspiels stehen wird und warum. Diese Art von Interesse war völlig neu.

Ein Kollege erhielt vor Kurzem Post einer Partei, deren Klage er innerhalb eines Zivilprozesses abgewiesen hatte. Das ist nichts Neues, nur der Zustellort war neu: Der Brief erreichte ihn nämlich nicht im Gericht, sondern in seiner privaten Wohnung. Nachforschungen ergaben, dass der Anwalt eine Einwohnermeldeamtsanfrage gestartet und so seine Privatadresse erfahren hatte. Diese gab er bewusst an seinen Mandanten weiter, damit dieser dem Richter »mal so richtig die Meinung sagen könne«. Das hätte er aber auch mit Zustellort »Gericht« machen können. Am Richter sollte Rache geübt werden, weil man sich nicht richtig behandelt fühlte: der Richter als persönlicher Adressat des Zorns.

So beginnt der Terror im Privaten, ähnlich in den ostdeutschen Ländern, in denen schon Bürgermeister zurückgetreten sind, weil sie zuhause von Rechtsradikalen bedroht und eingeschüchtert wurden.

Ein »Like« für den Richter

Auch sie fehlen nicht mehr: Internet-Ratings für die Justiz. Neuerdings gibt es die Plattform www.richterscore.de. Der Ansatz ist, den einzelnen Richter anhand fünf Kriterien durch Anwälte bewerten zu lassen, die auch noch einen persönlichen Kommentar hinzusetzen dürfen. Dies wird dann anderen registrierten Anwälten zur Verfügung gestellt, damit diese sich besser »auf den Termin vorbereiten« können. Mir würde reichen, wenn sich der Anwalt hinreichend mit dem Fall beschäftigen würde. Es ist etwas anderes, ob ich meinen Arzt, meinen Anwalt, die Schule meiner Kinder oder mein nächstes Hotel nach solchen Kriterien auswähle. Der zuständige Richter wird einem – wenn das Gericht feststeht – zwingend zugewiesen.

Anders als andere Plattformen erleichtert der Richter-Score also keine Auswahl, sondern kann höchstens den Ruf von Richtern schädigen, wenn sich dort frustrierte Anwälte austoben. Es gibt auch Lobhudelei, was es nicht viel besser macht. Der Deutsche Richterbund setzt alles daran, solche Foren schließen zu lassen.

Person statt Funktion

Allen Beispielen ist gemein, dass Richter oder Staatsanwälte nun plötzlich als Person in den Vordergrund treten. Entscheidungen werden tendenziell nicht mehr auf das Recht zurückgeführt, sondern plötzlich im Zusammenhang mit Kenntnissen, Fähigkeiten, vielleicht auch persönlichen Vorlieben und Neigungen des Richters gesehen. Das untergräbt das Recht an einer entscheidenden Stelle, nämlich in seinem Streben nach Objektivität. Die einzelne Partei wird nämlich – wenn sie verloren hat – sagen: Bei dem Richter konnte ich ja gar nicht gewinnen. Das Recht tritt durch diese Personalisierung zurück.

Die Folgen sind bereits absehbar. Gut 60 Prozent der Bundesbürger sind laut dem Roland Rechtsreport 2016 der Auffassung, dass die Rechtsprechung sehr uneinheitlich sei und es bei Entscheidungen hauptsächlich darauf ankomme, welches Gericht – sprich, welcher Richter – zuständig sei. Nur noch 23 Prozent glauben, dass vor Gericht alles mit rechten Dingen zugehe; im Osten sogar nur 14 Prozent.

Die Personalisierung führt also zum Vertrauensverlust: Hinter unterschiedlichen Entscheidungen erkennt man nicht unterschiedliche Sachverhalte, auf die dasselbe Recht korrekt angewendet wird, sondern man denkt, dass Richter am Werk waren, die unterschiedliche Maßstäbe haben.

Dabei ist vor allem die junge Juristengeneration frei von Ideologien. Als ich 1990 Richter wurde, war das noch anders: Es gab stramm konservative oder linke Richter, deren Streitigkeiten regelmäßig die Stimmung am Kantinentisch verdarben. Die politischen Debatten führten sogar zu einer Abspaltung der linken Richter vom Deutschen Richterbund, die sich dort insbesondere im Zusammenhang mit der Friedensbewegung und dem NATO-Doppelbeschluss nicht mehr gut aufgehoben fühlten. Sie haben damals die Neue Richtervereinigung gegründet.

Bei den Anwälten war es ähnlich. Hier kam es im Jahr 1979 zu einer Abspaltung vom Deutschen Anwaltverein und zur Gründung des Republikanischen Anwaltvereins. Damals sorgten Reizthemen wie etwa Blockaden von NATO-Kasernen, Freigabe von Haschisch, die Bekämpfung der Jugendkriminalität oder der Umgang mit der nationalsozialistischen Vergangenheit für Konflikte. Diese Zeiten sind zum Glück lange vorbei. Die junge Richtergeneration verfolgt nicht mehr das Ziel zu provozieren, und extreme Meinungen sind so selten wie Kuba-Flamingos in Westfalen. Ich empfinde dies als großen Vorteil.

Justizirrtümer: Sind sie unvermeidlich?

Dürfen Richter und Staatsanwälte »Mist bauen«, ohne dass Sanktionen folgen? Das ist eine der Fragen, mit der man als Richter immer wieder konfrontiert wird. Können Richter und Staatsanwälte wirklich trotz skandalöser Urteile oder der Freilassung von Straftätern normal weiterarbeiten?

Was steckt hinter solchen kritisierten Urteilen? Längst nicht immer handelt es sich um ein Versagen der Richter, Staatsanwälte oder Verteidiger, auch nicht der Polizei. So mussten Mörder und Vergewaltiger freigesprochen werden, weil man ihnen die Taten mit den damaligen Ermittlungsmethoden einfach nicht nachweisen konnte. Inzwischen haben wir ganz neue technologische Mittel an der Hand, um zum Beispiel Haare auf die Erbsubstanz DNA zu untersuchen, und können damit zeigen, dass der Angeklagte doch am Tatort war.

Ein Freispruch kann also objektiv falsch sein. Wenn er aber einmal rechtskräftig ist, kann der Täter nach heutiger Rechtslage kein zweites Mal für dieses Vergehen angeklagt werden. Eine Wiederaufnahme des Verfahrens zu Ungunsten eines Angeklagten ist nur in seltenen Ausnahmen möglich. Das sorgt für Unverständnis in der Bevölkerung.

Falsche Geständnisse

Auch bei der Würdigung von Beweisen kommt es immer wieder zu Irrtümern. Großes Medienecho fand der Fall des Rudolf Rupp, eines oberbayerischen Bauern, der nach einem Wirtshausbesuch spurlos verschwunden war. Später gestanden seine Ehefrau und der Exfreund einer Tochter, Rupp erschlagen, zerstückelt und dann den Hunden und Schweinen zum Fraß vorgeworfen zu haben. Sie wurden verurteilt. Acht Jahre nach der angeblichen Tat wurde die stark skelettierte Leiche in seinem Auto in der Donau gefunden. In einem zweiten Verfahren wurden die Angeklagten nun freigesprochen, obwohl das Gericht nach wie vor davon ausging, dass der Tod des Opfers kein Unfall war und vermutlich mindestens einer der Angeklagten etwas damit zu tun hatte. Der Strafverfolgung im ersten Prozess wurden inquisitorische und suggestive Fragen angekreidet, auch hatten die Beschuldigten ihre Geständnisse widerrufen, was als nicht glaubhaft angesehen worden war. Das erste Urteil war objektiv verfehlt. Aber die Verstrickungen zeigen, die Klärung der Wahrheit ist auch nicht immer ganz einfach.

Falsche Anschuldigungen und falsche Täter

Der schwäbische Lehrer Horst Arnold war 2002 zu einer fünfjährigen Freiheitsstrafe wegen der Vergewaltigung einer Kollegin verurteilt worden, die er nicht begangen hatte. Er verbüßte die volle Zeit, weil er die Tat weiterhin bestritt und keine Therapiegruppe für Sexualstraftäter besuchen wollte. Erst 2011 wurde Arnold »wegen erwiesener Unschuld« freigesprochen, erhielt aber zunächst keine Haftentschädigung. Ein Jahr später starb er an einem Herzinfarkt, bevor er seine berufliche Rehabilitation erreichen konnte. Die Frau, die ihn angezeigt hatte, wurde in der Folge wegen schwerer Freiheitsberaubung zu fünf Jahren und sechs Monaten Haft verurteilt. Ihr Beamtenstatus wurde aufgehoben, ihre Pensionsansprüche verfielen. Die vorsitzende Richterin entschuldigte sich im Namen der Justiz bei den Angehörigen des zu Unrecht verurteilten Lehrers.

Der Bauzeichner Harry Wörz wurde 1998 wegen versuchten Totschlags an seiner getrennt lebenden Frau verurteilt, die eine Strangulation schwerstbehindert überlebte und bis heute keine Aussagen zum Täter machen kann. Erst in einem Zivilprozess um die Pflegekosten für das Opfer erklärte das dafür zuständige Gericht, es bestünden erhebliche Zweifel an der Schuld des Verurteilten. Danach kam es zu einer Wiederaufnahme und zu einem Freispruch mangels Beweisen, der vom BGH aber aufgehoben wurde. In einem erneuten Verfahren vor dem Landgericht Mannheim wurde Wörz 2009 schließlich freigesprochen. Die Kammer kritisierte Fehler in der Ermittlung um den Angriff auf die Polizistin und um die Rolle ihres Geliebten, der ebenfalls Polizist war. Wörz erhielt schließlich vom Land Baden-Württemberg 450 000 Euro Entschädigung.

Solche Fälle sind bitter und im Ergebnis katastrophal. Ohne zynisch zu sein, muss man davon ausgehen, dass unter den rund 750.000 Urteilen der Strafjustiz, die jährlich gefällt werden, auch Justizirrtümer oder nur schwer nachvollziehbare Entscheidungen sind – so sehr man das zu verhindern sucht. Man kann die Richter und Staatsanwälte aber nicht nur danach beurteilen, ob sich ein Urteil Jahre später als falsch erweist. Die Justiz kann ein Geschehen nur so gut rekonstruieren, wie es die Beweise hergeben. Richtig, manchmal fällt ein Richter dabei auch auf einen Zeugen herein, der lügt. Das kommt vor, denn auch Richter irren.

Kein Richter macht es sich bei einem Urteil leicht. Keinem ist es egal, wenn sich ein Urteil hinterher als falsch herausstellt. Allerdings ist der Umgang der Richter mit der Öffentlichkeit nicht immer glücklich. Bei Fehlurteilen werden Bedauern oder Mitgefühl nicht immer geäußert. Manche Rechtfertigung wirkt blasiert, zum Beispiel wenn argumentiert wird, das Urteil sei ja richtig gefällt worden, nur die Beweisführung, die dazu führte, war leider falsch. So ist es natürlich nicht. Wenn die Verurteilung falsch war, ist es ein Justizirrtum. Auch wenn der Fehler vielleicht woanders lag.

Die Unabhängigkeit der Richter – und Versagen der Justiz?

Wer den einzelnen Richter juristisch zur Verantwortung ziehen will, tut sich schwer. Denn Richter sind grundsätzlich unabhängig. Das soll sie davor bewahren, in Prozessen politisch gelenkt zu werden. Die Türkei zeigt deutlich, wie Richter beeinflusst werden können, um eine Staatsordnung auszuhebeln.

Es gibt auch bei uns Verurteilungen von Richtern wegen Rechtsbeugung. Die Hürden sind jedoch bewusst hoch gelegt, weil eine Verurteilung missbraucht werden könnte, um die Unabhängigkeit der Richter zu untergraben. Rechtsbeugung kommt nach dem BGH nur dann in Betracht, wenn sich der Richter bewusst über das Recht hinwegsetzt. Fahrlässigkeit reicht also nicht aus. Im anderen Fall wäre die Justiz im Griff der Politik, der Schutz für die Bürger durch sie ausgehöhlt.

Schützen Richter und Staatsanwälte sich gegenseitig? Nein, es geht viel eher um die schwierige Abwägung zwischen richterlicher Unabhängigkeit zum Schutz der Bürger und der Eingrenzung möglicher richterlicher Willkür. Die Zahl der Verurteilten ist niedrig. Wenn es zu Verurteilungen kommt sind sie durchaus hart. So wurde im Juni 2017 in Hessen ein junger Richter zu einem Jahr Freiheitsstrafe auf Bewährung verurteilt. Er hatte einen angeklagten Exhibitionisten »zur Probe« für eine Minute in eine Zelle gesperrt, um ihn zu einem Geständnis zu bewegen. Er ist nicht mehr im Amt.

Wie schwierig die Aufarbeitung von Fehlern ist, zeigt exemplarisch der Fall Niels Högel. Als »vermutlich größter Serienmörder der Nachkriegsgeschichte wird der ehemalige Krankenpfleger Niels Högel auf *NWZonline* betitelt. Der mittlerweile 40-Jährige steht im Verdacht, an verschiedenen Krankenhäusern bis zu 200 Patienten getötet zu haben. Zugegeben hat er bis heute etwa 30 Tötungen und 60 Versuche. Trotz vieler Hinweise, dem Verdacht einiger Kollegen und einer für alle Klinikmitarbeiter auffälligen Häufung der Todesfälle während und unmittelbar nach den Schichten des Mannes, konnte Niels Högel zunächst zweieinhalb Jahre weitestgehend ungestört sein Unwesen treiben. Die Prozesse gegen ihn bringen erst nach und nach das Ausmaß seiner Taten ans Licht.

Zentrale Frage ist immer wieder, wie es passieren konnte, dass der Krankenpfleger so lange nicht gestoppt wurde. Neben Ärzten und Verantwortlichen in den jeweiligen Klinikleitungen steht auch die Staatsanwaltschaft Oldenburg massiv in der Kritik. Die *Neue Württembergische Zeitung* führt hierzu online am 27. Februar 2015 Folgendes aus:

»Die Staatsanwaltschaft hat ein Ermittlungsverfahren gegen zwei ehemalige Dezernenten eingeleitet. Kollegen von der Nachbarbehörde aus Osnabrück sollen klären, ob es Versäumnisse bei den Ermittlungen gegeben hat. Der Vorwurf: Strafvereitelung im Amt und Rechtsbeugung. Aber wie groß ist der Aufklärungswille wirklich? Oldenburgs Generalstaatsanwalt Andreas Heuer jedenfalls kündigte ›schonungslose‹ Aufklärung an. Gegen einen ehemaligen Staatsanwalt, inzwischen Richter, wurde

Anklage erhoben. Er soll es nach Übernahme des Falls 2011 versäumt haben, weitere Ermittlungen und Exhumierungen anzuordnen. Dies hätte sich jedoch laut Staatsanwaltschaft Osnabrück wegen anderer Erkenntnisse aufgedrängt«.

Doch zum Prozess kommt es, zum Ärger der Angehörigen, nicht. Das Landgericht Oldenburg stellt das Verfahren ein, die Osnabrücker Staatsanwaltschaft legt Rechtsmittel ein, das Oberlandesgericht Oldenburg weist die Beschwerde zurück und bestätigt die Entscheidung der Vorgängerinstanz. Weil Högel zu der Zeit schon inhaftiert war, habe kein Verlust von Beweismitteln oder gar Verjährung der Taten gedroht, argumentiert das Oberlandesgericht. Außerdem habe der Angeschuldigte seinen Vorgesetzten über die »erhebliche Dezernatsbelastung« informiert. Dieser habe ihm dann freigestellt, welche Verfahren er bis zum Ausscheiden aus dem Amt im November 2013 vorrangig bearbeiten würde. Opfer-Vertreter Christian Marbach spricht von einem »justizpolitischen Skandal« und einem »Offenbarungseid der Oldenburger Justiz«.

Sicher, in diesem Fall ist eine objektiv fehlerhafte Arbeit nicht sanktioniert worden. Aber die Justiz hat sich um Aufklärung der Versäumnisse bemüht und dies auch transparent gemacht, immerhin. Wer sich für unfehlbar hält, würde nicht so verfahren.

Der entscheidende Fehler im System liegt meines Erachtens darin, dass es keine gesicherte und publizierte wissenschaftliche Aufarbeitung der Justizirrtümer gibt. Ich würde es mir sehr wünschen, dass alle erfolgreichen Wiederaufnahmeverfahren von Gutachtern auf mögliche Fehler überprüft würden und die Ergebnisse Richtern, Staatsanwälten und Verteidigern zur Verfügung gestellt würden. Das gibt es aber nicht.

Die richterliche Unabhängigkeit ist nicht infrage gestellt, wenn wir mit möglichen Fehlern konfrontiert werden. Eher geht es – wie so oft in der Justiz – ums Geld. Forschung kostet natürlich etwas. Deshalb bekommen wir zwar jährlich Berichte über Fehler, die den Staat Geld gekostet haben, nicht aber eine systematische Aufarbeitung der Wiederaufnahmeverfahren.

Sorge um Befangenheit und Stabilität des Rechtsstaats

Es gibt noch ein zweites Korrektiv, das Fehlverhalten verhindern soll. Die Geschäfte eines Gerichts werden von gewählten Präsidien verteilt. In die Kritik geratene Richter bekommen oft ein neues Aufgabengebiet. So im Fall des Dresdener Richters Jens Maier, Bundestagskandidat der AfD. Auf seinen Wahlkampfveranstaltungen zur Bundestagswahl 2017 war eine gewisse Nähe zum rechten Gedankengut zu erkennen. Da Maier auch für Fälle zuständig war, in denen die NPD beteiligt war, wurde ihm vom Präsidium des Landgerichts ein anderes Aufgabengebiet zugewiesen.

Das war richtig, um Befangenheit von vornherein auszuschließen. Prompt wurde aber der Vorwurf laut, das Präsidium verstoße gegen Recht und Gesetz. Denn es gibt auch den Verfassungsgrundsatz, dass niemand seinem gesetzlichen Richter entzogen werden soll. Das ist hier nicht der Fall, und trotzdem ist die Justiz mit ihrer richtigen Reaktion in die Kritik geraten.

Das Rechtswesen sieht sich im Wesentlichen als ruhenden Pol der Gesellschaft an, als wichtigen Stabilitätsfaktor. Das ist einerseits auch völlig richtig. Andererseits verändert sich die Welt aber immer rasanter. Hass und Hetze im Internet weiten sich aus, Populismus greift um sich, Medien werden als Lügenpresse beschimpft, Bundespräsident Gauck, der glaubwürdig für Rechtsstaat und Demokratie eintritt, wird »Volksverräter« entgegengerufen.

Nach jedem Fernsehauftritt bekomme ich Zuschriften, in denen mir der Tod meiner Kinder an den Hals gewünscht wird, aber dann auch ein milder Richter für die Täter – damit ich »mal sehe, wie das ist«. Die Beleidigungen kann man nicht mehr zählen. Aber es geht noch schlimmer, wie das Attentat auf die Kölner Oberbürgermeisterin Henriette Reker, bei dem sie schwer verletzt wurde, zeigt. Läuft die Entwicklung auf Weimarer Verhältnisse hinaus? Ist schon wieder der Hauch des Abgrundes zu spüren, dem die Menschen scheinbar sehnsüchtig entgegenströmen? Die Bevölkerung erwartet Antworten von der Justiz.

Innensicht: Schlechte Stimmung in der Justiz

Die Justiz hat jedoch mit eigenen Problemen zu kämpfen. Ganz unbemerkt verliert die klassische Juristenausbildung an Zugkraft. Wie das? Man hatte sich daran gewöhnt, dass es Bewerber im Überfluss gibt und man dann die besten Kräfte nur noch auswählen muss – bei den Studenten, den Referendaren und schließlich den Bewerbern um juristische Posten. Dass die Abschreckungsszenarien, die im Studium beginnen, nachhaltigen Erfolg haben könnten – damit hat keiner gerechnet.

Nahmen früher zwischen acht und zehn Prozent der Abiturienten ein Jurastudium auf, so sind es aktuell nur noch sieben Prozent. 30 Prozent der Jurastudenten haben dann auch gar nicht mehr das Ziel, Volljurist zu werden. Ihnen reicht der Bachelor, etwa für den Wirtschaftsjuristen, damit wandern sie in die Rechtsabteilungen der Unternehmen ab. Das ist eine attraktive Option, und warum soll man sich noch für ein juristisches Staatsexamen strecken, wenn dahinter keine Jobs stehen, die mehr Anziehung haben?

So ist die Zahl der Absolventen des 1. Staatsexamens von rund 11 000 im Jahr 2001 auf 8300 im Jahr 2015 gesunken. Immer weniger (81 statt zuvor 92 Prozent) wechselten anschließend ins Referendariat: Im Jahr 2015 waren es nur noch 6737, davon 582 in den neuen Bundesländern.

Die Exzellenten wandern ab

Dies hat dazu geführt, dass sich der Arbeitsmarkt vollkommen gedreht hat. Um die 1575 Referendare mit Prädikatsexamen im Jahr 2015 (davon in den neuen Bundesländern 104) prügeln sich die potenziellen Arbeitgeber förmlich. Das führt in ein geradezu absurdes Entlohnungsfeuerwerk. Wurden für einen Einsteiger in diesem exzellenten Notenspektrum von den Großkanzleien vor zwei oder drei Jahren noch 120 000 Euro jährlich als Einstiegsgehalt geboten, so ist dies jetzt auf bis zu 160 000 Euro gestiegen.

Der Staat kann da nicht mehr mithalten. Er bezahlt einem junger Richter oder Staatsanwalt nicht mehr als zwischen 38 000 Euro (Saarland) und rund 50 000 Euro (Bayern, Hamburg) brutto im Jahr. Der Öffentliche Dienst kann auch später nicht mehr aufholen. Denn das Einstiegsgehalt in einer großen Anwaltskanzlei liegt sogar netto über dem eines Landgerichtspräsidenten oder eines BGH-Richters.

Die Spitze fehlt

Der Staat weicht aus und stellt immer mehr Juristen mit der Note »befriedigend« ein, was auch noch okay ist. Doch auch dann gelingt es immer seltener, eine ausreichende Zahl an Bewerbern zu gewinnen, um eine Auswahl zu haben. Oft können Stellen nicht besetzt werden. In Baden-Württemberg – dem Land, in dem man die Eingangsbesoldung vor nicht allzu langer Zeit noch einmal abgesenkt hat – bewarben sich im Jahr 2013 auf rund 120 Stellen lediglich 299 Interessenten – das sind nicht einmal drei Anwärter für eine freie Stelle. In seiner Not macht Baden-Württemberg die die Absenkung nun wieder rückgängig.

Dabei ist der Bedarf groß, besonders in den neuen Bundesländern. Dort werden in den nächsten 15 Jahren 62,5 Prozent der Staatsjuristen altersbedingt die Justiz verlassen. In der Anwaltschaft sieht es – außer in den Topkanzleien – auch nicht besser aus. Vor allem Allgemeinkanzleien oder solche auf dem Land haben immer mehr Probleme, Nachwuchs zu finden. Findet sich ein Interessent, dann kann nicht damit gerechnet werden, dass er auf Dauer bleibt. Nach einigen Jahren der Berufserfahrung macht er sich dann doch zu besser bezahlten Jobs auf.

Bedingt durch die geringere Zahl der Volljuristen, die auf den Markt kommen, stagniert nun auch erstmals die Zahl der Anwälte, die in Deutschland bei rund 160 000 liegt. Im immer härter werdenden Konkurrenzkampf haben die Großkanzleien schon früh die Nase vorn. Sie bieten nicht nur einen attraktiven Arbeitsplatz mit – zugegeben – stressigen Anforderungen. Sie beginnen auch schon früh mit der Rekrutierung – auf Job-Messen, durch Praktika und zusätzliche Ausbildungsmodule sowie erste Stellenangebote für eine Assistenztätigkeit binden sie viele gute Kräfte.

Beihilfen statt Honorar

Was macht nun der Staat in dieser angespannten Situation? Er kürzt weiter. Wurden die Referendare früher Beamte auf

Widerruf, stehen sie jetzt nur noch in einem Beschäftigungsverhältnis und beziehen ein monatliches Nettogehalt von 950 Euro. Dieses wird sogar noch beschämend Unterhaltsbeihilfe genannt und ist nicht einmal ein Entgelt, sondern gilt als Sozialleistung – für den Berufsnachwuchs! Da sind diese Juristen im Regelfall Mitte 20. Demgegenüber erhält ein 20-jähriger Auszubildender für den Beruf als Justizfachangestellter (früher mittlerer Dienst) im dritten Lehrjahr bereits annähernd gleich viel. Thüringen hat nun als letztes Bundesland den Beamten auf Widerruf für die Referendare abgeschafft, mit der Folge, dass sich die Referendarzahlen um zwei Drittel reduziert haben.

Die angehenden Juristen treffen auf viele Richter und Staatsanwälte, die ihren Job nicht mehr wie früher bedingungslos weiterempfehlen. Wieso das?

Das Selbstbewusstsein bröckelt

Blicke ich aus dem Fenster, so stellt sich mir ein trauriges Bild dar. Das Landgericht in Bielefeld ist mit einem Netz verhangen. Dies schon seit Jahren. Aus Gründen der Verkehrssicherungspflicht – allen Ernstes. Von dem Gebäude aus den späten 60ern droht die Steinfassade abzufallen. Aber es gibt Fortschritte: Früher gab es zwei Netze übereinander. Ein grobes für die großen Steine und ein feines für die kleinen. Letzteres Netz war so fein wie ein Moskitonetz, sodass man kaum hindurchschauen konnte. Nur dass wir ja arbeiten sollen und nicht schlafen.

Ob der Dienstherr meint, die Beschäftigten des Landgerichts brauchten gar nicht erst aus dem Fenster zu schauen? Als der Protest allzu groß wurde, nahm man das feinere Netz wieder ab und bohrte um das Sockelgeschoss herum eine Verbretterung an. Die kleinen Steine sollen darauf liegen bleiben und nicht etwa auf Passanten fallen. Macht man mit dem Anblick eines solchen Gerichtsgebäudes den Justizberuf attraktiver?

Es hilft wenig, dass es Leidensgenossen gibt. Auch die Finanzämter sind in Nordrhein-Westfalen vernetzt. Und in vielen Bundesländern gibt es in Behörden kleine und dunkle Zimmer, Schimmel, muffigen Geruch und andere Zeugen der Vernachlässigung. Ich selbst muss auch kämpfen. Etwa mit den Fahrstühlen. In meinem Gericht sind auch schon mal alle vier Fahrstühle einige Tage kaputt – mit der Folge, dass etwa Bedienstete, die auf den Rollstuhl angewiesen sind, nicht zur Arbeit kommen können. Denn niemand kann sie acht Etagen hochtragen.

Vorbei sind die Zeiten, in denen die Öffentliche Hand so stolz auf ihre Justiz war, dass sie ihr Paläste errichtet hat. Das Treppenhaus des Kriminalgerichts Berlin-Moabit oder des OLG Köln zeugen noch von dieser Zeit. Das würde auch nicht mehr zu unserem Verständnis passen: Wir wollen keine Einschüchterungsarchitektur. Aber zumindest akzeptable Arbeitsplätze müssten doch wohl drin sein. Richter, Staatsanwälte, Rechtspfleger und andere Beschäftigte sind wütend. Soll von ihnen erwartet werden, dass sie ihren Beruf weiterempfehlen? Sie haben während der vergangenen 15 Jahre genügend Nackenschläge einstecken müssen.

Der Minuten-Richter

Die Richter und Staatsanwälte sind auch enttäuscht, wie ihre Belastung von der Politik über Jahre bagatellisiert wurde. Wie kann die Überlastung überhaupt nachgewiesen werden? Zur genauen Berechnung der Belastung wurde dann unter Hinzuziehung eines Wirtschaftsberatungsunternehmens ein minutengenaues Messinstrument geschaffen, und das geht so: Man rechnet zunächst die geschuldete Arbeitszeit eines Richters (in NRW 41

Stunden, in Bayern 40 Stunden) unter Berücksichtigung von Fehlzeiten etwa durch Krankheiten in eine Jahresminutenzahl um. Die liegt bei rund 105 000 Minuten. Sodann fasst man die Arbeit in bestimmte Kategorien zusammen und misst, wie lange dafür jeweils im Schnitt gebraucht wird. Beim Amtsgericht etwa hat ein Richter für eine Mietsache 193 Minuten, für eine Strafsache beim Einzelrichter 157 und für eine Jugendstrafsache 137 Minuten. Wohlgemerkt: Vom Eingang bis zum Urteil.

So kann man den gesamten Personalbedarf der Justiz messen. Denn nun muss man nur noch die Fälle zählen, mit den jeweiligen Werten multiplizieren und erhält so das benötigte Personal. Schon über den Ansatz lässt sich streiten. Kann man die Arbeit eines Richters oder Staatsanwalt wirklich in Minuten messen? Bei der industriellen Produktion von Autos, Pizza oder Schrauben mag das möglich sein, aber bei Juristen? Schon Handwerker schreiben Extrastunden auf, wenn Schwierigkeiten aufgetreten sind, die nicht zu erwarten waren. Kennt jemand aber literarische Werke, die unter Minutenangaben gefertigt wurden oder Erfindungen? So etwas lässt sich kaum sicher prognostizieren.

2000 Richter und Staatsanwälte fehlen

Trotzdem haben sich die Richter und Staatsanwälte darauf eingelassen, um endlich einmal nachzuweisen, dass sie eben keine Zeit zu viel haben. Und so kam es dann zur Überraschung der Regierungen auch. Es steht nun fest, dass bundesweit 2000 Richter und Staatsanwälte fehlen. Da man sie aber nicht einstellen mag, rechnet man einen Zuschlag auf ihre Arbeitsleistung auf, von durchschnittlich zehn Prozent. Der Strafrichter hat dann für den Fall eben nicht 157 Minuten, sondern 143 Minuten – oder er arbeitet eben über die festgesetzten Stunden hinaus.

Die Politik ist im Kaschieren solcher Zahlen erfinderisch. Sie rechnet nämlich nicht nach den Köpfen, die sie der Justiz zur Verfügung stellt, sondern nach Stellen. Sagen wir, dass einem Landgericht 100 Richterstellen im Haushalt zur Verfügung gestellt werden. Der Justizminister rechnet deshalb mit den Stellen. Allerdings sind diese 100 Stellen nie gleichzeitig besetzt. Es gibt Abordnungen an andere Behörden, Mutterschutz- und Elternzeiten, längere Erkrankungen. Die Schreibtische werden deshalb bestenfalls mit 95 Richtern besetzt sein. Das ficht die Ministerien nicht an, die mutig weiter mit 100 Richtern rechnen und die Überlast von zehn Prozent auf diese Weise auf die Hälfte herunterrechnen – und das kann man doch nun wirklich einem Akademiker zumuten. Könnte man. Aber der junge Kollege beispielsweise in Wolfsburg fragt sich, wieso ihm bei einem Gehalt von 2800 netto dies zugemutet wird, nicht aber dem VW-Band-Arbeiter, der bei fast gleichem Gehalt seine 35-Stunden-Woche genießt.

Dies alles hat das Selbstbewusstsein der deutschen Richterschaft schwer beschädigt, und das ist fatal. Wertschätzung ist das A und O jeder Personalführung.

Richter als multiple Dienstleister

Die Ökonomisierung betrifft aber nicht nur die Justizangehörigen selbst, sondern auch die Abläufe in den Gerichten und Staatsanwaltschaften. Hier ist die dritte Bruchstelle entstanden. Natürlich muss sich jede Organisation immer auch auf Effizienz untersuchen lassen. Aber dabei muss es fair zugehen. Die Reorganisation der Gerichte und Staatsanwaltschaften hat aber immer mehr dazu geführt, dass die Richter und Staatsanwälte zu ihren eigenen Hilfskräften geworden sind. Sie schreiben die Urteile selbst, faxen oder tüten teilweise die

Post ein. Ihre Verfügungen führen sie teils mit sperriger Software selbst aus.

Die Hilfsmannschaften wurden ebenfalls zusammengestrichen. Gab es früher im Sitzungssaal einen Wachtmeister, einen Protokollführer und einen Richter, so ist zunächst der Wachtmeister dem Rotstift anheimgefallen, in Zivilsachen und Familiensachen auch der Protokollführer. Nun sitzt der Richter mit zerstrittenen und wild um sich schreienden Parteien oft allein im Sitzungssaal.

Prozesse light

Die entscheidendste Fehlentwicklung der Ökonomisierung der Justiz betrifft aber aus meiner Sicht die Prozessordnungen. Sie sind immer und immer wieder durchgeforstet worden, ob sich nicht doch noch an der ein oder anderen Stelle Ecken ausschleifen lassen – mit der Folge, dass der rechtliche Standard gesenkt wurde. Die Kammer in Zivilsachen am Landgericht, in der drei Richter entscheiden, ist so gut wie abgeschafft worden. Es entscheidet der Einzelrichter, der dies ökonomisch günstiger tut. Aber dabei fehlt eben die juristische Diskussion in der Kammer, die ein Qualitätsmerkmal des Zivilprozesses war. Ähnlich im Strafverfahren, in dem von drei auf zwei Mann reduziert werden kann. Das Berufungsverfahren in Zivilsachen ist gestrafft worden. Das hat dazu geführt, dass in erster Instanz alles Mögliche vorgetragen wird, nur um mit den Tatsachen nicht für die Berufungsinstanz ausgeschlossen zu sein. Das bläht die Verfahren auf. Mündliche Verhandlungen wurden zugunsten des schriftlichen Verfahrens zurückgedrängt. Der Richter kann dann aber nicht mehr mit den Parteien unmittelbar sprechen und ihre Fragen beantworten. Das führt zu weniger Akzeptanz des Prozesses und des Urteils.

Um Effizienzgewinne zu erzielen, ist auch die Bedeutung, die man Verfahren zumisst, bei der Personalberechnung geschrumpft. Früher begann ich als Einzelrichter um 8:00 Uhr morgens und beraumte zunächst einige einfache Sachen an, zum Beispiel Trunkenheitsfahrten mit einem geständigen Täter. Der sah einen Richter, der ihm den Kopf wusch und hatte es hoffentlich verstanden. Heute gibt es einen solchen Termin nicht mehr. Es gibt ein schriftliches Urteil (Strafbefehl), das anonym und ohne persönlichen Kontakt zum Richter im Briefkasten landet. Dafür braucht dieser natürlich weniger Zeit, er kann also mehr Sachen erledigen.

Oder die fahrlässigen Tötungen. Sie wurden früher immer beim Schöffengericht angeklagt, einem beim Amtsgericht angesiedelten Spruchkörper mit einem Berufsrichter und zwei Laienrichtern. Dafür hatte er vielleicht zwei Stunden Zeit in der mündlichen Verhandlung. Heute kommt das vor den Strafrichter, der sitzt dort allein und hat dafür nur etwa eine halbe Stunde, bestenfalls eine ganze. Das Verfahren wird dann am Terminstag zwischen einem Kaufhausdiebstahl und einem Internetbetrug verhandelt. Das ist schlimm für die Angehörigen des Getöteten, eine derartige (Minder-)Wertigkeit der eigenen Sache zu erfahren.

Die Justizverwaltung rechnet folgendermaßen: Der Einzelrichter beim Landgericht hat auch nicht mehr Berufungen als die Kammer, und der Strafrichter bei der fahrlässigen Tötung auch nicht. Dass sich durch eine mündliche Verhandlung bei Gericht dem Straftäter besser ins Gewissen reden lässt, ist nicht statistisch erwiesen – und untersucht es gar nicht erst. Das Ergebnis könnte nicht passen. Der erfahrene Richter weiß: Es geht nur ums Geld. So beschädigt man aus kurzfristigen Sparinteressen heraus das Ansehen der Justiz und ihre Möglichkeiten, dem Recht zur Geltung zu verhelfen. Eine völlig falsche Entwicklung.

Überfrachtet: Das Recht ufert aus

Im Februar 2017 war in der ARD-Talk-Show *Anne Will* ein Hilferuf des ehemaligen SPD-Parteivorsitzenden Matthias Platzeck zu vernehmen: »Die Erotik der Demokratieerlebung hat sich durch zu viel Verrechtlichung zu weit entfernt von den Menschen.« Vielleicht wäre das Erleben der Demokratie schon leichter, wenn die Politiker sich verständlicher ausdrücken würden. Aber da sollte ich als Jurist nicht mit Steinen werfen. Was Platzeck meinte: Zu viele Gesetze und Vorschriften hindern die Menschen daran, sich frei zu entscheiden.

Was für ein Unsinn. Das Recht ist nicht der Hemmschuh der Demokratie, sondern gerade umgekehrt das Mittel, das ermöglicht, demokratische Entscheidungen umzusetzen. Nicht der Hammer ist schuld, wenn zu viel genagelt werden muss, sondern der Architekt, der das so geplant hat. Jedes Gesetz, das wir haben, ist durch ein Parlament gelaufen, es hätte also verändert, ganz anders gestaltet oder gar verhindert werden können. Auch Herr Platzeck hat Hunderten von Gesetzen zugestimmt. Und doch beschreibt er ein Phänomen, das ich auch erlebe: Das Recht dringt immer weiter in die Lebensbereiche der Menschen ein.

In unserem Leben ist so gut wie alles verrechtlicht: wie der Stempel für den Silberanteil auf dem Besteck auszusehen hat, welchen Fruchtanteil die Konfitüre haben muss, in welchem Abstand von der Grundstücksgrenze der Nachbar seine Hainbuche pflanzen kann oder ob es die getrennt lebende Ehefrau oder die aktuelle Lebensgefährtin ist, die über die Einäscherung eines Verstorbenen zu entscheiden hat.

Wo es Konflikte gibt, da sehe ich keine Alternative: Ehefrau und Lebensgefährtin streiten sich über die Bestattungsform eines Mannes und wenn sie sich nicht einigen können, muss eben ein Gericht entscheiden. Die Hainbuche wirft irgendwann Schatten, soll das der Nachbar widerspruchslos hinnehmen müssen? Und bei der Konfitüre und dem Silbergehaltsanteil geht es um Transparenz für den Verbraucher. In jedem Einzelfall halten die Menschen derartige Regelungen auch für richtig. Dennoch gibt es zu viel Recht. Das ist eigentlich paradox.

Recht als Ersatzlösung

Doch es ist eben genau anders herum, als Platzeck meint: Nicht das Recht erstickt die Demokratie, sondern diese ist so kraftlos geworden, dass sie dem gesellschaftlichen Ausgleichsmechanismus nicht mehr traut, die Dinge lieber verrechtlicht. So findet eine Feinsteuerung durch den Staat bis auf den Grund unserer Existenz statt.

Die Verrechtlichung ist gewissermaßen ein Misstrauensvotum gegen die eigene Gesellschaft. Die Folge: Das Recht gleicht immer mehr einem Pottwal, der gestrandet ist und sich nunmehr durch sein Eigengewicht selbst zu erdrücken droht. Er kann sich nicht mehr befreien.

Schauen wir uns zwei Bereiche an, in denen die Missstände besonders groß sind: etwa das Strafrecht. Was ist nicht alles strafbar. Das Betreiben eines Piratensenders auf hoher See, die Auszeichnung von Raps- als Akazienhonig, die falsche Beflaggung von Handelsschiffen, sogar das unerlaubte Ausleihen des Mofas vom Nachbarn – selbst wenn man es wieder zurückbringt. Die Sammlungen über strafrechtliche Nebengesetze – das sind die Strafvorschriften außerhalb des Strafgesetzbuchs, die sich mit jeweils speziellen Materien befassen – diese also sind weit dicker als das eigentliche Strafgesetzbuch. Muss das alles wirklich sein?

Zu vieles handelt der Staat über das Strafrecht ab, das muss sich ändern. Eigentlich sollte dieses ultima ratio sein – also das letzte Mittel, wenn nichts anderes mehr hilft, den Bürger zu rechtmäßigem Verhalten anzuhalten. Wie überfrachtet das Strafrecht bereits wird, zeigen folgende Beispiele.

Vor einiger Zeit leitete ich ein Verfahren gegen einen Biospeiseeis-Hersteller. Ein ehemaliger Angestellter hatte ihn wegen diverser Verstöße angezeigt – nichts bewahrheitete sich in den langen Ermittlungen der Behörden. Die Früchte kamen aus biologischer Herstellung, die Kühlkette war gewahrt, alles sauber dokumentiert. Ein Punkt aber blieb und führte zu einem saftigen Strafbefehl: Auf der Verpackung war angegeben worden, dass die Zutaten alle aus der örtlichen Nähe des Herstellers, der seinen Sitz in Westfalen hat, stammten. Das stimmte nun nicht. Das ein oder andere kam aus England. Der Verteidiger meinte, das sei auch noch »örtliche Nähe«, und begründete damit den Einspruch gegen den Strafbefehl. Es musste zu einer Hauptverhandlung kommen. Ist der Verstoß schlimm? So schlimm, dass er strafrechtlich verfolgt wird? Wir haben das Verfahren jedenfalls am Ende der Hauptverhandlung eingestellt. Hier stammt die Rechtsvorschrift nun aus Europa. Aber da gibt es ja auch ein Parlament, das kontrollieren kann.

Viele Vorschriften im Strafrecht sind überflüssig. Sie regeln unwichtige Details, die man auch als Ordnungswidrigkeit behandeln könnte. Viele Vorschriften sind auch veraltet. Wer betreibt im Zeitalter des Internets noch Piratensender auf Bohrinseln? Ein veralteter Abschnitt des Strafgesetzbuchs ist im Zusammenhang mit der Böhmermann-Affäre und den Äußerungen des Moderators gegenüber dem türkischen Staatschef Erdoğan ans Tageslicht gekommen: der dritte Abschnitt des Strafgesetzbuchs – Straftaten gegen ausländische Staaten.

Verstaubte Paragraphen

Hier klingt vieles verstaubt, zum Beispiel ein Paragraph (§ 103 StGB), der die Beleidigung von Organen und Vertretern ausländischer Staaten als Spezialfall regelt. Reichen die normalen Beleidigungsvorschriften dafür nicht aus? Diese Vorschriften stammen aus Zeiten, in denen aus ungesühnten Beleidigungen in der Tat Kriege entstehen konnten. Das ist heute hoffentlich nicht mehr der Fall. Der Bundestag hat nun reagiert und die Vorschrift zum 1. Januar 2018 abgeschafft. Aber ohne die Böhmermann-Affäre stünde sie mit Sicherheit noch dort. Wieso ist es überhaupt strafbar, Deutsche für einen Wehrdienst für einen ausländischen Staat anzuwerben? Dahinter steckt doch ein Konkurrenzkampf um Soldaten, den es so heute zwischen den Staaten gar nicht mehr gibt, weil die meisten Armeen Berufsarmeen sind.

Über all diese Beispiele kann man sicher noch lächeln. Sie sind ja eher amüsant als störend. Veraltete Vorschriften werden eben nicht angewandt, na gut. Aber schlimm wird es, wenn solche Marginalien zu großen Belastungen des Rechtswesens führen. Etwa das Schwarzfahren. Das könnte man auch ganz anders lösen als durch das Strafrecht. In Paris und London kommt man ohne Ticket gar nicht auf den Bahnsteig. Bei uns ist das anders. Die Verkehrsbetriebe haben sich genau ausgerechnet, was solche Zugangsbeschränkungen kosten würden. Sie sind teuer, billiger kommt es die Verkehrsbetriebe, wenn sie die Kosten dem Steuerzahler aufbürden, über seine Justiz. Das System wird nur dadurch gerettet, dass in fast allen Verkehrsbetrieben der Täter erst ab der dritten Tat angezeigt wird.

Der Aufwand für die Justiz ist gleichwohl gigantisch. Allein in Berlin wurden im Jahr 2015 über 13 000 Personen wegen Schwarzfahrens von der Justiz abgeurteilt. Legt man die üblichen Verteilungsschlüssel zugrunde, müssen dafür ungefähr 20 Richter und Staatsanwälte eingesetzt werden, die an anderer Stelle fehlen. Die Berliner Senatsverwaltung sah sich auch auf eine schriftliche Anfrage nicht in der Lage, die Kosten dafür auszurechnen. Das ist natürlich nicht alles. Es gibt weitere Bagatelldelikte, die in letzter Zeit vermehrt verfolgt werden, ein Beispiel ist der Hausfriedensbruch. Bundesbahn, Kaufhäuser oder die Geschäftsinhaber in Fußgängerpassagen möchten manche Menschen nicht so gern in ihren Räumen haben: Obdachlose, Alkoholiker oder Kaufhausdiebe. Diese bekommen ein Hausverbot. Natürlich richten sie sich nicht danach. Wenn es kalt wird, geht der Wohnungslose eben doch wieder in die warme Bahnhofshalle. Resultat: Strafanzeige. Das kann ich verstehen. Aber setzen wir damit Polizei, Staatsanwälte und Richter wirklich sinnvoll ein?

Die Gerichte behelfen sich, indem sie viele Dinge einstellen, derer sie sonst nicht Herr werden. Dann beschwert sich aber wieder die Polizei, die – in der Tat – für die Tonne gearbeitet hat. Das sorgt für Frust. Ich finde den umgekehrten Weg den richtigen: Unser Staat sollte die Kraft finden, sich aus Dingen, die die Zivilgesellschaft selbst regeln kann, zurückzuziehen. Sich auf das Wesentliche beschränken. Die Strafvorschriften gehören gründlich durchforstet. Dann findet Herr Platzeck auch vielleicht die Demokratie-Erotik wieder, die er vermisst.

Weniger ist mehr

Sich zu beschränken, dieser Appell muss aber auch an die Justiz selbst gerichtet werden. Einerseits stellt sie viel ein, vielleicht zu viel, um in der Arbeitsüberlastung nicht unterzugehen. Dann aber beschäftigt sie sich doch immer wieder unverhältnismäßig lang mit Bagatellfällen, weil sich irgendjemand an einem Thema festgebissen hat. Im Sommer 2016 zum Beispiel erregte ein skurriler Fall großes öffentliches Interesse.

Ein Musiklehrer aus Neuss hatte einer sechsten Klasse, die den Unterricht gestört hatte, eine Strafarbeit aufgegeben und die ganze Klasse einen Wikipedia-Eintrag über den Geiger Paganini abschreiben lassen. Da es die letzte Schulstunde war, wollten die Schüler nach Unterrichtsschluss schnell aus dem Klassenraum stürmen. Der Lehrer verhinderte dies, indem er sich mit einer Gitarre in der Hand auf einen Stuhl in die Tür setzte. Die Schüler mussten einzeln an ihm vorbeigehen und die Arbeiten abgeben, um den Raum verlassen zu können. Ein paar Kinder durften zunächst gar nicht gehen; einer der Schüler behauptete später gar, bei der Abgabe der Arbeit von dem Pädagogen in den Bauch geboxt worden zu sein. Ein Kind rief daraufhin mit dem Handy die Polizei.

Der Realschullehrer wurde vor dem Amtsgericht Neuss sodann wegen Freiheitsberaubung und Körperverletzung angeklagt. Vom Vorwurf der Körperverletzung sprach ihn das Amtsgericht frei. Der Lehrer sagte, er habe nur einen »Vordrängler zurückgedrängt«; der vermeintlich geschädigte Schüler hatte im Zeugenstand ebenfalls berichtet, dass der Schlag sicher keine Absicht gewesen sei und auch nicht lange wehgetan habe. Weil er die Schüler aber am Verlassen des Klassenraumes gehindert hatte, wurde der Pädagoge wegen Freiheitsberaubung unter Vorbehalt zu einer Geldstrafe von 1000 Euro verurteilt. Ihm wurde aufgegeben, sich im Umgang mit undisziplinierten Schülern fortzubilden, ansonsten werde die Strafzahlung fällig. Zwar dürfe ein Lehrer das Fehlverhalten seiner Schüler sanktionieren, seine Möglichkeiten sind aber exakt vorgegeben. Bei einer Nacharbeit unter Aufsicht hätten zuvor die Eltern benachrichtigt werden müssen.

Gegen dieses Urteil ging der Lehrer vor dem Düsseldorfer Landgericht in Berufung. Schon während der Verhandlung äußerte der Richter Bedenken gegen die Sinnhaftigkeit des Verfahrens, der Fall sei »ungeeignet, von einem Strafgericht entschieden zu werden.« Es bestehe die Gefahr, dass das Verfahren Schule mache, dann werde zukünftig nicht mehr nur gegen Schulnoten juristisch vorgegangen, sondern auch gegen den Unterrichtsstil. Schließlich sprach das Berufungsgericht den Pädagogen frei: Man habe keine Straftat feststellen können.

Dieser Fall belegt exemplarisch, dass sich die Justiz manchmal mit zu viel Unfug beschäftigt. So ein Fall gehört tatsächlich nicht vor ein Strafgericht, sondern eingestellt. Die Folge einer ausufernden Rechtsprechung ist, dass sich die Gesellschaft immer in der Möglichkeit einschränkt, die Dinge selbst zu regeln. Man kann sich vorstellen, welche Verunsicherung in Lehrerkreisen der Fall hervorgerufen hat. In solchen Momenten kann ich also Matthias Platzeck durchaus verstehen. Weniger ist mehr.

Der andere Bereich, der unser Rechtswesen extrem belastet, sind Bußgelder, die bei Ordnungswidrigkeiten verhängt werden. »Neuer Blitzer aufgestellt«, steht in einer Lokalzeitung, und der Hintergrund ist immer, dass sich an bestimmten Straßenabschnitten Unfälle häufen oder besonders gern gerast wird. Solange noch Menschen die Autos fahren, sind sie nicht gegen die Versuchung gefeit, das Tempolimit beiseitezuschieben. Weil man es eben eilig hat, oder weil das Rasen Spaß macht. An die 3300 Menschen starben 2016 einen Verkehrstod. Es muss also etwas getan werden.

Der Straßenverkehr braucht auch Bußgelder so wie der Fußball seine gelben und roten Karten. Aber lassen Sie uns etwas weiter denken: Was passiert eigentlich, nachdem geblitzt wurde? Wie hoch ist der Verwaltungsaufwand? Wohin fließen die Einnahmen?

Hat die Kommune den Blitzer aufgestellt, geht das Geld an sie, hat ein Polizist als Landesbeamter geblitzt, profitiert das

Land. Das ist einträglich – obwohl es ein ungewollter Nebeneffekt ist. Die Verwaltungsabläufe sind automatisiert und laufen nach dem immer gleichen Schema ab. Bei Einwendungen, ob nun berechtigt oder nicht, hat der Bürger oft den Eindruck, man beschäftige sich gar nicht damit. Sie glauben dann, die Behörde habe nach dem Motto Taste F5 gehandelt: »Ihre Einwendung vermochte Sie nicht zu entlasten«. In der Tat habe ich auch als Richter so manches Mal die Befürchtung, die Bußgeldstelle wolle sich nicht allzu viel Arbeit machen. Wer nicht einverstanden sei, könne ja noch vor Gericht ziehen, könnte man als deren Botschaft vermuten.

Wer profitiert von Bußgeldern?

Ich entsinne mich zum Beispiel eines Falls, in dem ein Lichtbild von einem Autofahrer hergestellt wurde, auf dem nur sehr wenig zu erkennen war. Da saß ein Mensch hinter dem Steuer – zu sehen waren nur seine vagen Umrisse. Die Stadt hätte das Verfahren einstellen oder selbst einen Sachverständigen beauftragen können, um den Fahrer zu identifizieren. Das hätte aber etwas gekostet. Also war der Sachbearbeiter ganz pfiffig: Er beauftragte den Sachverständigen nicht, sondern schickte ihm nur das Foto mit der Frage zu, ob es für ein Gutachten geeignet sei. Der Sachverständige bejahte, was mich nicht verwunderte, und der Fall ging ab zum Amtsgericht. Das wiederum möge das Gutachten auf eigene Kosten in Auftrag geben. Natürlich wurde der Fall ohne Gutachten eingestellt.

Schon lange hat den Bürger einen Verdacht beschlichen: Es geht nicht nur um den Unfallgefahrenschwerpunkt, sondern auch ums Geld. Das stimmt ja auch, denn Bußgelder sind einträglich. So sehr, dass der Kämmerer der Stadt schlaflose Nächte bekommen würde, wenn von einen Tag auf den anderen alle das Gesetz beachten würden und das Geld ausbliebe. Mehr noch: Ein neuer Blitzer führt auch stets dazu, dass der Kämmerer die Haushaltsposition »Einnahmen aus Bußgeldern« im Haushaltsanschlag von vorherein erhöht. In einer nordrhein-westfälischen Kommune ist vor einiger Zeit ein Haushaltsloch von 500 000 Euro aufgetaucht. Das konnte man sich nicht erklären und hat nachgeforscht. Das Ergebnis: Ein Blitzer war offensichtlich von einem wütenden Bürger zerstört worden, und man hatte das dem Kämmerer nicht gesagt, der nun auch den Einnahmeausfall nicht einpreisen konnte.

Ist es also nicht umgekehrt? Der Staat stellt Blitzer auf, um Einnahmen zu erzielen? Das möchte ich so auch wieder nicht sagen, aber schon der Verdacht ist schädlich. Denn er untergräbt das Vertrauen in die Rechtmäßigkeit staatlichen Handelns. Vertrauen ist aber die Basis des Rechtsstaats. In jedem Fall aber, bin ich der festen Ansicht, prostituiert sich ein Staat, der auf Bußgelder als fixe Größe seines Haushalts setzt. Denn er bekämpft nicht mehr glaubwürdig Gesetzesverstöße, sondern macht sich umgekehrt von ihnen abhängig.

Mangelndes Vertrauen aber führt zu einer Vielzahl von Einsprüchen und auch Vollstreckungen, weil die Leute bis zum Schluss nicht einsehen, keine Chance mehr zu haben. Aus der Richterschaft kam deshalb schon vor langer Zeit der Vorschlag, die Einnahmen aus Bußgeldern unter Abzug der Verwaltungskosten an gemeinnützige Einrichtungen abzuführen. Der Staat könnte seine eigenen Zuschüsse einsparen und stünde finanziell nicht schlechter. Diese Idee ist jedoch sofort im Protest der kommunalen Kämmerer untergegangen, weil die auf ihre Einnahmen aus dem Blitzer verzichten müssten. Seither beschleicht mich ein schlechtes Gefühl, wenn ich wieder einmal lese: »Neuer Blitzer aufgestellt«.

Krankes System und Salamitaktik

Bis zu diesem Punkt kann man noch die Meinung haben, es ginge eben nicht anders und Bußgeldbescheide hätten sich bewährt. Wenn man aber betrachtet, wie es weitergeht, sieht man, wie krank das System schon ist. Die Fälle nämlich, in denen die Parteien nicht mit dem Bußgeldbescheid einverstanden sind, machen der Justiz eine höllische Arbeit: Wo die betroffene Person gemeldet ist, das erledigt noch die Bußgeldstelle. Aber wenn zum Beispiel von dem Verdächtigten bestritten wird, dass er oder sie gefahren sind, und die Lichtbilder vom Einwohnermeldeamt nicht weiterhelfen, muss regelmäßig eine Polizeistreife beim Betroffenen vorfahren und vor Ort ermitteln, beim Betroffenen klingeln, die Nachbarn befragen. Es gibt Vorladungen auf die Polizeiwache.

Man kann sich die Aufregung in der meist gutbürgerlichen Wohnstraße vorstellen. Das sieht das Gesetz so vor, aber die Polizei hat Wichtigeres zu tun als derartige Ermittlungen. Allein Berlin beschäftigt dafür mehr als 100 Polizeibeamte, die an anderer Stelle sicher besser eingesetzt werden könnten. Kurios wird es beim Blick auf die Kosten: Die Bußgeldstelle ist kosten- und auslagenfrei, muss also für diesen Aufwand nichts zahlen. Die Bilanz der Kommune wird nicht belastet, das setzt falsche finanzielle Anreize, die Einsprüche weiter verfolgen zu lassen. Gehen die dann zu Gericht, wird es noch teurer.

Wenn die Deutschen irgendwo kämpfen können, dann um Führerschein und gegen Punkte. Der Phantasie möglicher Einwendungen sind keine Grenzen gesetzt: Das beginnt bei den technischen Fragen – war die Anlage geeicht? Entsprechend der Bedienungsanleitung aufgestellt? Ist das Messprotokoll richtig geführt? Fand eine Fehlmessung statt? Und immer wird als Beweis Sachverständigengutachten beantragt. Es werden Zeugen benannt, die – natürlich erst nach der Verjährung, also drei Monaten – die Tat auf sich nehmen, oder umgekehrt genau wissen, dass sie nicht begangen wurde. Zum ersten Termin kommen diese Zeugen häufig nicht, sie sind »krank«. Beim nächsten Termin ist der Anwalt krank, dann gibt es eine Autopanne oder eine Zugverspätung. Wenn nichts hilft, wird der Richter – natürlich kurz vor dem Termin, sodass er nicht mehr rechtzeitig reagieren kann – wegen Befangenheit abgelehnt. Die absolute Verjährung von zwei Jahren ruft. Die Rechtsschutzversicherung macht das alles möglich.

Bei den Richtern sind Bußgeldsachen entsprechend unbeliebt. Ehrlich: Ein geständiger Kaufhausdieb, der keinen großen Schaden angerichtet hat, ist jedem Richter lieber als ein wildgewordener Autofahrer aus einer entfernten Großstadt, der auf seinen Führerschein angewiesen zu sein scheint und sich deshalb den unvermeidlichen Staranwalt – schon am Haarschnitt zu erkennen – nimmt, der Rabbatz schlägt. Das alles kostet wieder Geld – und zwar den Steuerzahler. Richter, Servicekräfte, Wachtmeister wollen bezahlt werden, das Gebäude muss unterhalten werden usw. Die Bußgeldstelle zahlt das alles nicht, selbst wenn der Betroffene freigesprochen wird.

Kleinkram bindet Ressourcen

Es ist doch verrückt: Einerseits werden Haftbefehle aufgehoben, weil wichtige Strafsachen nicht innerhalb der vorgesehenen sechs Monate nach Inhaftnahme terminiert werden können. Wirtschaftsstrafverfahren müssen aus Überlastung abgekürzt werden. Die Absprache in Strafverfahren wird gesetzlich eingeführt, um den Verfahren überhaupt noch Herr werden zu können. Gleichzeitig aber leistet sich der Staat den Luxus, eine gigantische Zahl von Bußgeldverfahren gerichtlich bearbeiten zu lassen. Das steht in keinem Verhältnis zum Rechtsverstoß. Das spüren auch die Bürger, die sich fragen, warum ihre Geschwindigkeitsüberschreitung so hartnäckig verfolgt wird, während die wirklich bedeutenden Gesetzesverstöße irgendwie von der Tagesordnung der Gerichte zu verschwinden scheinen.

Das alles ist eine Fehlentwicklung. Es wäre notwendig, das knappe Justizpersonal auf die wirklich wichtigen Sachen zu konzentrieren. Das geht aber aus formalen Gründen nicht so flexibel, wie zu wünschen wäre, denn kurzfristige Versetzungen sind bei der Justiz rechtlich ausgeschlossen. Es muss immer der gesetzliche Richter entscheiden (dieser muss am Jahresanfang nach abstrakten Kriterien – zum Beispiel Anfangsbuchstabe des Betroffenen – bestimmt werden). Auf diese Weise soll verhindert werden, dass an der Zuständigkeit der Richter manipuliert wird.

Lässt ein Richter Bußgeldverfahren bewusst verjähren, um sich auf wesentlichere Verfahren zu konzentrieren, droht ihm ein Disziplinarverfahren, wenn nicht eine Anklage. Es sind auch bereits Richter verurteilt worden, die sich bei der Bearbeitung der Ordnungswidrigkeiten beschränken wollten und deshalb etwa nie ein Fahrverbot ausgesprochen haben. Das kann als Rechtsbeugung ausgelegt werden, dann ist es ein Verbrechen. Also bearbeiten die Richter alles doch irgendwie, ohne strikte Konzentration auf das Wesentliche, und sind damit in wichtigen Dingen oft nicht so schnell, wie es möglich wäre und der Sache gebühren würde.

Aufwändige Vollstreckung, mehr Flexibilität für die Gerichte

Nach dem Urteil – und einem möglichen Rechtsmittel in einer weiteren Instanz – ist noch lange nicht Schluss. Dann geht es um die Vollstreckung. Viele Bürger zahlen nicht freiwillig. Also muss gepfändet werden, der Vollstreckungsbeamte kommt ins Haus. Wenn nichts zu holen ist oder der Schuldner nicht reagiert, wird – wieder bei Gericht – von der Bußgeldstelle Erzwingungshaft beantragt. Für einen Bußgeldbescheid über 100,– € könnte es vier Tage Erzwingungshaft geben. Zahlt der Betroffene, wird die Haft nicht vollstreckt. Im anderen Fall aber kommt der Apparat wieder ins Rollen. Wieder wird die Polizeistreife losgeschickt, den Schuldner, der per Haftbefehl gesucht wird, festzunehmen. Doch an der Haustür beteuert er, demnächst zu zahlen oder vielleicht schon gezahlt zu haben. Die Polizei rückt wieder ab und kehrt erst einige Tage später zurück, wenn sich das als falsch herausgestellt hat.

Dann bringt sie den Betroffenen in die Justizvollzugsanstalt. Da brummt er dann die vier Tage ab. Ein Hafttag kostet den Steuerzahler über 150 Euro, also in Summe sind das 600 Euro. Übrigens: Entgegen anderslautenden Gerüchten ist die Strafe nicht getilgt, die Zahlung soll ja nur durch die Haft erzwungen werden. Niemand macht sich die Mühe, Bilanz ziehen, ob sich das alles überhaupt lohnt –finanziell, aber auch unter dem Gesichtspunkt der Verhältnismäßigkeit.

Dabei liegen die Lösungen auf der Hand: Die Bußgeldstellen müssen zur Kasse gebeten werden – wer die »Musik« bei Gericht bestellt, bezahlt sie auch. Die Einnahmen aus dem Bußgeld sollten an gemeinnützige Einrichtungen gehen, damit der Bürger wieder in Sinn und Zweck des Bußgeldes vertraut. Die Gerichte brauchen mehr Flexibilität in der Geschäftsverteilung, um sich auf das Wesentliche der Rechtsprechung konzentrieren zu können.

Zuständig wäre die Politik, aber ein Silberstreifen am Horizont kommt nicht von ihr, sondern der Technik: dem selbstfahrenden Auto. Das kennt die Regeln und ist darauf programmiert, sie einzuhalten. Demnächst gilt also: Blitzer zu Pflugscharen.

Fatal ist es, wenn Dinge wie in Köln geschehen. An einer Baustelle wurde der Blitzer auf 60 km/h eingestellt. Dabei war aber übersehen worden, dass eine Geschwindigkeitsbegrenzung, die im Zusammenhang mit einem Gefahrenzeichen aufgestellt wird – hier der Baustelle –, stets nach der Gefahrenstelle endet. In der Folge wurden 2016 also in Köln 400 000 Betroffene zu Unrecht mit Bußgeldern belegt. Wer hier auf die Rechtmäßigkeit staatlichen Vorgehens vertraute, war der Dumme. Wer sich hingegen gleich zur Wehr setzte, war klar im Vorteil. Denn nachdem die Bescheide gültig (»bestandskräftig«) wurden, konnten sie – zum Beispiel ein ausgesprochenes Fahrverbot – nicht so einfach rückgängig gemacht werden. Wiederaufnahmeverfahren sind nur schwer möglich, weil die Rechtskraft von unserem Rechtssystem hoch eingeschätzt wird. Was im Einzelfall richtig ist, wirkt sich bei derartigen, flächendeckenden Fehlern katastrophal aus. Mit solchen Pannen erzieht man die Bürger dazu, sich auf jeden Fall zur Wehr zu setzen.

Strenge für Otto Normalverbraucher

Ein Fall ist mir besonders in Erinnerung: Ein KFZ-Meister verbrachte Silvester zuhause mit seiner Frau. Ihre 18-jährige Tochter feierte mit Freunden in einer Hütte im Wald, die Rückfahrt war organisiert. Da der Vater nicht vorhatte, irgendwohin zu fahren, trank er Alkohol und hatte morgens um 6 Uhr, als ihn seine Tochter anrief, noch 0,6 Promille. Durch ein Missverständnis hatte sie den Anschluss an ihre Gruppe verpasst und stand nun im Partykleid und Pumps bei Frost allein im Wald. Die Familie versuchte, die Freunde zu erreichen, vergebens. An Taxen war in der Silvesternacht nicht zu denken, also fuhr der Vater los und fiel durch seine langsame und vorsichtige Fahrweise einer Polizeistreife auf. Das Ergebnis: ein Bußgeldbescheid über 500 Euro und ein Monat Fahrverbot.

Ich hatte Verständnis für den Mann, vermutlich hätte ich in so einer Notsituation ähnlich gehandelt. Natürlich muss man bereit sein, die Konsequenzen dafür zu tragen. Aber ich meine, dass jemand, der sich immer ordentlich verhalten hat, auch mal etwas Großzügigkeit vom Staat genießen sollte. Mein Urteil in erster Instanz lautete: 1000 Euro Geldbuße, aber kein Fahrverbot. Das Urteil aber wurde auf die Rechtsbeschwerde der Staatsanwaltschaft mit Pauken und Trompeten vom Oberlandesgericht aufgehoben. So dürfe ich, hieß es, nicht vorgehen. Ich wäre verpflichtet gewesen, die Einlassung des Angeklagten mit geladenen Zeugen zu überprüfen. Auch hätte der Betroffene die Polizei zu Hilfe rufen können. Letzteres finde ich nicht, denn die Polizei hat an Silvester auch etwas anderes zu tun, als Fahrdienst zu spielen.

Es blieb also beim zweiten Anlauf in erster Instanz bei dem Fahrverbot. Das verdeutlicht die Strenge, die vor allem Otto-Normalverbraucher zu spüren bekommt. Das Ermessen des Richters, im Einzelfall Gerechtigkeit zu schaffen, wird immer weiter eingeschränkt. Das System legt sich selbst lahm. Ich halte diesen Weg für falsch.

Das Recht ist vom Ansatz her eine Pyramide. Ganz unten befinden sich die Ordnungswidrigkeiten, die verfolgt werden können. Darüber türmen sich im Strafrecht die Vergehen, die verfolgt werden müssen, aber im Einzelfall eingestellt werden können. Die Spitze bilden die Verbrechen (Kapitaldelikte), die verfolgt werden müssen und auch nicht eingestellt werden dürfen. In der Praxis aber haben sich die Hierarchien umgedreht: Die Ordnungswidrigkeiten im Verkehr werden an der Basis quasi lückenlos und zwingend verfolgt, hier herrscht also jetzt das Legalitätsprinzip. Demgegenüber hat man bei den Vergehen quasi das Opportunitätsprinzip eingeführt. Diese Praxis stellt einen schweren Verstoß gegen die Gewichtung des Unrechts der Taten dar.

Von diesen eher theoretischen Überlegungen weiß der Bürger nichts, und doch erkennt er im Einzelfall die daraus resultierende Ungerechtigkeit. Wenn also zwei Fahrzeuginsassen auf eine Politesse treffen, die dem Fahrer ein Verwarngeld von zehn Euro ausgestellt hat, so muss der Fahrer die volle Palette der Verfolgung befürchten, bis hin zur Ersatzfreiheitsstrafe, wenn er nicht zahlt. Regt sich darüber der Beifahrer so auf, dass er die Politesse wüst beschimpft, dann wird – vorausgesetzt, es handelt sich um seine erste Entgleisung – das Verfahren wegen der Straftat Beleidigung sehr wahrscheinlich eingestellt. Die Rechtspyramide bricht ein und die anderen Bürger einschließlich Politesse verstehen die Welt nicht mehr. Ich auch nicht immer.

Insgesamt gesehen haben wir hier eine Gerechtigkeitslücke. Der Staat ist extrem streng im Ordnungswidrigkeitenrecht, verhältnismäßig milde aber bei den einfacheren Vergehen, die in Wirklichkeit aber einen höheren Unwertgehalt aufweisen, also schwerer wiegen sollten. Das muss geändert werden. Dringend notwendig ist vor allem, die Justiz auch wieder in die Lage zu versetzen, stringent sämtliche Vergehen zu verfolgen. Das ist natürlich eine Frage der Ausstattung. So, wie sie sind, passen die Dinge jedenfalls nicht mehr.

Dilemma: Strafverfahren als Hindernislauf

Strafverfahren haben sich verändert – und das nicht zum Guten. In den bald drei Jahrzehnten meiner Tätigkeit als Richter habe ich über viele Jahre Strafsachen bearbeitet, sowohl an Amts- als auch an Landgerichten. Im Jahr 2001 wurde ich stellvertretender Vorsitzender des Schwurgerichts in Paderborn. Schaue ich auf diese Zeit zurück, wird die Veränderung greifbar. Wir hatten dort über viele Kapitalsachen zu verhandeln: Mord, Raub, Vergewaltigung – keine einfachen Fälle. Aber wir hatten sie im Griff. Die Verfahren konnten zumeist schnell abgehandelt werden, und viele Entscheidungen wurden gleich rechtskräftig.

Ein Beispiel: Im Sommer 2001 hatten wir einen Totschlag zu verhandeln. Es war wie so häufig: Der Täter aus dem Bereich der Familie war geständig, das gerichtsmedizinische Gutachten behandelt, der ein oder andere Zeuge aus dem Umfeld der Familie vernommen, auch der ermittelnde Kriminalbeamte hatte ausgesagt. Als einziges Beweismittel stand noch das rechtspsychiatrische Gutachten an.

In der Pause trat zu meiner Überraschung der Verteidiger an uns heran und fragte den Vorsitzenden, ob er denn nicht auch noch den Tatortbefundbericht verlesen wollte – eine minutiöse Beschreibung der Beweissicherung vor Ort. Der Vorsitzende antwortete unwirsch: »Wozu das denn? Der Tote ist tot und lag im Wohnzimmer auf dem Teppich. Ihr Mandant hat die Tat eingeräumt, Zweifel an seinem Geständnis haben wir nicht. Da interessiert es uns wenig, ob im Kühlschrank auch noch eine abgelaufene Milch gestanden hat.« Der Verteidiger akzeptierte dies und stellte keine weiteren Anträge. Nach dem Gutachten wurde plädiert und am Nachmittag das Urteil gesprochen, das rechtskräftig wurde.

Dies alles wäre heute undenkbar. Der Verteidiger würde gar nicht erst kollegial auf das Gericht zutreten, sondern einen offiziellen Antrag stellen, den Bericht zu verlesen. Die Äußerung des Vorsitzenden würde zu einem sofortigen Befangenheitsantrag führen. Vielleicht würden auch die Richter, die über diesen

Antrag entscheiden müssten, abgelehnt. Ein findiger Verteidiger findet dafür immer irgendwelche Gründe. Dann ginge es an diesem Tag schon mal nicht weiter. Sicher würde auch der Bericht irgendwann verlesen. Ich will das nicht kritisieren. Das alles darf ein Verteidiger tun. Aber ein Verfahren dauert dadurch eben länger und kann somit logischerweise nicht mit demselben Personalaufwand bewältigt werden.

Der lange Weg zum Recht

Das ist nur ein möglicher Grund, warum Verfahren heute viel länger dauern. Es gibt eine Vielzahl weiterer Ursachen. Der früher für Strafsachen im Bundesverfassungsgericht zuständige Richter Herbert Landau sieht die Gründe für die Überlastung der Strafjustiz unter anderem darin, dass sie durch exzessive Ausübung der Verteidigerrechte beeinträchtigt wird. Außerdem führt er komplexere Fallgestaltungen an: neue Formen globaler Kriminalität, eine Ausweitung strafrechtlicher Regelungen und die Tatsache, dass die Strafverfahren selbst komplizierter geworden sind.

Schauen wir uns als Erstes drei legendäre Großverfahren an, die Geschichte geschrieben haben:

1. **Auschwitz-Prozess**
   22 Angeklagte, 23 Verteidiger
   Dauer: 20. Dezember 1963 bis 20. August 1965, insgesamt 183 Verhandlungstage
   360 Zeugen, 21 Nebenkläger, 3 Nebenklagevertreter

2. **Stammheim-Prozess**
   4 Angeklagte (Andreas Baader, Ulrike Meinhof, Gudrun Ensslin, Jan-Carl Raspe), 19 Verteidiger (10 Wahl, 9 Pflicht-

verteidiger, von den Angeklagten »Zwangsverteidiger« genannt)
Vorwurf: Mord in 4, versuchter Mord in 54 Fällen
Dauer: 21. Mai 1975 bis 28. April 1977, insgesamt 192 Verhandlungstage
Anklageschrift 354 Seiten, 50 000 Seiten Prozessakten,
Kosten: insgesamt unklar, aber allein 12 Mio. Mark für den Bau des Gerichtssaals

3. **NSU-Prozess**
Vorwurf: Mord in zehn Fällen, zwei Sprengstoffanschläge, 15 Raubüberfälle und eine besonders schwere Brandstiftung.
Beginn: 6. Mai 2013
5 Angeklagte (Beate Zschäpe, Ex-NPD-Funktionär Ralf Wohlleben sowie Holger G., Carsten S. und André E.), 14 Verteidiger
Bis zum 27.04.2017 360 Verhandlungstage
Bis Mitte Januar 2017 Anhörung von über 590 Zeugen und Sachverständigen (Quelle: nsu-watch.de)
Über 70 Nebenkläger mit mehr als 50 Anwälten (Quelle: nsu-nebenklage.de)
Bisherige Kosten 50 Millionen Euro, pro Prozesstag ca. 150 000 €
480 Seiten Anklageschrift, 650 Aktenordner in 56 Kisten mit den Ermittlungsergebnissen der Bundesanwaltschaft

Schon an den Rahmendaten bei diesen historisch bedeutsamen Verfahren mit extrem hohem Aufwand wird deutlich, dass Prozesse heute viel schwieriger zu führen sind: Es müssen mehr Zeugen vernommen werden, es sind mehr Verteidiger, Nebenkläger und Nebenklägervertreter einzubinden, und der Prozess dauert insgesamt deutlich länger. Hier wirkt sich vor allem unser Revisionsrecht aus, das sich in den Jahrzehnten seit dem Auschwitz-Prozess immer weiter verästelt hat und wesentlich differenzierter geworden ist: Es muss deshalb deutlich mehr Rechtsprechung berücksichtigt werden.

Revision als Druckmittel

Gegen das erstinstanzliche Urteil eines Landgerichts oder Oberlandesgerichts kann Revision eingelegt werden. Revision heißt, das Verfahren wird lediglich auf Rechtsfehler überprüft; Beweise zur Straftat werden nicht nochmal erhoben. Liegt ein wesentlicher Rechtsfehler vor, wird das Urteil zumindest teilweise, meistens ganz aufgehoben, und es muss noch einmal vom Gericht in erster Instanz verhandelt werden. Ein Richter sieht so etwas als Niederlage an. Die Verteidiger wiederum sind bestrebt, von Anfang an eine Revision vorzubereiten. Passt das Urteil nicht, kann man so auf eine zweite Chance hoffen, nachdem das Urteil aufgehoben wurde. Also werden sie möglichst viele Anträge stellen, Rügen erheben und Beweise verfolgen, weil das die Chance für Fehler des Gerichts erhöht. Das lernen schon Jurastudenten, die das auch als völlig richtig empfinden, ein Gericht in die Enge zu treiben – schließlich hat der Mandant das Recht auf eine bestmögliche Verteidigung.

Diese Taktik hat auf der anderen Seite aber auch Folgen: Sie führt zu Vermeidungsstrategien des Gerichts. Wird dem Verteidiger am 215ten Verhandlungstag eine Frage an den 352sten Zeugen zu Unrecht abgeschnitten und könnte sich dies potenziell auf den Ausgang des Verfahrens auswirken (das ist ja fast nie auszuschließen) – dann wird die Revision Erfolg haben. Also wird das Gericht tendenziell alles zulassen, zurückweichen, Zeit opfern, um »auf Nummer sicher zu gehen«. Es geht ja schließlich nicht nur um den Prozess als solches, sondern auch um die Opfer, denen schon ihre erste Zeugenaussage furchtbare Qual bereitet hat. Soll man es da auf eine Wiederholung des Prozesses ankommen lassen? Wohl kaum.

Gerichte im Nachteil

Das Revisionsrecht führt also zu einer strukturellen Unterlegenheit der Gerichte. Das erklärt auch manche Auswüchse, über die sich die Öffentlichkeit wundert. Zum Beispiel beim Prozess gegen den ehemaligen Rüstungslobbyisten Karlheinz Schreiber im Oktober 2012 wegen Steuerhinterziehung. Nach dem dritten Prozesstag war es immer noch nicht zur Verlesung der Anklage oder auch nur zur Aufnahme der Personalien des Angeklagten gekommen, weil die Verteidigung bereits den zweiten Befangenheitsantrag gegen die Richterinnen gestellt hatte. Oder in dem Mammutprozess am Landgericht Mannheim 2014 bis 2016, wo es um den Handel mit Drogen im Werte mehrerer Millionen Euro ging. Immer wieder reichte die Verteidigung Anträge ohne große Aussicht auf Erfolg ein, zuletzt am Tag der angesetzten Urteilsverkündung. Das Verfahren verzögerte sich abermals, obwohl die beiden letzten Beweisanträge – laut Staatsanwaltschaft – Behauptungen »ins Blaue hinein« waren.

Eigentlich gibt es Möglichkeiten, wegen Prozessverschleppung Anträge zurückzuweisen. Aber das ist riskant. Also geht das Gericht lieber wieder einen Schritt zurück. Ich möchte kein falsches Bild hervorrufen. Es sind nur wenige Verteidiger, die auf diese Weise vorgehen. Die meisten gehorchen dem Gesetz, das sie als Organ der Rechtspflege ansehen, ihnen also eine wichtige Funktion im Rechtssystem zuordnen. Und wenn ein Verteidiger eben manchmal doch auf Dinge stößt, die bisher übersehen worden sind, dann ärgere ich mich zwar, muss das aber anerkennen.

Auf Krawall gebürstet

Auf gute Verteidiger habe ich mich immer gefreut. Ein brillantes Plädoyer kann ein Vergnügen auf dem Feld des Rechts sein. Ich möchte das alles nicht missen. Vielleicht gibt es auch den ein oder anderen Richter, der sich zu weit vom Recht entfernen würde, wenn er nicht von einer starken, mit Rechten ausgestatteten Verteidigung diszipliniert würde. Das alles sollten wir in Betracht ziehen. Aber ähnlich wie eine Verteidigung über Befangenheitsanträge, Frage- und Antragsrechte ein Gericht auf den Pfad des Gesetzes zwingen kann, so muss es umgekehrt auch dem Gericht möglich sein, eine Verteidigung, die vor allem auf Konflikte setzt, wirksam einzugrenzen. Das aber ist nicht der Fall. Obwohl der Gesetzgeber dies alles erkannt hat und das Thema auch Gegenstand der schwarz-roten Koalitionsvereinbarung war, bleiben die Probleme. Zum Ende der Legislaturperiode ist noch ein Gesetz verabschiedet worden. Dies kommt aber dem Anspruch aus dem Koalitionsvertrag, die Strafverfahren effektiver führen zu können, kaum nach.

Besonders schlimm ist es, wenn Verteidiger von der Gesinnung her mit dem Mandanten paktieren. Dieser Typus überschreitet die Aufgaben eines Rechtspflegeorgans. Ein Vorsitzender Richter schilderte einen Fall, bei dem von der Verteidigung 27-mal am selben Tag dieselbe Frage gestellt wurde. 27-mal wurde sie vom Vorsitzenden zurückgewiesen, 27-mal musste daraufhin auf Antrag der Verteidigung ein Beschluss des gesamten Gerichts eingeholt werden. Als der Vorsitzende dem Verteidiger daraufhin Unwillen kundtat, sagte der nur: Das Gericht habe eine überwiegend sitzende Tätigkeit, da könne es nicht schaden, wenn man sich mal etwas bewegen würde. So etwas ist die Ausnahme. Aber wenn eine

Kammer bei 50 Verfahren nur eines dieser Natur hat, hängt sie fest, es geht kaum noch voran.

Globalisierung der Beweisführung

Deutschland verfolgt nicht nur Straftaten auf deutschem Boden, sondern auch gravierende Verbrechen, die in der ganzen Welt verübt werden und zwar unabhängig davon, ob die Straftat irgendeinen Bezug zu Deutschland aufweist. Dieses schon früher bekannte Weltrechtsprinzip ist mit dem 2002 in Kraft getretenen Völkerstrafgesetzbuch noch einmal massiv verstärkt worden. Der Generalbundesanwalt hat nun Völkermord, Verbrechen gegen die Menschlichkeit und Kriegsverbrechen zu verfolgen. Solange die Täter im Ausland sind, können wir im Regelfall nichts machen – kommen sie nach Deutschland, muss ermittelt werden. Dieses Gesetz ist beispielsweise für den Völkermord in Ruanda oder im Kongo angewandt worden und hat zu Prozessen vor den Oberlandesgerichten geführt. Nunmehr rollt eine unglaubliche Prozesswelle auf die kleine Generalbundesanwaltschaft zu. Denn im Zuge des Flüchtlingsstroms sind viele Männer gekommen, die sich in den Anhörungen zum Asylverfahren selbst schlimmster Kriegsverbrechen bezichtigen. Nach derzeitigen Schätzungen wird es mehrere tausend derartiger Verfahren geben. Wie das bei dem Aufwand, den derartige Verfahren machen, bewältigt werden soll, ist völlig unklar. Auch außerhalb des Weltrechtsprinzips sind Straftaten unter bestimmten Bedingungen dann zu verfolgen, wenn der Täter oder das Opfer Deutsche sind.

Ein Beispiel: Wer hätte gedacht, dass die deutsche Justiz wieder Seeräuberverfahren führen muss? So in Hamburg, wo man ja auch schon mit Störtebeker fertiggeworden ist. Die

Anklage beim dortigen Landgericht lautete auf erpresserischen Menschenraub und Gefährdung des Seeverkehrs. Angeklagt waren zehn Somalier, die Anfang April 2010 in internationalen Gewässern vor der Küste Ostafrikas den deutschen Frachter »Taipan« überfallen hatten. Das Verfahren dauerte fast zwei Jahre. Nach 105 Verhandlungstagen wurden die sieben Erwachsenen zu sechs bis sieben Jahren Haft verurteilt, drei Heranwachsende zu zwei Jahren Jugendstrafe.

Das Gericht musste allerdings einräumen, dass es schlicht nicht in der Lage war, vollständig aufzuklären, was sich Tausende Kilometer entfernt am Horn von Afrika ereignet hatte. Es war auch extrem schwer, die Glaubwürdigkeit der Angeklagten zu überprüfen. Sie machten unterschiedliche Angaben zur Tatbeteiligung und Herkunft. Die 20 Pflichtverteidiger stellten für die Strafzumessung die Lebensbedingungen in Somalia in den Vordergrund. Sechsmal wurde die Beweisaufnahme geschlossen, bevor es dann endlich zum Urteil kam. Am letzten Tag gab es allein fünf Unterbrechungen wegen neuer Beweisanträge.

So etwas ist kaum noch justiziabel, wird aber in Zukunft immer häufiger auf die Justiz zukommen. Ruanda, Mali, Südsudan – auch in diesen Ländern sind furchtbare Verbrechen begangen worden. Durch die Globalisierung und die weltweite Vernetzung der Märkte haben Krisen globale Auswirkungen. Daher müssen auch in ganz normalen deutschen Prozessen teilweise länderübergreifende wirtschaftliche Zusammenhänge durchleuchtet werden. Das bedeutet, das Gericht muss nicht nur die Geschäftszahlen einer Firma überprüfen können, sondern sich auch mit den verschiedensten – und zum Teil absichtlich komplex und verworren gestalteten – Geschäftsmodellen und Firmenkonstruktionen auseinandersetzen.

Gerichte als »Wirtschaftsweise«

Zum Beispiel im Fall der HSH Nordbank. Ihr ehemaliger Vorstand Dirk Jens Nonnenmacher und seine Kollegen waren 2013 wegen Untreue angeklagt worden. Dabei ging es um ein sogenanntes Swap-Geschäft namens »Omega 55« –Finanzkontrakte mit der BNP Paribas, welche die Landesbank laut Staatsanwaltschaft 158 Millionen Euro kosteten. Die HSH Nordbank musste in der Krise mit Milliardenbeträgen vom Staat aufgefangen werden.

Das Geschäft »Omega 55« hatten sich die Ermittler aus unzähligen komplexen Fehlentscheidungen herausgegriffen, um eine Schuld der Manager an dem drohenden Ruin der Bank zu beweisen. Nonnenmacher selbst war aber erst im Herbst 2007 als Finanzvorstand zur Bank gekommen, als der Deal schon fast unterschriftsreif war und sich der Kollaps der Bank längst anbahnte. So endete der Prozess dann auch mit Freispruch. Nonnenmacher und Co. hätten zwar ihre Pflichten verletzt, aber nicht »gravierend oder schwerwiegend«, wie der Vorsitzende Richter begründete.

Ein anderes Beispiel ist die Privatbank Sal Oppenheim. Hier wurde ebenfalls wegen Untreue (in besonders schweren Fällen) vor dem Kölner Landgericht verhandelt. Der Schaden belief sich auf 134 Millionen Euro. Auf der Anklagebank saßen die ehemaligen Gesellschafter der Privatbank und der Bauunternehmer Josef Esch. In dem Prozess ging es um ein umstrittenes Immobiliengeschäft in Frankfurt sowie riskante Investments der Bank bei dem damals schon angeschlagenen und inzwischen in die Insolvenz gegangenen Arcandor-Konzern. Ein mögliches Mitverschulden der Banker am Untergang von KarstadtQuelle/Arcandor wurde ebenfalls untersucht. Vor allem aber war nach den Fehlspekulationen die Sal Oppenheim Bank fast zusammengebrochen.

Das Verfahren dauerte mehr als zwei Jahre, die Abfassung des Urteils mehrere Monate. Das Urteil: Haft für Friedrich Carl

Janssen, für seine drei Mitgesellschafter Bewährung; die Revision der Angeklagten lief im Frühsommer 2017 allerdings noch.

Das dritte Beispiel betrifft die Deutsche Bank. Sieben suspendierte Ex-Mitarbeiter und ein Ex-Manager wurden im Februar 2016 wegen schwerer bandenmäßiger Steuerhinterziehung in Höhe von 220 Millionen Euro beim Handel mit CO_2-Zertifikaten angeklagt. In der 865 Seiten dicken Anklage warfen die Staatsanwälte den Bank-Mitarbeitern vor, CO_2-Händler angeworben und Verdachtsmomente nur bruchstückhaft an Vorgesetzte und interne Kontrollgremien weitergegeben zu haben. Dabei ging es im Ergebnis um Umsatzsteuerhinterziehung.

Der Betrug mit den CO_2-Zertifikaten funktionierte so: In Deutschland sind diese Papiere umsatzsteuerpflichtig. Die Betrüger führten die Zertifikate steuerfrei aus dem Ausland ein und verkauften sie in Deutschland weiter. Dafür ließen sie sich die Umsatzsteuern vom Finanzamt erstatten – die jedoch nie gezahlt worden waren. Am Ende wurden die Papiere stets an die Deutsche Bank verkauft, die sie wiederum ins Ausland transferierte. Übrigens begann auch dieser Prozess mit Befangenheitsanträgen gegen die Richter.

Bei solch komplexen Sachverhalten wundert es nicht, dass derartige Verfahren Jahre dauern können. Dann sind Kammern über Jahre mit einem einzigen Großverfahren blockiert und können keine anderen Fälle bearbeiten. Die bleiben dann liegen. Dies wiegt umso schwerer, da es sich längst nicht mehr nur um Einzelfälle, sondern um eine allgemeine Entwicklung handelt.

Rabatt auf Strafen

Es ist alles viel schwieriger als früher, und das ist nicht nur mein Gefühl. Es liegen beeindruckende Zahlen vor. Mussten für Strafsachen am Landgericht im Jahr 2005 in 67 Prozent der

Fälle nur ein oder zwei Verhandlungstage angesetzt werden, war das im Jahr 2015 nur noch bei 44 Prozent der Fall. Im selben Zeitraum ist die Zahl der durchschnittlichen Verhandlungstage pro Fall an Landgerichten von 3,2 auf 4,3 Tage gestiegen – bei rund 50 000 Verfahren jährlich an den Landgerichten.

Natürlich gibt es auf diese Weise viele Fälle, in denen die Verhandlungsdauer – ohne dass der Angeklagte dazu beigetragen hat – viel zu lang wird. Die Rechtsprechung hat deshalb wegen der Nachteile, die einem Angeklagten durch das lange Verfahren entstehen können, einen Strafrabatt eingeführt. In solchen Fällen wird in einem ersten Schritt die eigentlich angemessene Strafe ausgesprochen. Danach wird der Strafrabatt bestimmt. So etwas dürfte es normalerweise gar nicht geben. In Wirtschaftsstrafverfahren aber kommt es mittlerweile in nahezu jedem dritten Strafverfahren zu einem solchen Rabatt.

Wissen die Angeklagten und die Verteidiger, dass ein Gericht überlastet ist, setzen sie oft auf Zeit. Sie rechnen sich aus, dass, je länger das Verfahren dauert, das Urteil umso milder werden könnte. Vielleicht knickt das Gericht ja ein, erhebt nicht mehr alle Beweise oder stellt sogar einzelne Tatvorwürfe ein. Oder es macht das Angebot zu einer Bewährungsstrafe. Gerade diejenigen Gerichte, die ohnehin am Rande ihrer Kapazitäten stehen, werden durch derartige Strategien noch mehr belastet.

Zum Glück überreizen die meisten Verteidiger die Situation nicht, aber einige stellen alle erdenklichen Anträge, auch wenn sie völlig unsinnig sind. Im Richterjargon heißen sie »Konfliktverteidiger«. Sie sind berüchtigt und rauben den Richtern die Nerven. Ich zweifle daran, dass so etwas dem Mandanten wirklich dient. Erlebt habe ich das noch nicht. Aber auf die Angeklagten scheint eine solche Verteidigungstaktik großen Eindruck zu machen. Sie freuen sich – vermutlich nur kurzfristig – über den Druck auf das Gericht.

Richter als Dealer

Landgerichte sind nicht nur in erster Instanz für Kapitaldelikte zuständig, sondern auch für Berufungen gegen erstinstanzliche Strafurteile der Amtsgerichte. Nicht selten brauchen sie ein Jahr und länger, um die Berufung verhandeln zu können. Allein das wirkt sich mildernd auf die Strafe aus. Meistens hat der Angeklagte Zeit, in seinem Leben nachzubessern. Er hat dann bei der Berufungsverhandlung doch einen Job, eine vernünftige Wohnung und zahlt inzwischen Unterhalt an die Kinder oder hat einen Therapieplatz für einen Drogenentzug gefunden. Bei solchen Aussichten muss ein guter Verteidiger fast in jedem Fall Berufung einlegen, selbst wenn er persönlich das ursprüngliche Urteil für richtig hält. Denn er hat für seinen Mandanten das Beste rauszuholen.

Das aber erhöht die Zahl der Berufungen an den Landgerichten. Und es schlägt auch auf die Amtsgerichte zurück. Mehr Berufungen führen dazu, dass dessen Entscheidungen seltener rechtskräftig werden. Dadurch werden die Amtsgerichte gezwungen nachzulegen – etwa ihre Urteile noch ausführlicher und detaillierter zu begründen. Das leckgeschlagene Schiff »Justiz« wird also durch sein eigenes Gewicht weiter nach unten gezogen.

Also gibt es »Deals«. Wenn ein Gericht frühzeitig die Verteidigungslinien erfährt, kann es kooperatives Verhalten des Angeklagten mit einem Strafnachlass honorieren. Dadurch verkürzt sich der Aufwand für die Rechtsprechung. Bis zu einer gewissen Grenze ist das legal und legitim. Wenn man zum Beispiel als Richter überzeugt ist, dass ein Angeklagter Bewährung verdient hat, der Verteidiger aber zu einem langen Schluss-Plädoyer ansetzt, kann man ihm ein Zeichen geben, dass er es kurz machen kann. Das ist eine unproblematische Art der Verständigung.

In großen Verfahren geht das jedoch viel weiter. Da lassen Gerichte schon durchblicken, welche Strafe sie sich im Fall eines Geständnisses, des Verzichts auf Zeugen usw., vorstellen. Auch wurde früher häufig darauf hingewirkt, auf Rechtsmittel zu verzichten. Ein solches Prozedere kann zu Fehlern führen. Etwa könnte ein Angeklagter ein falsches Geständnis ablegen, um mit Sicherheit einer hohen Strafe zu entgehen.

Grenzen der Verständigung

Zu Recht haben deshalb das Bundesverfassungsgericht und der Gesetzgeber reagiert und den Verständigungen juristisch enge Fesseln angelegt. Diese müssen in öffentlicher Sitzung offengelegt, die Geständnisse dabei eingehend überprüft werden, und vor allem darf der Verzicht auf ein Rechtsmittel nicht mehr Gegenstand der Verständigung sein. Seitdem können Gerichte Verfahren nicht mehr so schnell beenden wie früher.

Wiederum verschärft das die Überlastung. Der Deutsche Richterbund verlangt deshalb seit Jahren die Einstellung von mehr Personal in der Justiz. Bis zur Flüchtlingskrise und den Anschlägen im Herbst 2016 hatte das nur mäßigen Erfolg. Häufig ist es auch schwierig, zu den Bedingungen, die der Staat bietet, qualifizierte Kräfte zu finden. Bleibt die Möglichkeit, die Prozesse durch Verfahrensveränderungen zu straffen. Der Blick auf andere Länder Europas zeigt, dass man das durchaus machen kann.

So gibt es Länder, in denen die Urteile so gut wie gar nicht begründet werden müssen – beispielsweise Frankreich. Oder in denen weniger Beweise erhoben werden müssen, wie in Großbritannien. Gegen solche grundlegenden Veränderungen wehren sich jedoch vor allem die Anwälte. Sie argumentieren, dass solche Verkürzungen schädlich für den Rechtsstaat seien. Ich kann das gut nachvollziehen. Ein Urteil muss begründet werden. Denn der Zwang zu schriftlichen Begründungen disziplniert und verhindert leichtfertig gesprochene Entscheidungen.

Andererseits enthalten die Beispiele ausländischer Rechtssysteme durchaus Potenzial. Etwa, was die missbräuchliche Verwendung von Beweis- und Befangenheitsanträgen durch Verteidiger angeht. Der Breivik-Prozess in Norwegen wurde in ganzen vier Monaten verhandelt, ohne einen einzigen Befangenheitsantrag – in Deutschland undenkbar.

Die Verteidiger verweisen darauf, dass die Strafverfahren vor allem deshalb komplizierter geworden seien, weil das Strafrecht immer weiter ausgedehnt wurde. So wird eine Untreue zum Beispiel heute bereits dann verfolgt, wenn ein Manager nur das Risiko eines Kapitalverlusts einging. Ein Schaden muss gar nicht eingetreten sein. Anders als früher wird Strafecht hier nicht mehr als letzter Behelf eingesetzt, um hohe Rechtsgüter zu schützen, sondern als normales Ordnungsmittel, um Menschen zu einem bestimmten Verhalten zu bringen. Der Gesetzgeber produziert zu diesem Zweck immer neue Strafgesetze.

Die Politik verteidigt das damit, dass die Welt komplizierter und unsicherer werde. Deshalb müsse sie neue Straftatbestände schaffen – etwa Doping oder Sportwettenbetrug. Bei dem Versuch, das Strafprozessrecht effizienter zu gestalten, hat sie sich sehr schwergetan. Erst auf der Zielgeraden konnte ein Reformgesetz verabschiedet werden. Das Gericht darf jetzt beispielsweise die Entscheidung über Befangenheitsgesuche oder Beweisanträge zeitlich etwas nach hinten schieben, muss aber wie bisher alle entgegennehmen – nicht gerade der ersehnte Befreiungsschlag. Es ist ein mühsamer Kompromiss, der die Strafjustiz nur in Trippelschritten weiterbringt.

Hier ist der in Deutschland ausgeprägte Föderalismus von Nachteil. Denn die materiellen Strafgesetze und die Strafprozessordnung werden vom Bundesgesetzgeber geregelt. Bis auf die wenigen Richter an den Bundesgerichten sind die meisten Kollegen Landesbedienstete. Das gilt auch für die Staatsanwälte. Mit der Verabschiedung immer neuer Gesetze bestellt der Bund nun, um in einem bekannten Bild zu sprechen, immer mehr Musik, bezahlt sie aber nicht. Das müssen die Länder tun. Weil die kein Geld dafür ausgeben wollen, wurde auch kein Personal eingestellt, über viele Jahre sogar abgebaut.

Juristischer Verschiebebahnhof

Fassen wir zusammen: Die Strafverfahren werden komplizierter und die Arbeit nimmt zu. Dadurch hat die Justiz große Probleme, zeitnah zu einem gerechten Urteil zu kommen. Die Richterschaft verlangt mehr Personal und effektivere Verfahrensordnungen – ohne befriedigendes Ergebnis. Die Anwälte hingegen haben großen politischen Einfluss (allein im Deutschen Bundestag sitzen 80 Rechtsanwälte) und wehren sich erfolgreich gegen die Straffung der Prozessordnungen. So hat die frühere Justizministerin Sabine Leutheusser-Schnarrenberger (FDP) viele Reformen verhindert. Heiko Maas (SPD) wollte reagieren, ihm sind aber effektivere Mittel zerredet worden.

Während die Anwaltschaft argumentiert, der Bundesgesetzgeber mache zu viele Gesetze, sieht dieser dazu keine Alternative und fordert, die Länder müssten eben mehr Personal einstellen. Die aber sehen sich dazu nicht in der Lage, weil ihnen der Bund nicht ausreichend Finanzmittel zur Verfügung stelle.

Dieses Karussell führt in die Verantwortungslosigkeit. Alle blockieren sich gegenseitig. Wie hilflos die Politik agiert, zeigt sich beispielhaft im rot-schwarzen Koalitionsvertrag des

Landes Mecklenburg-Vorpommern aus dem Jahr 2016. Darin heißt es: »Ziel der Koalition ist die Aufrechterhaltung einer leistungsstarken und bürgerfreundlichen Justiz. Es wird in allen Gerichtsbarkeiten und der Staatsanwaltschaften darauf geachtet, dass durch unvorhergesehene Entwicklungen auftretenden Herausforderungen zügig und effektiv begegnet werden kann.«

Noch allgemeiner geht es nicht. Aber man hat ja immerhin etwas geschrieben … Die Justiz und mit ihr die Gerechtigkeit, die ja das oberste Gebot unseres Strafsystems ist, bleiben auf der Strecke. Obwohl die Politik weiß, dass die Gerichte die Wahrheit eben nicht so aufklären können, wie sie wollen, die Staatsanwaltschaften in ihren Möglichkeiten zur Verfolgung stark eingeschränkt sind und die Verteidiger sich in der Rechtswahrnehmung gehindert sehen.

Dieses Dilemma spürt auch der Bürger. Waren im Jahr 2010 noch 74 Prozent der Bürger der Auffassung, dass die Verfahren zu lange dauern, sind dies inzwischen schon 83 Prozent. 70 Prozent erkennen als Ursache richtig die Überlastung der Gerichte. Es bleibt die Hoffnung, dass angesichts der aktuellen Sicherheitslage die Politik reagiert. Denn diese möchte sich im Wahljahr nicht vorwerfen lassen, durch die mangelnde Ausstattung der Justiz eine Sicherheitslücke zu schaffen. In Nordrhein-Westfalen und Bayern gab es deshalb bereits nennenswerte Einstellungen; andere Länder müssen folgen.

Geld als Druckmittel

Finanziell ist die Justiz abhängig von der Exekutive. Der Justizminister stellt zwar den Haushalt auf, muss ihn sich dann aber vom Finanzminister absegnen lassen. Mehrfach habe ich schon Justizminister erleben müssen, die in guter Hoffnung ihren Kabinettskollegen aufsuchten, um dort etwas für die Gerichte und Staatsanwaltschaften herauszuholen, dann aber wie ein begossener Pudel abziehen mussten. Keine Frage, wenn es ums Geld geht, hat der Finanzminister den Hut auf. Dieses System ist das Grundübel der Probleme:

Die Justiz ist überlastet, weil sie – gemessen an den ihr übertragenen Aufgaben – mit zu wenig Personal und Sachmitteln ausgestattet ist. Sie ist technisch nicht auf der Höhe der Zeit, die Gebäude sind oft vernachlässigt, die Richter, Staatsanwälte und Beamten im Vergleich zur Wirtschaft deutlich zu schlecht bezahlt. Stellen können deshalb nur noch schwer besetzt werden.

Warum entscheidet die Politik so? Die Justiz scheint für sie wenig Wert zu haben: Für den Wähler scheint sie zu wenig interessant, um hier Geld anzulegen, Posten bietet sie nicht, und ihre Repräsentanten sind wegen ihrer Unabhängigkeit eher gefürchtet. Also lässt man sie nicht leben und nicht sterben. Die meisten Politiker haben für die verfassungsmäßige Aufgabe der Justiz wenig Verständnis. Entlarvend ist schon die Wortwahl: Politik und Ministerien sprechen – wenn etwa Erlasse ergehen – oft nicht vom Gericht oder der Staatsanwaltschaft, sondern von »nachgeordneten Behörden«. Mit denen wollen sie natürlich nach Belieben umgehen. Dies betrifft die Ausstattung und die Organisation der Justiz.

Aber auch inhaltlich gibt es Übergriffe: Passen Entscheidungen nicht, wird die Justiz respektlos zurechtgewiesen. Der frühere Ministerpräsident von Rheinland-Pfalz zum Bespiel, Kurt Beck (SPD), wollte der Justiz im Jahr 2011 zeigen, wo es lang geht: Als er bei der Besetzung der Stelle des Präsidenten des Oberlandesgerichtes in Koblenz Schiffbruch erlitt, weil er – vermutlich aus parteipolitischen Gründen – den besser geeigneten Kandidaten überging, wollte er das Gericht gleich ganz schließen lassen. Das viel kleinere Oberlandesgericht in Zweibrücken sollte zum zentralen OLG des Landes werden. Doch massive Proteste brachten die Planungen zu Fall. Schlechter erging es dem Bayerischen Obersten Landesgericht. Es wurde im Jahr 2006 trotz fast 400-jähriger Tradition aufgehoben, weil der damalige Ministerpräsident Edmund Stoiber (CSU) seine Reformfähigkeit unter Beweis stellen wollte. So etwas trifft die Justiz hart. Sie hat längst ihr Vertrauen in die Politik verloren.

Rüge vom Europarat

Dieser Aufbau des deutschen Justizsystems ist völlig veraltet und entspricht schon lange nicht mehr dem internationalen Standard. Deutschland ist deshalb vom Europarat aufgerufen worden, diese Strukturen zu ändern. Als Vorsitzender des Deutschen Richterbundes muss ich öfters ins Ausland reisen, um in Ländern mit einer noch weniger ausgefeilten Rechtsordnung unser Recht vorzustellen – etwa in Osteuropa. Der Europarat hat diesen Ländern auferlegt, die Justiz zu einer stabilen, sich selbst tragenden Gewalt zu entwickeln – sonst hätten sie gar nicht dieser Institution beitreten dürfen. Also ernte ich dort ungläubiges Kopfschütteln, wenn ich von Deutschland erzähle, denn man fragt sich, warum diese strengen Regeln anscheinend nur für bestimmte Länder gelten.

Nötig wäre Selbstverwaltung

Die Alternative liegt auf der Hand. Alle Länder des Europarates befolgen sie – nur Deutschland, Österreich und die Tschechische Republik sind noch nicht so weit. An der Spitze der Justiz hat kein Justizminister zu stehen, sondern ein vom Parlament aus der Richterschaft gewählter Präsident. Dieser steht einem Gremium vor, das die Justiz verwaltet. Dieser Justizverwaltungsrat ist sozusagen das Kabinett.

Gäbe es dieses System auch in Deutschland, wäre die Justiz von den machtpolitischen Spielchen und den auf die kurzfristige Wahlarithmetik ausgerichteten Entscheidungen der Exekutive befreit. Sie könnte sich direkt an das Parlament wenden, ohne am Kabinettstisch zuvor mit anderen Ressorts verhandeln zu müssen. Sie könnte ihren eigenen Haushalt aufstellen und sich diesen vom jeweiligen Landtag genehmigen lassen, selbst darüber entscheiden, wie viel Geld sie für Gebäude oder Personal einsetzt und welche Software sie verwendet. Wenn an der Spitze des Parlaments ein Präsident steht und an der Spitze der Verwaltung ein Ministerpräsident, warum sollte dann nicht auch die Justiz als Dritte Staatsgewalt einen Präsidenten haben? Jedenfalls würde sie so im Kampf um Haushaltsmittel gegenüber der Exekutive nicht ständig den Kürzeren ziehen.

Warum setzt sich der internationale Standard der Selbstverwaltung nicht durch? Natürlich geht es um Macht. Die Justizminister wollen sich nicht selbst abschaffen. Am ehesten sind es die GRÜNEN und die Linken, die dem Modell der Selbstverwaltung nicht abgeneigt sind. Ab und an schreiben sie in Koalitionsvereinbarungen hinein, dass eine solche Systemveränderung geprüft werden soll. Bis die Prüfung aber abgeschlossen ist, haben sich die zuständigen Politiker aber auch schon an die Macht gewöhnt und mögen darauf nicht mehr verzichten: Das Ergebnis ist also vorprogrammiert.

Ist Deutschland gefeit vor Totalitarismus?

Ein weiteres entscheidendes Argument spricht für die Selbstverwaltung. Sie ist nämlich wesentlich wehrfähiger gegenüber verfassungswidrigen Umwälzungen. Mit so etwas muss eine Rechtsordnung immer rechnen.

Beispiel Polen: Hier ist es zu einem heftigen Konflikt der nationalkonservativen Regierung und der Justiz gekommen. Zunächst gab es eine Auseinandersetzung um das Verfassungsgericht: Gewählte Richter wurden nicht ernannt, weil sie der neuen rechtskonservativen Regierung nicht passten. Mit Julia Przylebska wurde eine Richterin ohne Reputation, aber mit stromlinienförmiger Gesinnung zur Gerichtspräsidentin gewählt.

Der Justizminister übernahm in Personalunion auch gleich den Posten des Generalstaatsanwalts. Die polnische Regierung versucht seither systematisch, die Gerichte unter Kontrolle zu bekommen. So ließ sie sich ein Vetorecht bei der Richterernennung gesetzlich einräumen. Nach einem Gesetz vom Juni 2017 kann die Regierung auch alle Gerichtspräsidenten ohne Angabe von Gründen entlassen. Trotz dieser Beschneidung der Unabhängigkeit kämpft die polnische Justiz selbstbewusst um ihre Rechte.

Bei uns hätte es – so überraschend das klingen mag – die Politik viel einfacher, die Justiz zu unterwerfen. Die Exekutive hat alle dazu notwendigen Druckmittel in der Hand: Sie kann die Finanzmittel streichen, Neueinstellungen sperren, die Besoldung kürzen, nur eigene Kandidaten befördern. Unserer Justiz wäre wegen mangelnder Selbstverwaltung ein Kampf wie in Polen gar nicht möglich.

Man stelle sich folgendes Szenario vor: Nach einer weiteren Zuwanderungswelle von einer Million Menschen erringt die AfD im Jahr 2019 bei den Landtagswahlen im Bundesland B über 30 Prozent der Stimmen und bildet die stärkste Fraktion. Eine stabile Koalition kann nicht vereinbart werden. Ein von der AfD gleichwohl angestrengter erster Wahlgang für das Amt des Ministerpräsidenten führt zu keiner absoluten Mehrheit. Und so kommt es zu einem zweiten Wahlgang, bei dem die meisten Stimmen auf den AfD-Vorsitzenden H entfallen, der damit zum neuen Regierungschef einer von der AfD geführten Minderheitsregierung gewählt wird. H ernennt das AfD-Mitglied X zum neuen Justizminister, der wiederum Y mit dem Amt des Staatssekretärs betraut. Politisches Ziel der AfD ist es, eine härtere Gangart in der Justiz durchzusetzen und die weitere Zuwanderung zu stoppen. Langfristig möchte sie die parlamentarische Mehrheit für eine Regierungsform nach polnischem Vorbild. Justizminister X senkt sogleich die Noten für die Einstellung zum Richteramt – um möglichst alle parteinahen Bewerber zum Zuge kommenzulassen – und führt eine mit Beamten seines Hauses besetzte Auswahlkommission ein. Dass in der Folgezeit nur noch AfD-nahe Richter eingestellt werden, erfährt die Öffentlichkeit nicht. Auf die am 10. März 2020 frei werdende Stelle des Präsidenten des Oberlandesgerichts bewerben sich der Präsident eines Landgerichts und der Staatssekretär Y. Minister X ernennt seinen Staatssekretär Y. Der Präsidialrat der Richterschaft widerspricht dieser Auswahl, dessen Widerspruch berücksichtigt X jedoch nicht, da dem Präsidialrat nur eine beratende Stimme zukommt. Ein angestrengtes Konkurrentenverfahren vor dem Verwaltungsgericht bleibt erfolglos. Das Gericht argumentiert, dem Verfassungsgrundsatz, wonach ausschließlich Eignung, Leistung und Befähigung über eine Beförderung entschieden, sei entsprochen. Denn Y bewerbe sich aus dem höheren Amt heraus und sei deshalb geeigneter. Diesen Vorgang wiederholt der Justizminister einige Zeit später mit dem Generalstaatsanwalt, dessen Posten er dem ihm genehmen Abteilungsleiter Z seines Hauses zuweist. Mit diesen beiden Positionen hat die AfD nun zentrale Schaltstellen in der Hand. Alle Richter und Staatsanwälte müssen sich von ihnen beurteilen lassen, dies entscheidet über ihre weitere Karriere. Systematisch werden fortan genehme

Richter und Staatsanwälte in den Beurteilungen bevorteilt. Sie werden ebenfalls in die OLG-Verwaltung gezogen, um sie zur Übernahme von weiteren Präsidentenposten im Land vorzubereiten. Damit ist ein weiterer Schritt getan. Denn die Präsidenten sind gleichzeitig die Vorsitzenden der Präsidien der Gerichte, die über die Geschäftsverteilung entscheiden. Hier machen sie nun ihren Einfluss dahin geltend, den neu eingestellten AfD-Richtern Abschiebungshaft- oder Strafsachen zuzuweisen, damit die AfD ihre Wahlversprechen nach einer härteren Gangart einhalten kann. Gerichten, die sich verweigern, droht das Ministerium mit der Auflösung, was mit der einfachen Mehrheit des Landtags möglich ist. Die Richter können dann an weit entfernte Gerichte versetzt werden; der Präsident verliert sein Führungsamt. Schon die Drohung ist also ernst zu nehmen. Mit der Zuweisung von Personal und Sachmitteln hat das Ministerium weitere Druckmittel.

Bisher hat unsere Politik stets verantwortungsbewusst gehandelt. An diesem fiktiven Szenario wird aber deutlich, wie wirkungsvoll eine Partei, selbst wenn sie gar keine Mehrheit im Parlament hat, die Justiz in Deutschland unter Druck setzen könnte.

Wie nahe wir mit diesem Szenario an der Wirklichkeit sein könnten, belegen die Wahlen in zwei ostdeutschen Bundesländern im Jahr 2016. In Mecklenburg-Vorpommern wurde die AfD aus dem Stand heraus mit über 20 Prozent zweitstärkste Kraft hinter der SPD. Und in Sachsen-Anhalt bekam sie sogar mehr als 24 Prozent und lag damit nur fünf Prozentpunkte hinter der CDU.

Die Einführung der Selbstverwaltung ist also nicht nur erforderlich, um der Justiz den Rang einzuräumen, der ihr in der Demokratie zusteht. Sie ist auch ein unerlässlicher Schutzschild für das Recht im Falle justizfeindlicher Entwicklungen.

Sie muss deshalb endlich kommen. So schwer wäre es gar nicht. Ein einfaches Gesetz würde ausreichen. Vorbild ist ein funktionierendes ganz ähnliches Modell: das Bundesverfassungsgericht als unabhängiges Verfassungsorgan.

Staatsanwälte sind Befehlsempfänger

Der deutsche Rechtsstaat hat noch einen weiteren Geburtsfehler, der ihn gefährdet: Das Weisungsrecht gegenüber Staatsanwälten. Zwar sind wir Richter unabhängig, aber das gilt nicht für die Staatsanwälte. Ihre Hände sind in doppelter Hinsicht gebunden: Zum einen muss ein Staatsanwalt Weisungen seines Behördenleiters entgegennehmen. Er ist dem leitenden Oberstaatsanwalt unterstellt und über dem sitzt der Generalstaatsanwalt. Diese Hierarchie ist zunächst einmal nützlich, weil sie die Anklagepraxis vereinheitlicht. Problematisch ist jedoch das externe Weisungsrecht – das des Justizministers. Diese politische Instanz kann über die Staatsanwaltschaft direkt auf Entscheidungen in den Ermittlungsverfahren Einfluss nehmen. Der Justizminister kann die Anweisung erteilen, Ermittlungen aufzunehmen oder fallen zu lassen, anzuklagen oder einzustellen.

Eine besondere Rolle hat der Generalbundesanwalt, der nicht einmal Teil der rechtsprechenden Gewalt ist, sondern zur Exekutive zählt. Vom Bundesjustizminister mit Zustimmung des Bundesrats ernannt, ist er auch noch politischer Beamter – er kann jederzeit ohne Angabe von Gründen in den Ruhestand geschickt werden. In fast allen Rechtsstaaten der Welt ist das anders: Die Staatsanwaltschaft ist dort völlig unabhängig von der Politik. In Deutschland wird dagegen argumentiert, dass es für jedes staatliche Handeln jemanden geben müsse, der es vor den Parlamenten rechtfertigen könne. Das aber setze auch die Möglichkeit der Einflussnahme voraus.

Die Affäre Range

Wie problematisch aber die Kopplung der Staatsanwaltschaft an die Politik ist, zeigt die Affäre Range: Im April 2015 veröffentlichten zwei Blogger auf dem Internetportal netzpolitik.org ein neues Konzept des Verfassungsschutzes für die Abwehr terroristischer Cyberangriffe. Es war als geheime Verschlusssache eingeordnet. Das Offenbaren von Staatsgeheimnissen ist strafbar; also stellte das Bundesamt für Verfassungsschutz Strafanzeigen. Der zuständige Generalbundesanwalt nahm die Ermittlungen auf. Ein ähnlicher Vorgang hatte 1962 in der »Spiegelaffäre« schon einmal für einen politischen Skandal gesorgt. Also war Vorsicht geboten, zumal sich hier ein Konflikt zwischen Geheimhaltungsschutz und Pressefreiheit abzeichnete. Deshalb betraute der Generalbundesanwalt einen neutralen Gutachter damit festzustellen, ob es sich bei den veröffentlichten Informationen überhaupt um Staatsgeheimnisse handelte. Das war Jan-Hendrik Dietrich, Professor an der Hochschule des Bundes für öffentliche Verwaltung in München.

Zwei Monate später wurde den beiden Bloggern von der Staatsanwaltschaft eröffnet, dass gegen sie ermittelt werde. Dies löste in der Öffentlichkeit einen Sturm der Entrüstung aus. Die Medien sahen in den Ermittlungen einen unzulässigen Eingriff in ihre Freiheitsrechte. Dies rief die Politik auf den Plan. Die Justizstaatssekretärin Stefanie Hubig soll vom Generalbundesanwalt Harald Range gefordert haben, das Verfahren sofort einzustellen. Andernfalls werde, so der Wortlaut eines Aktenvermerks der Generalbundesanwaltschaft, eine externe Weisung erteilt und er entlassen.

Ob es tatsächlich so war, ist streitig. Hubig stellt das so dar, dass lediglich ein internes Gutachten des Bundesjustizministeriums habe erstellt werden sollen, um die Rechtslage schneller zu klären. Schließlich griff Justizminister Heiko Maas (SPD) persönlich ein und erklärte öffentlich, dass er erhebliche Zweifel an der Straftat habe. Bei den veröffentlichten Dokumenten handele es sich seiner Meinung nach nicht um ein Staatsgeheimnis.

Strafvereitelung durch den Justizminister?

Doch Range wollte sich nicht einschüchtern lassen. Er drängte den externen Gutachter Dietrich, seine Expertise so schnell wie möglich fertig zu stellen. Offensichtlich vertraute er der Objektivität des Gutachtens aus dem Ministerium nicht, zumal Maas sich ja schon öffentlich festgelegt hatte. Gutachter Dietrich war in einer vorläufigen Einschätzung anderer Meinung als der Minister. Als der Generalbundesanwalt das der Staatssekretärin mitteilte, war sie empört. Aus ihrer Sicht bestand bereits Einverständnis darüber, dass das hausinterne Gutachten ausreichen würde. Nun gab der Generalbundesanwalt nach und stoppte die weiteren Arbeiten am externen Gutachten.

Viele Bundesanwälte halten das Vorgehen des Ministeriums für rechtswidrig. Lag eine Strafvereitelung vor? Am 4. August 2015 trat Range vor die Presse und erklärte, er sei vom Ministerium angewiesen worden, das Gutachten zu stoppen. Dessen Ergebnis passe dem Ministerium offensichtlich nicht. Dies, so war sein Urteil, sei ein unzulässiger Eingriff in die Unabhängigkeit der Justiz.

Diese Äußerung wurde ihm – die Pressekonferenz war nicht mal abgesprochen – als Illoyalität ausgelegt. Range wurde noch am selben Tag in den Ruhestand geschickt. In dem Gutachten des Ministeriums war man tatsächlich zu dem Ergebnis gekommen, dass kein Staatsgeheimnis verletzt worden sei. Das Verfahren gegen die beiden Blogger wurde daher eingestellt.

Es ist für so hohe Staatsorgane schon sehr ungewöhnlich, dass Aussage gegen Aussage und damit eine Lüge im Raum steht. Wurde nun eine Weisung erteilt oder nicht? Das lässt sich kaum aufklären. Maas und Hubig wurden jedenfalls wegen Strafvereitelung im Amt vielfach von Bürgern angezeigt, doch die Staatsanwaltschaft in Berlin kam zum Ergebnis, dass keine Straftat vorlag. Denn das externe Weisungsrecht beinhaltet genau dieses Recht: den Staatsanwälten zu sagen, wo es hingehen soll. Ob man es nun Weisung, Rechtsgespräch oder Bitte nennt. Range lag mit seiner Äußerung, die Unabhängigkeit der Justiz sei bedroht, definitiv falsch. Denn die Staatsanwaltschaft ist wegen ihrer Weisungsgebundenheit eben nicht unabhängig.

Maas und Hubig sind nun zweifellos Politiker, die mit beiden Beinen auf dem Boden des Grundgesetzes stehen, auch wenn man ihr Vorgehen gegenüber dem Generalbundesanwalt vielleicht für falsch halten sollte. Aber stellen wir uns vor, es kämen Politiker an die Macht, deren Demokratieverständnis weit weniger ausgeprägt wäre. Das externe Weisungsrecht wäre dann das perfekte Mittel, um die Anklagebehörden in den Griff zu bekommen. Zwar wird diese Frage schon lange rechtspolitisch diskutiert, jedoch lehnen alle Regierungen in Deutschland die Abschaffung des externen Weisungsrechts ab. Die Politik will sich ihren Einfluss auf die Justiz nicht nehmen lassen. Den Schlusspunkt in der Affäre Range stellt die Beschlussempfehlung des Rechtsausschusses des Deutschen Bundestages vom 1. Juni 2017 dar: Ein von den Linken unterstützter Antrag der Fraktion Bündnis 90/Die Grünen auf Einschränkung des externen Weisungsrechts wurde abgelehnt. Das alte System hatte sich wieder durchgesetzt.

Rückzug: Die Justiz verliert ihr Gesicht

Der Staat hat aufgehört, sich durchsetzen zu wollen, und hinterlässt dabei ein ungutes Vakuum. Das Recht zieht sich auf vielen Ebenen zurück: aus der Fläche Deutschlands, aber auch aus einzelnen juristischen Fachgebieten. Aus der kleinen und mittleren Kriminalität und erst recht aus der Suche nach Wahrheit und Gerechtigkeit. Das ist ein schleichender, aber folgenschwerer Prozess.

Gerichte werden wegrationalisiert

So manche verwaiste Gerichtsstraße zeugt noch von der früheren Präsenz der Justiz in unseren Städten. Mitte der 70er-Jahre fand der größte Exodus bis dahin statt. Er setzte sich unmerklich fort. Hatte Deutschland im Jahr 1994 noch 717 Amtsgerichte, so waren es 2016 nur noch 639 – wieder 78 Städte weniger, in denen ein Gericht Recht sprach. 2013 hatte Mecklenburg-Vorpommern zum großen Schlag ausgeholt: Der Landtag beschloss mit der Mehrheit von SPD und CDU eine Gerichtsstrukturreform. 11 der 21 Amtsgerichte und ein Arbeitsgericht sollten aufgelöst und – teilweise – durch Nebenstellen ersetzt werden. Warum das Ganze?

Hören wir dazu die damalige Justizministerin Uta-Maria Kuder (CDU) zur Schließung des Gerichtsstandortes Wolgast, an dem 500 Jahre Recht gesprochen worden war: »Auch wenn ein historisches Gerichtsgebäude Emotionen weckt, so sollten sich die Menschen in Wolgast fragen, ob ihnen die zügige Bearbeitung ihrer Gerichtsverfahren nicht doch wichtiger ist als das Amtsgericht um die Ecke.« Diese Aussage ist nun nachweislich falsch. Denn alle Statistiken besagen, dass an kleineren Amtsgerichten im Schnitt schneller gearbeitet wird als an großen – die Beschäftigten identifizieren sich einfach stärker mit ihrem Standort. In Wirklichkeit ging es nur um eins: Geld sparen. Die Landesregierung hatte eine Ersparnis von 30 Millionen Euro in 25 Jahren errechnet. Wie sich nun herausstellt, war dies eine Milchmädchenrechnung. Denn natürlich gibt es die unvermeidlichen Baukostensteigerungen, und Reisekosten für Rechtsanwälte oder Betreuungsrichter waren ohnehin nicht eingerechnet.

Saubere Organisationsuntersuchungen gibt es nicht, nur ein bald 30 Jahre altes Gutachten der Unternehmensberatung Kienbaum, das zu dem Schluss kam, dass Amtsgerichte in der Größenordnung von 20 bis 40 Richtern am besten arbeiten. Diese Untersuchung ist nie vertieft und an die modernen Zeiten angepasst worden – trotzdem wird einfach die Behauptung aufgestellt, kleine Amtsgerichte seien nicht mehr zeitgemäß und könnten nicht mithalten.

Auch in Mecklenburg-Vorpommern gab es keine überzeugenden Analysen zur Effizienz des Gerichts, schon gar nicht unter Einbeziehung der volkswirtschaftlichen Folgekosten einer Schließung. Als Nächstes werden die Anwaltskanzleien an die neuen Gerichtsstandorte verlagert – zu lange Fahrzeiten kann sich kein Anwalt erlauben.

Sollen Konzentrationsprozesse dieser Art der Entwicklung unseres Landes helfen?

Auflösung der Standorte

Die Politik war überrascht, als der Deutsche Richterbund heftige Gegenwehr ankündigte, gemeinsam mit einer breiten Öffentlichkeit. Für ein Volksbegehren wurden rund 150 000 Stimmen gesammelt. Am 23. Februar 2015 gab die Landeswahlleiterin Doris Petersen-Goes deshalb dem Volksbegehren gegen die Auflösung von Arbeits- und Amtsgerichtsbezirken statt. Der Landtag aber lehnte ab.

Erstmalig in der Geschichte des Landes kam es nun zu einem Volksentscheid am 6. September 2015. Das bevorstehende Votum hielt die Landesregierung nicht davon ab, besagtes Amtsgericht in Wolgast nur sechs Tage vorher aufzulösen. Das war ein Affront gegen den Souverän, das Volk. Ich kann mich noch genau an die Stimmung erinnern. Sie war kämpferisch, was für Juristen mehr als ungewöhnlich ist. Überraschend war die Hürde des Volksbegehrens geschafft worden. Warum sollte nun nicht auch der Volksentscheid gelingen?

Zwar stimmten 262 000 Bürger gegen die Gerichtsauflösungen – mehr als SPD oder CDU in der Landtagswahl an Stimmen bekommen hatten –, aber das Quorum wurde nicht erfüllt. Es hätte sich ein Drittel der Bürger beteiligen müssen, beteiligt hatte sich aber nur jeder Fünfte. Ein enormer Achtungserfolg. Doch die frustrierten Nichtwähler zu erreichen, das war so gut wie unmöglich.

Also verfügt ein Land wie Mecklenburg-Vorpommern nun nur noch über zehn Amtsgerichte. Das nächste Amtsgericht liegt bis zu 80 Kilometer entfernt. Das ist aber nicht das Schlimmste. Viel schlimmer ist, dass das Recht aus dem Blick gerät – im wahrsten Sinn des Wortes. Ein örtliches Gericht bedeutet eben nicht nur kurze Wege für die Bürger, sondern auch Menschen, die in der Stadt das Recht repräsentieren. Es fehlen die Richter, die vielleicht mal einen Vortrag halten, Meldungen in der Lokalpresse zu juristischen Themen, Justizangestellte, die als Vereinsvorsitzende oder in der Elternpflegschaft bekannt sind. Mit dem Wegzug des Gerichts verliert das Recht sein Gesicht, wird anonym, unnahbar, fremd. Eine Internetseite kann das nicht ersetzen. Niemand ist da, den man mal was am Stammtisch fragen könnte. Schulklassen werden ihre Ausflüge nicht mehr zum Gericht machen und die Tage der offenen Tür sind viel zu weit entfernt, um noch wahrgenommen zu werden. Es wird also nicht nur in Wolgast schlecht betriebswirtschaftlich kalkuliert. Es gibt in Mecklenburg-Vorpommern keinen Volksvertreter, der mal eine Gesamtbilanz ziehen würde. Wie sagte mir gegenüber vor einiger Zeit eine Anwältin aus Mecklenburg-Vorpommern: Wenn das letzte Zeichen des Staates vor Ort nur noch das Bushalteschild ist, dann werden die Streitigkeiten von der freien Kameradschaft gelöst.

In den nächsten Jahren wird sich die Lage weiter zuspitzen. Die Justiz nämlich muss sich strukturell weiter ausdifferenzieren, um mit den hochspezialisierten Anwaltskanzleien mithalten zu können. Da die Menschen ohnehin aus der Region wegziehen, wird es immer schwerer, dort noch Richterstellen nachzubesetzen. Nach dem Landarzt geht also der Richter. Intelligente Lösungen sind gefragt. Gerade die zunehmende Spezialisierung böte hier Chancen. So müssen Spezialmaterien wie Urheber-, Arzt- oder Versicherungsrecht nicht immer bei den größten Gerichten entschieden werden. Dies könnte auch kleinen Gerichten zentral für größere Bezirke übertragen werden, die so überlebensfähig blieben. Man könnte auch junge Richter gezielt für ein bestimmtes Gericht einstellen und nicht für das ganze Land oder den Oberlandesgerichtsbezirk wie bisher. Dann würden sich die jungen Kollegen gezielt mit ihrer Lebensplanung darauf einstellen. Aber an der Suche nach solchen Lösungen scheint kaum ein Interesse zu bestehen. 500 Jahre Gerichtsstandort – was hat das Amtsgericht Wolgast nicht alles überlebt. Die Ökonomisierung unserer Zeit nicht. Eine Politikergeneration ohne Respekt und Sinn für das wirklich Wesentliche macht so etwas platt.

Diebstahl ohne Strafe

Man will es nicht glauben – das Fahrrad ist weg! Angestrengt überlegt man, ob es nicht doch woanders abgestellt wurde, und sucht die Umgebung ab, bis sich die Erkenntnis nicht weiter verdrängen lässt: Das Rad ist gestohlen.

Rund 300 000-mal kommt das jährlich in Deutschland vor. Längst nicht alle Bestohlenen zeigen dies an, denn sie machen sich kaum Hoffnungen, dass der Täter ermittelt wird. Wirklich werden nur rund zehn Prozent der Fahrraddiebstähle aufgeklärt. Wer aber doch – vielleicht mit Herzklopfen, weil das noch nie vorgekommen ist – das zuständige Polizeirevier betritt, erlebt oft eine Enttäuschung. Die Beamten sind nicht gerade erfreut. Eigentlich haben sie Wichtigeres zu tun. Vielleicht stellen sie auch unangenehme Fragen: Wie konnte man es bloß da abstellen, so ein wertvolles Rad?

Eine solche Erfahrung zeigt Wirkung. Selten genug kommt der Bürger mit Polizei und Justiz in Kontakt, wird dann aber auf enttäuschende Weise behandelt. Der *FAZ*-Journalist und Jurist Reinhard Müller hat in einem Gastkommentar in der Deutschen *Richterzeitung* (2017/16) Polizei und Justiz dazu aufgerufen, auch solche kleinen Delikte ernst zu nehmen. Er wies darauf hin, dass solche Anzeigen oft als sinnlos abgewiegelt würden.

Beim Bürger setzen sich solche Eindrücke fest. Wann bittet er den Staat mal um etwas und dann geschieht nichts? Dieser Missstand betrifft viele Bereiche: den Einbruchsdiebstahl aus dem Keller, das kleinere Drogendelikt, die Beschädigung des Gartenzauns. Hat der Bürger dann doch die Hürde der Anzeigenaufnahme übersprungen, dann erlebt er oft eine weitere Enttäuschung. Damit, dass der Täter nicht ermittelt wird, hat er ja gerechnet. Aber selbst wenn er gefasst wird und es zu einem Verfahren kommt, wird dieses nicht selten eingestellt.

Personallücken in Gericht und Staatsanwaltschaft

In Deutschland fehlen Stellen für rund 2000 Richter und Staatsanwälte. Das schlägt sich in der Arbeit nieder. Denn Fälle, in denen der Täter in Untersuchungshaft sitzt, müssen vorrangig bearbeitet werden. Da muss man, um das Dezernat überhaupt noch zu bewältigen, die kleineren Dinge einstellen, wo es vertretbar ist. Zum Teil haben die Justizministerien den Staatsanwaltschaften Vorgaben gemacht, wann eine Straftat überhaupt verfolgt werden muss. Diebstahl geringwertiger Sachen eines Ersttäters wird deshalb fast immer auf dem Papierweg von der Staatsanwaltschaft eingestellt, ebenso der Konsum weicher Drogen in geringer Menge. Das alles lässt sich auch statistisch festmachen. Im Jahr 2015 gab es rund 3,5 Millionen Strafverfahren gegen unbekannte Täter – die werden ohnehin eingestellt – und rund fünf Millionen weiterer Verfahren, in denen ermittelt wurde.

Von diesen fünf Millionen Verfahren kam es nur bei rund 428 000 zu einer Anklage, also bei rund acht Prozent. Ein ähnlich hoher Prozentsatz, 542 000 Verfahren, führten zu einem Strafbefehl, also einem schriftlichen Urteil durch das Gericht auf Antrag der Staatsanwaltschaft, gegen das Einspruch eingelegt werden kann. Etwa 1,3 Millionen Verfahren wurden eingestellt, weil sich kein Tatverdacht ergab. Rund 1,6 Millionen wurden aber immerhin nach dem oben beschriebenen Ermessen mit oder ohne Auflage – in erster Linie Geldbußen und Arbeitsauflagen – eingestellt. Dies waren fast durchweg Bagatelldelikte.

Ein Drittel der Delikte wird jährlich also durch die Staatsanwaltschaft eingestellt – ein großer Anteil. Der Eindruck des Bürgers trügt nicht: Die Strafjustiz zieht sich zurück, wenn dieser ein konkretes Anliegen im Alltag hat. Im Zuge des Flüchtlingszustroms wurden sogar einige Kriminalitätsbereiche weitgehend aufgegeben. Die unerlaubte Einreise beispielsweise – eine Straftat – wurde vorübergehend nicht mehr verfolgt, sondern fast durchweg wegen geringer Schuld eingestellt. Die eigentlich vorgeschriebene Einzelfallprüfung blieb weitgehend aus. Sogar die Bundeskanzlerin fand den Umstand, dass überhaupt noch Strafverfahren eingeleitet werden, merkwürdig. Das steht allerdings so im Gesetz: Wenn eine Straftat begangen wurde, müssen die Verfolgungsbehörden einschreiten. Das ist das Legalitätsprinzip. Den Juristen erstaunt also eher das Erstaunen.

Diejenigen Verfahren, die es bis zum Gericht schaffen, müssen trotzdem nicht zu einem Urteilsspruch führen. Denn aus Arbeitsüberlastung kann ein Richter das Procedere abkürzen – auch hier durch eine Einstellung oder mit einer Verständigung. In der Praxis läuft das oft so, dass ein großer Teil des Sachverhalts schon ermittelt ist und der Rest sich herauskristallisiert. Aus Effizienzgründen sucht man dann die Absprache zwischen den Prozessbeteiligten und versucht, auf diese Weise schneller voran zu kommen.

Der Journalist und Kriminologe Joachim Wagner spricht deshalb schon vom Ende der Wahrheitssuche. Das ist etwas übertrieben, aber die Richtung seiner Aussage stimmt: Die Justiz schränkt ihren Anspruch zur Wahrheitssuche ein. Sie muss das tun, weil sie sonst der Verfahren nicht mehr Herr wird. Doch die Wahrheit ist unveräußerlich, deshalb halte ich diese Entwicklung für sehr problematisch.

Kommt es schließlich zum Urteil, wird es oft nur verzögert vollstreckt. Ende 2015 gab es noch 107 141 offene Haftbefehle, wie eine Sprecherin des Bundeskriminalamts einräumen musste. Nach anderen Berechnungen sind es sogar 150 000. Darunter sind auch viele Täter, die wegen Kapitalverbrechen verurteilt wurden. Diese Zahl ist viel zu hoch. Im Durchschnitt benötigt die Polizei 280 Tage, um die Straftäter aufgrund des

Haftbefehles aufzuspüren und doch noch festzunehmen. Manche verschwinden ganz. Ein gewaltiger Gefahrenherd und auch pädagogisch völlig verfehlt: Strafe muss auf dem Fuße folgen. Dazu braucht es nicht nur schneller Gerichtsentscheidungen, sondern auch eines schnellen Vollzugs. Hier liegt der Grund vor allem in der mangelnden Ausstattung der Polizei. Es gibt weitere Punkte im Strafrecht, die sich als Rückzug interpretieren lassen. Etwa, wenn Strafrabatte gewährt werden müssen oder Verdächtige aus der Untersuchungshaft entlassen werden, weil das Verfahren zu lange dauerte. Auch wenn im materiellen Recht die falsche Namensangabe durch Asylsuchende nicht mehr verfolgt wird (siehe Kapitel »Duldung aus Ratlosigkeit«), weil man auf die Richtigkeit der Namensangabe im Asylverfahren ohnehin nicht mehr vertraut. All dies spürt aber der Bürger und zweifelt am Recht und Justitia.

Weg mit Schaden: Zivilrecht

Der Rückzug des Rechts ist aber nicht nur ein Problem des Straf-, sondern mehr noch des Zivilrechts. Die Bedeutung der Ziviljustiz schwindet von Jahr zu Jahr – das gefährdet ihre befriedende Rolle in der Gesellschaft.

Vor einiger Zeit fragte mich meine älteste Tochter, ob sie wohl nun einen Zivilprozess führen müsse. Was war geschehen? Sie hatte den Vertrag mit ihrem alten Telefonanbieter gekündigt. Um ihn abzuwickeln, musste sie den Router zum alten Anbieter zurückschicken. Der behauptete, das Gerät sei nie angekommen, und stellte es samt Gebühren in Rechnung: 75,- Euro. Leider hatte sie den Postbeleg nicht aufbewahrt, sodass sich der Nachweis der Rücksendung schwer führen ließ – ich gab den Rat, das Geld zu zahlen. Weg mit Schaden. Sie sollte daraus lernen und in Zukunft die Belege sorgfältiger aufheben.

Aber kann das eigentlich der Rat eines Juristen sein? Sollte man nicht seine Rechte viel mehr verfolgen, sie nicht preisgeben? Sicher, aber das lohnt sich einfach nicht. Erhebungen haben herausgefunden, dass die Bürger erst ab einem Streitwert von rund 1900 Euro klagen. Für dieses Phänomen gibt es sogar einen juristischen Fachausdruck, nämlich »rationales Desinteresse«: Das Herz sagt ja zum Streit – man will sich so etwas doch nicht gefallen lassen. Hat man jedoch eine Nacht darüber geschlafen, sieht die Welt schon wieder anders aus, der Verstand setzt sich durch. Hinzu kommt auch ein erhebliches finanzielles Risiko. Der relative Kostenanteil an einem Prozess ist umso größer, je geringer der Streitwert ist. Bei einem Streitwert von 600 Euro, bei dem sich beide Seiten anwaltlich vertreten lassen, entstehen Gebühren über 682,60 Euro. Selbst bei einem Streitwert von 10 000 Euro machen die Gebühren noch rund 40 Prozent, genau gesagt 4090,70 Euro aus. Der Gesetzgeber hat dies bewusst so geregelt. Denn er möchte, dass sich der Bürger einen Prozess gut überlegt. Dazu soll er kostenempfindlich sein.

Das Problem aber ist, dass Unternehmen mit der Trägheit der Verbraucher rechnen und dies ausnutzen. Obergerichte sind dazu da, Rechtsfragen verbindlich zu klären, die Instanzgerichte orientieren sich dann daran. Dadurch sollen Bürger und Unternehmen Prozesse also vermeiden, da die Rechtslage geklärt ist. Doch das geschieht häufig nicht mehr.

Ein Beispiel: In vielen Kreditverträgen haben Banken nicht nur Zinsen mit ihren Kunden vereinbart, sondern auch eine Bearbeitungsgebühr, in der Regel ein Prozent des Kreditbetrages. Der Bundesgerichtshof hat diese Praxis mit Urteil vom 13. Mai 2014 verworfen und entschieden, dass die Bearbeitungsgebühren unzulässig waren und zurückzuzahlen seien. Die Banken aber erfanden alle möglichen Ausreden. Der BGH musste deshalb seine Rechtsprechung weiter ausfeilen und die

Entscheidung erneut bestätigen. Doch bis heute sind nicht alle Bearbeitungsgebühren erstattet.

David gegen Goliath: Musterfeststellungsklagen

Dieser Umgang mit dem Recht ist völlig inakzeptabel. Der Bundesgesetzgeber, also das Parlament, hat das endlich erkannt und versucht, es über Musterfeststellungsklagen in den Griff zu bekommen. Denn bisher galt: Grundsatzentscheidungen sind nur gegenüber den jeweiligen Prozessparteien verbindlich. Der Plan des Gesetzgebers: Durch das Gesetz über Musterfeststellungsklagen können Verbraucherschutzverbände Rechtsfragen verbindlich klären lassen – und das gilt dann für alle Personen, die sich in ein Register haben eintragen lassen. Das wäre ein Fortschritt. Bisher gab es das aber nicht und dies war eine entscheidende Lücke und auch ein Nachteil gegenüber dem US-amerikanischen Recht. Dies haben US-Anwaltskanzleien erkannt.

Bei dem VW-Diesel-Skandal lassen sie sich tausendfach Forderungen von Kunden von VW abtreten, um diese dann im eigenen Namen geltend zu machen (siehe Kapitel »Der Fall VW: Schadensersatz für mehr Abgase?«). Durch die Kopplung der Verfahren wird der Streitwert zusammengerechnet und damit das Verfahren für die Kanzleien wirtschaftlich. So halten die rauen amerikanischen Sitten des Prozessrechts Einzug in Deutschland. Denn natürlich lassen sich die US-Anwälte ihre Dienstleistung teuer bezahlen – mit einem Drittel des Gesamtstreitwerts. Als Erfolgshonorar, das heißt, die Kunden müssen sich an keinen weiteren Kosten beteiligen, dafür aber auf einen Anteil der eigenen Forderung verzichten. Ein deutscher Anwalt darf so nicht vorgehen. Er wird für seine Dienstleistung nach einer festen Gebührenordnung entlohnt.

Übrigens wollen diese Anwälte gar keine Urteile – sie könnten ja negativ ausgehen. Sie wollen durch die Verbindung der Verfahren juristischen und öffentlichen Druck auf die Unternehmen ausüben, um sie zu einem Vergleich zu zwingen. Dieser hat dann oft mit der wirklichen Rechtslage nichts zu tun. Es geht ihnen eben nicht um Gerechtigkeit, sondern um Geld. Das kommt VW entgegen, nicht aber dem deutschen Rechtssystem. VW hat nämlich die Strategie, es möglichst zu keiner höchstrichterlichen Entscheidung kommenzulassen, damit nicht von dort die Richtung vorgegeben werden kann. Gibt es eine negative Entscheidung in der unteren Instanz, versucht man eine Einigung. Die Taktik der amerikanischen Anwälte trifft sich also mit der von Volkswagen. Das Recht wird so zur Handelsware. Dies könnte durch das Musterfeststellungsgesetz geändert werden. Doch das Parlament konnte sich nicht mehr einigen und der Gesetzentwurf ist im Juni 2017 gescheitert. Es bedarf eines neuen Anlaufs.

Kompromiss-Kultur und Schiedsgerichte

Das deutsche Recht ist aber nicht nur bei den kleineren Streitwerten auf dem Rückzug. Immer mehr Branchen gehen dazu über, Schlichtungsstellen einzuführen. So gibt es etwa Ombudsleute für das Versicherungswesen oder Schlichtungsstellen bei den Ärztekammern. Sie sind relativ erfolgreich und dazu auch noch kostengünstig. Zahlreiche Verfahren können so einvernehmlich geregelt werden und erreichen dadurch nicht mehr die Justiz.

Dieses System wird in Zukunft deutlich ausgebaut werden. Mit dem Verbraucherstreitbeilegungsgesetz, das 2016 in Kraft trat, werden in Deutschland flächendeckend Schlichtungsstellen eingerichtet. Um eine gütliche Einigung zwischen den Parteien herbeizuführen, werden neue Methoden eingeführt – etwa die Mediation. Das verändert die Rechtskultur in Deutschland – weg von einer Entscheidung anhand fester rechtlicher Normen, hin zu Vergleichen und pragmatischen, einverständlichen Lösungen. Nicht mehr die Durchsetzung des Rechts ist im Fokus, sondern der Rechtsfrieden. Das muss als solches nicht schlecht sein. Aber in der Tat es ist eine veränderte Rechtskultur mit noch nicht abzusehenden Folgen.

Schließlich ist noch das Phänomen zu beobachten, dass immer mehr Rechtsbereiche mit hohen Streitwerten die Ziviljustiz verlassen. Beispiele sind das Seehandelsrecht oder Streitigkeiten im Anlagenbau.

Durch die Internationalisierung des Warenverkehrs und die Entstehung weltweiter Geschäftsbeziehungen ist in der Wirtschaft das Bedürfnis entstanden, aus der staatlichen Gerichtsbarkeit heraus in private Schiedsgerichte zu gehen. Dies hat mehrere Gründe. Die Parteien haben so den Einfluss auf die Auswahl der Richter. Können also beispielsweise Personen für das Schiedsamt auswählen, die ein bestimmtes technisches Verständnis haben. Darüber hinaus sind die Verfahren nicht öffentlich. Betriebsgeheimnisse können so sicherer bewahrt werden. Schließlich gibt es nur eine Instanz, sodass verhältnismäßig zügig mit dem Abschluss des Rechtsstreites gerechnet werden kann.

Die staatliche Justiz ist hier deutlich ins Hintertreffen geraten. Sie versucht nun, Gegenstrategien zu entwickeln. So sollen nach einer Zivilrechtsnovelle zwingend an allen Landgerichten Spezialkammern für schwierige Rechtsmaterien wie etwa das Versicherungs- oder Arzthaftungsrecht gebildet werden. Es wird also auf Spezialisierung gesetzt, um mithalten zu können. Ein richtiger Schritt, aber viel Zeit ist bereits verloren gegangen. Der staatlichen Justiz fehlen nun gerade die Prozesse mit großen Streitwerten, bei denen auch hohe Gebühren gezahlt werden. Darunter leiden die Justizhaushalte, neuer Kostendruck entsteht.

Schlimmer noch ist aber, dass in diesen Materien das Recht versteinert. Es gibt immer weniger aktuelle Gerichtsentscheidungen, die veröffentlicht und rechtswissenschaftlich aufgearbeitet werden. Was die Schiedsgerichte tun, und inwieweit sie sich streng am Recht orientieren, unterliegt keiner staatlichen Kontrolle mehr. Ganze Rechtsgebiete wandern so in einen Schattenbereich ab und verschwinden aus der öffentlichen Debatte. Auch dies ist eine gefährliche Entwicklung für unser Rechtssystem.

Wurden im Jahr 2005 bei den deutschen Amtsgerichten noch 1,4 Millionen Klagen erhoben, waren es im Jahr 2015 nur noch 1,1 Millionen. Bei den Landgerichten fielen die Verfahren in gleicher Zeit von 425 000 auf 330 000. Die Richterschaft hat auf dieses Phänomen bisher nur verhalten aufmerksam gemacht. Sie ist überlastet – deshalb haben die Rückgänge auch entlastenden Effekt. Diese Einstellung ist jedoch zu kurzsichtig, wir brauchen weiterhin eine starke Ziviljustiz, die alle Rechtsbereiche abdeckt und die für alle Teile der Gesellschaft attraktiv ist.

Justizkassen: Vom Sparstrumpf erdrosselt

Justiz ist Ländersache – bis auf die Bundesgerichte und die Patent- und Wehrgerichtsbarkeit. Amts- und Landgerichte, Oberlandesgerichte, Staatsanwaltschaften und Generalstaatsanwaltschaften, Finanz- und Arbeitsgerichte, Sozial- und Verwaltungsgerichte – sie alle sind den Ländern zugeordnet. 16

Minister der Länder und einer im Bund erzielen am Kabinettstisch natürlich unterschiedliche Ergebnisse für die Justiz. Dieser starke Föderalismus führt, gemeinsam mit der Abhängigkeit von der politischen Macht der Justizminister, zu einer starken Zersplitterung der Rechtslandschaft in Deutschland. Es gibt Länder, die wie Baden-Württemberg noch an ihren Gerichtsstrukturen mit Ein- oder Zweirichteramtsgerichten festhalten, und andere wie Mecklenburg-Vorpommern, die im Februar 2017 eine Gerichtsstrukturreform abgeschlossen haben. Dort sind riesige Amtsgerichtsbezirke mit Entfernungen von bis zu 80 km für die Bürger entstanden. Die ostdeutschen Länder haben im Übrigen tendenziell weniger Personalmangel – weil nach der Wende viel Personal eingestellt wurde, die Zahl der Fälle aber wegen des Bevölkerungsschwundes abnimmt.

Rettungslos überlastet

An vielen Amts- und Landgerichten in den westlichen Bundesländern fehlen 20 Prozent der Richter, an Staatsanwaltschaften nicht selten 30 Prozent der Staatsanwälte. Rechnet man den Bedarf aller Länder zusammen und zieht einen Strich, dann fehlen bundesweit 2000 Richter und Staatsanwälte (siehe Kapitel Der Minuten-Richter).

An diesem Defizit ändert sich wenig, obwohl jährlich nur rund 200 Millionen Euro mehr ausgegeben werden müssten – sicher nicht zu viel für einen funktionierenden Rechtsstaat. Aber nur wenige politisch starke Justizminister haben es in jüngster Zeit vermocht, Einstellungszusagen der Finanzminister zu erhalten – wie in Nordrhein-Westfalen oder Bayern. Aber insgesamt hat sich in den Sparhaushalten der Länder nicht viel getan. Es ist nur auf die Flüchtlingskrise und die damit verbundenen Mehrbelastungen reagiert worden.

Die Finanznot der Justiz führt bei Strafverfahren zu Rabatten, Absprachen, Einstellungen oder zu langen Verfahrenslaufzeiten. Vor allem die mangelnde Personalausstattung ist ein zentrales Problem. Die Politik will das nicht wahr haben. Ein Indiz weist auf die Überlastung so zwingend hin wie die Bläschen auf Windpocken: die Entlassungen aus der Untersuchungshaft. In Strafverfahren kommen Täter bei gravierenden Delikten schon vor der Verhandlung und dem Urteil in Untersuchungshaft, wenn Haftgründe wie Flucht-, Verdunkelungs- oder Wiederholungsgefahr vorliegen. Solche Verfahren sind dann zwingend beschleunigt zu bearbeiten.

Unterläuft den Richtern oder Staatsanwälten in dieser Phase des Verfahrens ein Fehler, der zu Verzögerungen führt, dann ist der Untersuchungshäftling zwingend auf freien Fuß zu setzen – das ist der Gau in jedem Strafverfahren. Jeder Richter und Staatsanwalt wird das unter allen Umständen vermeiden wollen. Aber je höher der Arbeitsdruck, umso eher bleibt eben doch mal die Akte eine Woche unbearbeitet auf dem Zimmer oder wird die Anklage verspätet zugestellt – Fehler, die nicht mehr korrigiert werden können und zur Haftaufhebung führen.

Diese Haftaufhebungen sind das Fieberthermometer der Justiz. Das zeigt deutlich überhöhte Temperaturen, denn in 14 Bundesländern mussten in den Jahren 2015 und 2016 deshalb 85 Häftlinge aus der U-Haft entlassen werden, die meisten (13) in Berlin.

Hier müssen nun alle Alarmglocken schrillen. Denn die meisten sind vermutlich gefährliche Täter. Es geht auch anders. Bayern hat auf sein Personaldefizit reagiert – Ministerpräsident Horst Seehofer (CSU) selbst hat sich der Sache angenommen – und in namhafter Zahl Richter und Staatsanwälte verstärkt.

Auch die Ausstattung der Justiz mit Sachmitteln ist höchst unterschiedlich. Es sitzen Richter und Staatsanwälte in modernen und zweckmäßigen Gebäuden, andere in dunklen Kammern mit Schimmel an der Wand. Nur in Fernsehkrimis residieren Staatsanwälte in mit Palisander verkleideten Büros, haben im Vorzimmer eine tatkräftige Assistentin und wohnen in einer Jugendstilvilla im besten Stadtteil.

Bei der so wichtigen IT ist es vor allem die föderale Struktur, die der Justiz im Weg ist. Denn die 16 Länder können sich so gut wie nie auf eine gemeinsame einzige Software einigen. Dass zwei, drei oder vier Systeme parallel betrieben werden, ist in Deutschland die Regel, ob es nun um die Bearbeitung der Papierakten geht oder ums elektronische Grundbuch.

Auch für die Einführung der elektronischen Akte in den Gerichten und Staatsanwaltschaften gibt es unterschiedliche Software. Damit lässt man sich ohnehin bis zum Jahr 2022 Zeit – eigentlich könnte man bis dahin auch ein einheitliches System entwickeln. Aber selbst bei der elektronischen Posteingangsbearbeitung wird es etwa in Hessen eine andere Software geben als im benachbarten Bayern. Diese Zersplitterung wird in der Praxis noch zu großen Problemen führen, denn Akten können dann beispielsweise bei Zuständigkeitsänderungen eben nicht einfach von Nordrhein-Westfalen nach Bayern abgegeben, sondern müssen umformatiert werden.

Das machen die freien Berufe – Notare und Rechtsanwälte – eindeutig besser. Ihre Kammern sorgen auf Bundesebene für einheitliche Systeme. Bei der Notarkammer ist beispielsweise ein zentrales Testamentsregister eröffnet worden, in dem der Standort jedes Testaments verzeichnet ist. Das zentrale Urkundsregister steht vor der Einführung, und die Anwaltskammer hat eine zentrale Software für den elektronischen Posteingang von Schriftsätzen geschaffen. Probleme gibt es immer bei solchen Umstellungen, Lösungen lassen sich aber besser an einer Stelle finden als an 16.

168 Euro für den Rechtsstaat

Machen wir ein Experiment: Ich bitte den Leser an dieser Stelle, sich kurz zu überlegen, wie viel Geld der Staat wohl für die Justiz ausgibt. Wie hoch ist der Anteil der Justiz am Bruttosozialprodukt? Und wie viel geben wir pro Bürger für das Rechtssystem aus? Haben Sie eine Idee? Nun, es sind im Jahr 2014 nur 0,4 Prozent des Bruttosozialprodukts gewesen. Jeden Bürger kostet das Justizsystem im Jahr 168 Euro. Hätten Sie gedacht, dass es so wenig ist?

Werfen wir einen Blick auf die einzelnen Haushalte. Der Bund muss gerade einmal 0,23 Prozent seines Haushalts für seine Gerichte und den Generalbundesanwalt berappen. Bei den Ländern ist es – Ausfluss der föderalen Struktur – etwas mehr: In Bayern rund 4,2 und in Nordrhein-Westfalen etwa 6 Prozent. Diese Zahlen sind aber noch einmal weiter zu erläutern. Denn längst nicht alles hiervon fließt in die Gerichte oder Staatsanwaltschaften. Von den Ausgaben für die Justiz im Jahr 2015 in Nordrhein-Westfalen in Höhe von 3876 Millionen Euro mussten allein für die Justizvollzugsanstalten rund 700 Millionen Euro ausgegeben werden.

Gut die Hälfte der Gesamtausgaben entfällt nur auf die ordentliche Gerichtsbarkeit, also die Gerichtsbarkeit, die die Zivil-, Straf-, Familien- und Betreuungssachen bearbeitet. Darin enthalten sind aber wiederum auch Ausgaben, die gar nicht der Justiz selbst zugutekommen, sondern bei denen es sich eigentlich um Sozialausgaben handelt wie etwa Beratungshilfe (Rechtsberatung für ärmere Bürger durch Rechtsanwälte), Prozesskostenhilfe (Prozesskostenübernahme für ärmere Bürger) oder Geld für die Bezahlung von Betreuern. Schließlich verfügt die Justiz selbst über hohe Gebühreneinnahmen für Prozesse, Grundbuch- oder Vereinsregistereintragungen, die noch einmal gegenzurechnen sind. Sie machten allein für die ordentliche Gerichtsbarkeit im Jahr 2015 1085 Millionen Euro aus. Die vom Steuerzahler abzudeckende Lücke zwischen Ausgaben und Gebühreneinnahmen in der ordentlichen Gerichtsbarkeit betrug mithin nur rund 900 Millionen Euro in NRW – bei einem Landeshaushalt von 64 Milliarden ist das sicher nicht zu hoch. In den anderen Ländern liegen die Zahlen ähnlich, wenn nicht gar darunter.

Recht und billig

Bei diesen Zahlen wird deutlich: Die finanziellen Ausgaben sind gemessen an den Aufgaben für die Justiz, die von Jahr zu Jahr größer werden, mehr als bescheiden.

Die Politik argumentiert stets, die Gesamtausgaben für die Justiz seien im internationalen Vergleich sehr hoch, und die »Richterdichte« suche ihresgleichen. Das hat ihr auch immer wieder den Beifall der Öffentlichkeit eingebracht. Doch untersuchen wir diese Behauptung: Die Anzahl der Richter – und auch Staatsanwälte – ist, bezogen auf die Gesamtbevölkerung, hoch, das stimmt. Denn immerhin gibt es in Deutschland rund 20 500 Richter und 5300 Staatsanwälte. Damit entfallen rund 2,5 Richter auf 10 000 Einwohner. Internationale Empfehlungen gehen aber dahin, einen Richter für 10 000 Einwohner einzusetzen.

Man muss jedoch sehen, dass in Deutschland der Justiz Aufgaben zukommen, die in anderen Ländern Behörden erledigen – zum Beispiel das Führen von Grundbuch, Handels- und Vereinsregister oder Funktionen im Betreuungsrecht. Schon deshalb gibt es bei uns mehr Aufgaben für die Justiz als in anderen Ländern und damit natürlich auch mehr Personal. Schließlich müssen wir uns auch fragen, welche Qualität wir im Recht haben wollen? Vergleichen wir die Richter einmal mit den Ärzten – in deren Zunft ja auch ein Mangel herrscht. In Deutschland gab es im Jahr 2015 gut 371 000 Ärzte, also 45 Ärzte pro 10 000 Einwohnern. In Rumänien sind es nur 19 und in Polen 23. Wenn nun die EU 30 Ärzte auf 10 000 Einwohner empfehlen würde, damit sich dort die ärztliche Betreuung verbessert, würden dann in Deutschland die für Medizin zuständigen Politiker behaupten, es gebe in Deutschland zu viele Ärzte? Wohl kaum – denn es kommt doch entscheidend darauf an, dass wir mit der dichteren medizinischen Versorgung auch eine bessere Gesundheit der Bevölkerung erreichen.

Fakt ist also, dass Deutschland mit seinem 0,4-Prozent-Anteil am Bruttosozialprodukt für die Justiz im EU-Vergleich an siebter Stelle steht. Das ist ein gesicherter Mittelfeldplatz, mehr aber auch nicht. Schuld sehe auch bei der Justiz selbst. Über viele Jahrzehnte waren wir zu bescheiden. Zu wenig wurde eingefordert und die Öffentlichkeit auf die Tatsachen nicht nachdrücklich genug hingewiesen. Verfügbare Gelder sind aber nicht in die Kernbereiche der Demokratie – wie die Justiz – geflossen, sondern anderswohin – in gigantische Subventionen, Banken- und Staatsrettungen oder Soziales. Dazu kommen starke Leistungsunterschiede der Bundesländer.

Dass es auch anders geht, zeigt zum Beispiel Österreich. Dort ist die Justiz fast durchweg beim Bund angesiedelt. Da ist es nicht verwunderlich, dass die Österreicher in Sachen IT-Ausstattung – von den Nachteilen des Föderalismus befreit – Deutschland Lichtjahre voraus sind.

Im Namen des Volkes: Wer ist das?

Das Schlimme ist, dass sich selbst die Repräsentanten des Volkes nicht an das Recht halten.

Rechtsverstöße von »ganz oben«

Vor einigen Jahren hörte ich in Paderborn einen Vortrag. Warum Religionen untergehen, war das Thema. Beim altägyptischen Götterglauben zum Beispiel war es am Ende so, dass sich Priester im Tempel versteckten, die dann als »Gott« zu den Gläubigen sprachen. Das war lukrativ, denn es brachte Opfergaben. Die Schlussfolgerung war: Das Ende einer Religion ist immer dann gekommen, wenn die Priester selbst aufhören, an sie zu glauben.

Vom Regelwerk Religion auf das Regelwerk Recht übertragen, kann das eigentlich nur bedeuten, dass seine Repräsentanten sich peinlichst genau an die Regeln halten sollten, wenn sie nicht wollen, dass das Recht jeden Respekt einbüßt. Die Realität ist eine andere. Nehmen wir das Beispiel der Europäischen Währungsunion. Die Schuldenquote wird bis heute von vielen Staaten nicht eingehalten – Deutschland war auch schon dabei.

Die Finanzierung der Staatsschulden übernimmt die Europäische Zentralbank, das beispielsweise ist rechtswidrig. Kanzlerin Angela Merkel hatte schon im Jahr 2008 – ohne Rückdeckung des Bundestags – alle Spareinlagen als gesichert erklärt. Das war ebenfalls rechtswidrig. 2011 nahm sie nach der Fukushima-Katastrophe – wieder ohne Beteiligung des Parlaments – die vorher vom Bundestag beschlossenen Laufzeitverlängerungen für deutsche Atommeiler einfach zurück. Auch wenn sich ein Teil der Bevölkerung darüber freuen mag, bleibt es schlicht rechtswidrig. Das Bundesverfassungsgericht verlangt bei besonders wichtigen

Angelegenheiten stets und unabdingbar die Beteiligung der Parlamente. Hat die Kanzlerin das vergessen? Oder sich einfach über das Recht hinweggesetzt?

Auch im Zusammenhang mit dem Dublin-Abkommen ist es zu Rechtsbrüchen gekommen. Mit der Aufnahme der Flüchtlinge hat die Bundesregierung zwar vorübergehend das Dublin-II-Abkommen ausgesetzt, das vorsieht, einen Flüchtling wieder in jenes Land zurückzuschicken, wo er zuerst die Grenzen der EU überschritten hat. Das war kein Rechtsbruch, denn in der Verordnung ist ein Selbsteintrittsrecht vorgesehen: Jeder der Mitgliedsstaaten kann grundsätzlich Flüchtlinge aufnehmen. Rechtswidrig haben sich jedoch andere EU-Staaten wie Polen oder Ungarn verhalten, die sich vor allem weigerten, muslimische Flüchtlinge ins Land zu lassen. Damit haben sie gegen die EU-Grundrechtecharta verstoßen.

Der Staat als Hehler

Vieldiskutiert wird die Legalität staatlicher Handlungen auch im Zusammenhang mit den Schweizer Steuer-CDs. Einige Staaten haben sich auf Steuersparmodelle für ausländische Anleger spezialisiert und leisten wenig Hilfe bei der grenzüberschreitenden Aufklärung von Steuerhinterziehung. Deshalb entschied sich die Nordrhein-Westfälische Landesregierung, CDs mit Kontodaten anzukaufen, die von Schweizer Bankangestellten unter Verstoß gegen Arbeits- und Strafvorschriften heruntergeladen wurden. Für den Staat ist das ein Zielkonflikt: Einerseits kann er nun endlich Steuersünder belangen, an die er sonst nicht herankommt. Damit erfüllt er seine Pflicht zur Strafverfolgung und Herstellung der Steuergerechtigkeit. Andererseits beteiligt er sich aber selbst an Straftaten – man könnte auch zugespitzt sagen, er agiert als Hehler.

Meiner Meinung nach ist dieser Ankauf nicht gerechtfertigt. Der Staat hätte widerstehen sollen. Überlegen wir einmal die folgende Hypothese: Was würde passieren, wenn der Kaufpreis für eine derartige CD über den Steuereinnahmen liegt, die sich anhand der Daten zusätzlich einnehmen ließen? Ein Staat, dem es nur um die Strafverfolgung geht, würde trotzdem kaufen. Ich prognostiziere aber, dass das nicht geschehen würde. Es geht in Wirklichkeit weniger um Steuergerechtigkeit, sondern viel mehr um schlichte Wirtschaftlichkeitserwägungen.

Die Mehrheit der Bevölkerung findet den Ankauf sicher richtig. Wie sähe es aber aus, wenn die Jobcenter beispielsweise Informationen zum Missbrauch von Hartz IV vom Hausmeister des Sozialbaus nebenan ankaufen würden, der seine Feststellungen durch einen Wohnungseinbruch getroffen hätte? Das gäbe wahrscheinlich eine unglaubliche Protestwelle. Aus juristischer Sicht sind diese beiden Fälle aber vergleichbar: Sowohl der Hausmeister als auch der untreue Bankangestellte begehen Straftaten, um dem Staat bei der Aufklärung anderer Straftaten zu helfen, und lassen sich dafür bezahlen. Ein Staat, dem das Recht etwas bedeutet, sollte sich auf diesen Deal nicht einlassen.

Problematisch wird es also, sobald die Politik das Recht untergräbt. Sie ist seit Immanuel Kant an das Recht gebunden – das ist auch eine Kernaussage unseres Grundgesetzes: Der Primat des Rechts. Rechtsbruch durch den Staat – welch schlechte Vorbildrolle für den Bürger, der schon zur Verantwortung gezogen wird, wenn er nur einige Minuten falsch parkt!

Verwirrung der Begriffe

Vielleicht noch gefährlicher ist allerdings die schleichende Unterwanderung des Rechts durch falsche Verwendung juristischer Begrifflichkeiten.

Ein Beispiel: Die Kanzlerin verwendet in ihren Reden gern den Begriff Volk, der juristisch genau definiert ist. Schon das Grundgesetz spricht in seiner Präambel vom »Deutschen Volk«. In Art. 116 GG ist detailliert festgelegt, wer zum »Staatsvolk« gehört: deutsche Staatsangehörige, wozu selbstverständlich auch eingebürgerte Migranten gehören. Nicht zum Staatsvolk gehören – das mag hart klingen, ist aber so – in Deutschland lebende Ausländer. Gerade politisch gefährliche Grundrechte, die missbraucht werden können, sind den deutschen Staatsbürgern, also dem Deutschen Volk, vorbehalten. So hat nach dem Grundgesetz eben nur das Deutsche Volk das Recht, sich zu versammeln, Vereine zu bilden, im Bundesgebiet frei umherzuziehen. Zudem können auch nur sie den Beruf frei wählen. Für EU-Europäer gelten allerdings Besonderheiten.

Die Kanzlerin hat demgegenüber am 26. Februar 2017 in Mecklenburg-Vorpommern in einer Rede gesagt: »Die Zeit der deutschen Einheit, die Zeit als der Eiserne Vorhang fiel, die Zeit als Europa zusammen gewachsen ist, war eine wunderbare Zeit. Und deshalb gibt es auch keinerlei Rechtfertigung, dass sich kleine Gruppen aus unserer Gesellschaft anmaßen zu definieren, wer das Volk ist. Das Volk ist jeder, der in diesem Land lebt. Und das lassen wir uns nicht nehmen«.

Die Kanzlerin interpretiert das Recht hier um. Aus dem Umstand, dass alle Menschen gleich sind, leitet sie ab, dass diese auch die gleichen Rechte haben. Und genau so ist es rein rechtlich eben nicht. Angela Merkel erweitert den juristischen Begriff des Volkes unzulässig auf alle Menschen, die hier leben.

»Deutsches Volk« und »Staatsvolk«, da mag sich mancher Leser wundern. Ist das nicht veraltet, aus einer fernen Zeit? Heute haben wir doch die Eine-Welt-Erkenntnis. Vielleicht ist der Begriff veraltet, nicht aber der Inhalt. Dieser beruht auf der Erfahrung, dass die Deutschen diesen Staat so geschaffen haben, wie er jetzt ist. Ihnen kann vertraut werden. Sie leben Rechtsstaatlichkeit und Demokratie. Das heißt nicht, dass alles so bleiben muss, wie es ist. Zuwanderung hat es schon immer gegeben, und sie ist unentbehrlich. Aber es ist falsch, den Zuwanderern sogleich die gleichen Rechte zu geben wie den deutschen Staatsbürgern. Denn sie müssen sich das Vertrauen unseres Staates erst erwerben. Ihnen soll eine Chance gegeben werden, aber es handelt sich um eine Probezeit. Das Wahlverhalten der Bürger mit türkischem Pass in Deutschland beim Referendum für die Türkei hat noch einmal verdeutlicht, wie richtig diese Entscheidung des Grundgesetzes heute noch ist. Wer Erdoğan gewählt hat, hat sich bewusst gegen die Prinzipien unseres Grundgesetzes gestellt.

Existenzielle Unterschiede

Ein ganz ähnliches Beispiel, was »Sprachverwaschung« bewirken kann, möchte ich zusätzlich kurz am Beispiel der Willkommenskultur benennen: Die Kanzlerin argumentierte, im Grundgesetz und den Menschenrechten sei die Gleichheit der Menschen festgeschrieben – daraus leitet sie ihr Paradigma der Willkommenskultur ab, quasi wie eine Rechtsaussage. Wer vor den Risiken der Flüchtlingsströme warnte, bekam die Antwort, dass solche Skepsis gegen die Willkommenskultur verstoße. Das alles ist Unfug. Wo steht etwas von Willkommenskultur im Gesetz?

Es gibt ein Recht auf Asyl. Bis zur Entscheidung darüber sind die Antragsteller hier ordentlich unterzubringen und zu versorgen. Aber die positive Zuwendung gegenüber jedem Flüchtling, die mit dem Begriff der Willkommenskultur verbunden wird, schreibt das Gesetz eben nicht vor. Sie ist sicher moralisch erwünscht, aber keine einklagbare Pflicht, die der

Staat verfolgen kann. Ohne klare sprachliche Trennung der Dinge kann es auch keine klare gedankliche Trennung geben. Genau die ist aber in einem rationalen Staat notwendig. Ich plädiere nicht für eine soziale Kälte. Ich freue mich auch, wenn Menschen Flüchtlinge betreuen und versorgen. Diese menschliche Größe ist aber von den Rechtsfragen, die sich mit der Zuwanderung verbinden, stets zu trennen, und das geschah 2015 unzureichend.

Wer ist das Volk?

Mittlerweile geht die juristische Diskussion sogar dahin, welche Rechte denn zwingend überhaupt noch dem Deutschen Volk als Staatsvolk im Gegensatz zu hier lebenden Ausländern vorbehalten bleiben müssen? Der Ausländerbeauftragte Aydan Özoğuz (SPD) fordert zum Beispiel das Kommunalwahlrecht für Ausländer auch aus Nicht-EU-Staaten, wenn sie auf Dauer hier leben. Worin soll dann aber noch der Vorsprung des Staatsvolks liegen? Niemand soll ohne Grund ausgeschlossen werden, aber gleiche Rechte bitte erst nach einer Probezeit erhalten – so sieht es das Grundgesetz vor.

Beispiel 2: Dürfen Regierungsangehörige ausländischer Staaten in Deutschland Wahlkampf machen? Das fragten sich viele Menschen, als es um das Referendum in der Türkei ging. Bundesaußenminister Sigmar Gabriel (SPD) bejahte das im März 2017 und berief sich dabei auf die Meinungsfreiheit als einem unserer Grundwerte. Wieder einmal berücksichtigte ein Politiker nicht, was das Recht dazu sagt. Dazu bedurfte es des mutigen Einschreitens eines ganz normalen Bürgers, der sich über den Wahlkampfauftritt des türkischen Ministerpräsidenten Yildirim am 18. Februar 2017 in Oberhausen so aufregte, dass er das Bundesverfassungsgericht anrief.

Natürlich war diese Verfassungsbeschwerde unzulässig, denn der Kläger war ja gar nicht durch die Entscheidung der Bundesregierung, Yildirim auftreten zu lassen, in seinen persönlichen Rechten betroffen, was erst die Klage legitimiert hätte. Normalerweise weist das Bundesverfassungsgericht so etwas mit einer kurzen und bündigen Entscheidung ab. Hier verfuhr man aber anders. Vielmehr nutzte das oberste Gericht – entgegen juristischen Gepflogenheiten – die Chance, der Bundesregierung ins Stammbuch zu schreiben, dass Staatsoberhäupter und Angehörige ausländischer Regierungen keinen Anspruch auf Einreise in das Bundesgebiet hätten, um hier amtliche Funktionen auszuüben. Soweit sie dennoch einreisen, können sie sich nicht auf die Grundrechte berufen. Auch die Regeln der Diplomatie gäben, so das Verfassungsgericht, solche Auftrittsrechte nicht her.

Eine schallende Ohrfeige für die Bundesregierung, die den Schwarzen Peter der ablehnenden Entscheidung lieber auf Bürgermeister von Städten wie Gaggenau oder Köln abschob. Wenn die Bundesregierung sich aus politischen Gründen dazu entschließt, derartige Werbungen zu dulden, sollte sie das öffentlich begründen oder aber verbieten.

Wir haben eine wehrhafte Demokratie und die Möglichkeit, derartige Demütigungen auf eigenem Staatsgebiet zu unterbinden. Dazu bedarf es nur eines Quäntchens Mut. Doch genau der scheint verlorengegangen zu sein. Auch hier gilt: Die Werte, auf die sich die Bundesregierung in diesen Fällen beruft, sind so nicht Gegenstand des Rechts.

Immerhin hat die Politik Lernfähig bewiesen. Erdoğan wurde ein öffentlicher Auftritt auf dem G20-Gipfel im Juli 2017 in Hamburg untersagt. Hier hätte ich mir allerdings mehr Mut in der Begründung gewünscht: Einem Staatspräsidenten auf dem Weg in die Autokratie darf nicht die Gelegenheit gegeben werden, seine in Deutschland lebenden Landsleute aufzuwiegeln.

Faktencheck: Strafjustiz

Es ist wie mit der Aufstellung bei der Fußballnationalmannschaft: Zur deutschen Strafjustiz hat jeder seine Meinung. Diese gehen sehr weit auseinander, je nach politischer Grundeinstellung oder der Tatsache, ob man vielleicht selbst schon mal etwas als Angeklagter, Zeuge oder Schöffe mit ihr zu tun gehabt hat. Unverkennbar ist jedoch, dass die Kritik an der Strafjustiz sowohl an Intensität als auch an Häufigkeit deutlich zunimmt. Nach Köln und Berlin machen sich Bürger Sorgen, dass sie nicht mehr in der Lage ist, für Sicherheit zu sorgen. Verbandsvertreter wie ich bekommen immer mehr Zuschriften. Bürger wollen Lösungen sehen, suchen nach Erklärungen. Martina B. schrieb mir etwa im November 2016: »Bis vor zwei Jahren gab es noch keine Gruppenvergewaltigungen, Einzelvergewaltigungen nicht in dieser Menge. Bis vor zwei Jahren konnte man sich als Frau frei bewegen. Das ist heute gar nicht mehr möglich … Die Angst um die eigenen Töchter macht einen bereits krank. Wenn dann Täter Strafe auf Bewährung bekommen … kochen auch bei mir Emotionen und Unverständnis hoch.«

Hier mache ich sofort eine persönliche Anmerkung. Natürlich hat es schon immer Gruppenvergewaltigungen gegeben. Ich erinnere mich gut an einen Fall aus dem Jahr 2000, den ich zu entscheiden hatte. Vier junge Russlanddeutsche hatten in einem Kleingartenhäuschen eine junge Frau vergewaltigt, die mit ihnen vorher ausgegangen war. Jeder bekam mindestens vier Jahre Freiheitsstrafe. Die Öffentlichkeit nahm damals kaum von dem Fall Notiz. Welch einen Medienwirbel würde das heute auslösen. Das Strafmaß liegt in der Regel auch heute noch in diesem Bereich.

Es ist Zeit, die Urteile der Bürger über die Strafjustiz einem Faktencheck zu unterziehen.

Vorwurf 1: Die Straftaten nehmen zu und ihr macht nichts

Das stimmt nicht: Bis 2014 war der Trend eindeutig und überwiegend erfreulich: Die Zahl der polizeilich registrierten Straftaten war stark gesunken. Allerdings verlief die Entwicklung der Straftaten in Wellenbewegungen. Bedingt durch die Zuwanderung nach der Öffnung des Eisernen Vorhangs Ende 1989 stieg ihre Zahl zunächst sprunghaft an und erreichte 1993 rund 6,75 Millionen. Seither sank die Kriminalität jedoch kontinuierlich und unterschritt im Jahr 2010 erstmals wieder die Sechs-Millionen-Grenze. 2015 nahmen die Straftaten wieder deutlich zu und lagen im Jahr 2016 bei 6,37 Millionen. Hier ist der Effekt der Zuwanderung zu berücksichtigen. Denn viele Flüchtlinge begehen schon allein durch ihre unerlaubte Einreise und den anschließenden Aufenthalt eine registrierte Straftat. Rechnet man nur die Straftaten ohne derartige ausländerrechtliche Verstöße, dann waren die Straftaten im Jahr 2016 sogar wieder leicht zurückgegangen.

Problem der körperlichen Bedrohung

Erfreulich war, dass bis zum Beginn der Zuwanderungswelle gerade die Straftaten, die für die Sicherheit der Bürger besonders relevant sind, gesunken waren, selbst noch im Jahr 2015. Beispielsweise gab es im Jahr 2010 noch 789 000 Körperverletzungsdelikte und Straftaten gegen die persönliche Freiheit, im Jahr 2015 »nur« noch 765 000. Mord, Totschlag und fahrlässige Tötung fielen in der gleichen Zeit von 3216 auf 2991 Fälle, fünf weitere Jahre zuvor hatte die Zahl sogar bei 3549 gelegen.

Straftaten gegen die sexuelle Selbstbestimmung – also Vergewaltigung und sexuelle Nötigung – hielten sich konstant und lagen bei etwas über 46 000 Fällen. Dieses erfreuliche Bild hat sich allerdings im Jahr 2016 geändert. Mord und Totschlag stiegen etwa um 14,3 Prozent und sexuelle Nötigung um 12,8 Prozent Die Ursachen liegen klar auf der Hand. Denn die Zahl der Straftaten, die von Zuwanderern begangen wurden, waren um 42 Prozent gestiegen. Zuwanderung heißt eben auch: Es leben mehr Menschen bei uns und dann gibt es – absolut gesehen – auch mehr Straftaten. Kein Wunder also, dass es mehr polizeiliche Ermittlungsverfahren gibt, wenn die Zuwanderung seit 2014 um 490 Prozent gestiegen ist. Das Kriminalitätsniveau in der Gesellschaft insgesamt hat sich nur wenig verändert. Trotzdem gibt es im Bereich der Gewaltkriminalität nun natürlich ein Problem, das zunächst ehrlich so bezeichnet werden sollte und nun durch konsequente Rechtsanwendung angegangen werden muss.

Trendwende Einbrüche

Dass es unserem Staat gelingt, eine Trendwende herbeiführen zu können, zeigt das Problemfeld Wohnungseinbrüche. Das ist ein Delikt, das selten spontan geschieht. Die Täter wägen Chancen und Risiken ab. Geringe polizeiliche Aufklärungsquoten von 16 Prozent und weniger ermuntern also zu dieser Form der Straftat. Deshalb stieg hier die Quote von jährlich 109 000 in 10 Jahren um mehr als die Hälfte auf 167 000 Fälle in 2015 an.

Natürlich geben sich die Sicherheitsbehörden auch hier große Mühe. Aber es ist schwer, gegen international organisierte Banden anzukommen. Am Tatort gibt es wenige Ermittlungsansätze. Auf den Telefonverkehr zwischen den Tätern konnte aus Rechtsgründen nur selten zurückgegriffen werden. Und das Diebesgut – fast nur Bargeld und Schmuck – ist kaum wiederzufinden. Die Polizei hat sich deshalb in erster Linie auf die Prävention verlagert. Es gibt ein Einbruchsradar, in dem sich die Bürger über Einbrüche in ihrer Nähe informieren können, und es wird darüber beraten, wie man seine Wohnung schützen kann.

Mit Erfolg. Denn immer mehr Einbrüche müssen abgebrochen werden, da sich die Sicherheitsvorkehrungen der Bürger nicht mehr schnell überwinden lassen. Im Jahr 2016 ging die Zahl der Wohnungseinbrüche immerhin um zehn Prozent zurück – jedenfalls an den Orten, wo Sonderkommissionen tätig sind und Polizeipräsenz herrscht. Darauf darf sich der Staat natürlich nicht ausruhen. Weitere Maßnahmen sind erforderlich. Zum Ende der Legislaturperiode hat es der Gesetzgeber im Jahr 2017 außerdem erlaubt, dass die Polizei für Wohnungseinbruch auch die Daten der Handys, die vor Ort waren, abfragt.

Wahrnehmung vs. Wirklichkeit

Trotz alledem hatte der Bürger schon vor dem Flüchtlingsstrom den Eindruck gehabt, die Kriminalität steige seit Jahren an. Wahrnehmung und Wirklichkeit klaffen also auseinander. Steigende Tendenzen in Detailbereichen werden generalisiert, und einzelne Straftaten erhalten mehr Aufmerksamkeit. Eine Rund-um-die-Uhr-Berichterstattung und soziale Medien sind dafür verantwortlich. Wer hätte schon früher von einer fahrlässigen Tötung in Köln oder einem Mord in Freiburg Kenntnis genommen? Dies wären nur Meldungen in den regionalen Medien gewesen.

Diese »gefühlte« Unsicherheit treibt, auch wenn sie nicht der Wahrheit entspricht, Sicherheitsbehörden und Gesellschaft auseinander. Politik und Justiz haben lange die Ängste und Sorgen der Bürger zu wenig ernst genommen. Die Statistiken ergaben keinen dringenden Handlungsbedarf. Wenn Bürger aber einmal in Angst und Sorge sind, kann sie der Hinweis auf Statistiken nicht beruhigen. Das ist wie mit der Flugangst. Das Flugzeug ist bekanntlich das sicherste Beförderungsmittel – Menschen mit Flugangst wird dieser Hinweis aber nicht weiterhelfen.

Die Rolle der Flüchtlinge

2015 hat sich viel geändert. Auch zur Zeit der Öffnung des Eisernen Vorhangs, in den 90er-Jahren, sahen wir, wie durch Zuwanderer die Straftaten anstiegen – von 4,7 Millionen im Jahr 1991 auf 6,7 Millionen 1993. Denn mit den Schutz suchenden Menschen kommen immer auch Entwurzelte und Kriminelle. Das wiederholt sich gerade. Die Politiker haben um dieses Wissen herumgeredet und betont, dass die Straftaten nach den Erkenntnissen der Kriminologie nicht wesentlich ansteigen würden. Tatsächlich liegt der Anteil der Nichtdeutschen bei den Tatverdächtigen nun bei über 30 Prozent. Das war abzusehen. Mehr Ehrlichkeit wäre also notwendig gewesen. Und mehr Differenzierung. Syrische Flüchtlinge – also wirklich notleidende Menschen – sind in den Monaten nach ihrer Ankunft nur zu 0,5 Prozent kriminell geworden. Zuwanderer aus den Maghrebstaaten – Tunesien, Algerien und Marokko – aber zu über 40 Prozent. Und das sind nur die, die erwischt wurden. Die Dunkelziffer wird höher sein.

Durch den staatlichen Kontrollverlust Ende 2015 kamen also auch Kriminelle ins Land. Das wird auf echte Flüchtlinge zurückfallen und das Sicherheitsgefühl der Bevölkerung schwächen. Aber die Erfahrung der 90er-Jahre zeigt auch, dass die Rate der Straftaten wieder sinken wird.

Vorwurf 2: Ihr seid zu lasch und schützt uns nicht ausreichend

Es ist Nacht, während ich diese Zeilen schreibe. Denn die Vergangenheit hat mich in den letzten Monaten eingeholt. Das

Horrorhaus von Höxter, das seit 2016 bundesweit in den Medien ist, hat auch mit mir zu tun, und ich frage mich, ob ich alles richtig gemacht habe. Nach dem Vorwurf der Staatsanwaltschaft hat der Täter dort zusammen mit seiner letzten Frau jahrelang andere Frauen in die Falle gelockt, psychisch abhängig gemacht, furchtbar gequält und zumindest zwei Frauen umgebracht. Ich war 1995 Richter dieses Mannes gewesen.

Damals hatte ich gerade neu den Vorsitz im Schöffengericht des Amtsgerichts Paderborn übernommen. Ein Schöffengericht ist mit einem Berufsrichter und zwei gewählten Bürgern besetzt. Es verhandelt Strafverfahren der mittleren Art. Das Gericht darf bis zu vier Jahre Freiheitsstrafe verhängen, höhere Strafen verhängt nur ein Landgericht.

Schon damals hatte der Mann zusammen mit seiner Geliebten seine frühere Ehefrau gequält. Er hatte sie an einen Heizkörper gekettet und geschlagen, dabei auch schwer misshandelt. Da er das bestritt, war es gar nicht einfach für mich, den Fall zu Ende zu bringen. Er erhielt zwei Jahre und neun Monate Freiheitsstrafe – ohne Bewährung, denn bei mehr als zwei Jahren ist das ausgeschlossen. Da er vorher noch nicht verurteilt war, war das aus meiner Sicht durchaus eine empfindliche Strafe. Die Geliebte kam mit einer Bewährungsstrafe davon und arbeitet heute als unbescholtene Verkäuferin in Westfalen.

Der Mann hat sich – laut dem Vorwurf der Staatsanwaltschaft – die Strafe nicht zur Warnung dienen lassen, auch nicht, dass er die gesamte Haftzeit verbüßen musste. Er setzte dann mutmaßlich seine Untaten fort. Als das bekannt wurde, fragte sich die Öffentlichkeit, ob in meinem Verfahren alles richtig gelaufen war – und ich mich auch. Hätte eine höhere Strafe verhängt werden können, etwa vier Jahre? Selbst wenn das einer Berufung standgehalten hätte, wäre es vermutlich keine ausreichende Abschreckung gewesen. 15 Monate mehr – hält das jemand ab, der offensichtlich von vornherein darauf aus ist, weiter straffällig zu werden? Hätte ihn eine Bewährung gebessert? Die wollte ich seinerzeit gerade in Anbetracht der gravierenden Vorwürfe nicht gewähren.

Nach aktuellen Umfragen wünscht sich die Hälfte der Bevölkerung mehr Härte. Durch eine Bewährungsstrafe wäre das Haus von einem Bewährungshelfer regelmäßig kontrolliert worden, und die Opfer hätten vielleicht die Chance gehabt, sich an ihn zu wenden? Vermutlich wäre auch das nicht eingetroffen. Denn eines der psychisch willig gemachten Opfer hatte sogar Kontakt zu Polizei und hat dennoch nicht seine Lage preisgegeben. Andererseits, dass Bewährung funktioniert, zeigt ja das Beispiel der Mittäterin, die nicht wieder straffällig geworden ist.

Angenommen die Vorwürfe gegen den Mann aus Höxter stellen sich als richtig heraus, dann handelte es sich wohl um einen entschlossenen Straftäter, der auch nicht etwa psychisch krank, sondern einfach »nur« pervers ist. Dagegen hat die Justiz nicht viel in der Hand. Aber ein schales Gefühl bleibt. Das würde jedem Richter so gehen.

Abschreckung funktioniert nicht

Warum? Was ist der Sinn unseres Strafrechts? Das Gesetz sagt klar: Wichtige Rechtsgüter sollen gesichert werden: etwa Leben, Gesundheit und Eigentum. Das Strafrecht soll die Öffentlichkeit davor abschrecken, diese Rechtsgüter zu verletzen – der Jurist spricht dabei von Generalprävention. Die Abschreckung gilt aber auch für den Einzelnen, der das Gesetz verletzten könnte – das heißt Spezialprävention. Als dritten wichtigen Grund sieht das Gesetz die »Befriedigungsfunktion« für das Opfer einer Straftat oder seine Angehörigen durch die Sühne.

An eine durchgehende Abschreckung durch Strafe gegenüber der Öffentlichkeit glauben die Richter, Staatsanwälte und Verteidiger in diesem Land nicht so richtig. Spontane Taten lassen sich dadurch kaum vermeiden. So ist die Mordrate in amerikanischen Bundesstaaten mit Todesstrafe nicht niedriger als in denen ohne. Selbst bei Diebstählen und Einbrüchen, bei denen die Täter vorher Nutzen und Risiko abwägen, wirkt die Abschreckung nur eingeschränkt. Denn häufig sind die Täter drogenabhängig und können sich der Sucht, die stärker wirkt als die Aussicht auf Strafe, nicht entziehen.

Bei Einbrecherbanden aus Osteuropa ist das natürlich anders. Hier würde es sicher wirken, wenn der Bulli zwar mit dem ein oder anderen Diebesgut zurückfahren würde, aber dafür Plätze frei blieben, weil jemand in Haft genommen wurde. Hier aber ist das Risiko der Entdeckung und Festnahme gering. In den wenigen Fällen, in denen uns die Einbrecher überhaupt vorgeführt werden, können wir nicht die niedrige Quote dadurch ausgleichen, dass wir wegen der Abschreckung die Strafen einfach erhöhen.

Wie greift man »hart« durch?

Bei der Abschreckung ist also Skepsis angesagt. Schließlich müsste das Argument, mehr Härte führe zu weniger Straftaten, bedeuten, dass in Diktaturen, die am härtesten strafen, die Kriminalitätsquote am niedrigsten ist. Das ist aber nicht der Fall.

Um die Härte einer Strafjustiz beurteilen zu können, darf man nicht nur auf das ausgesprochene Strafmaß schauen. Zehn Jahre Strafe bedeuten nicht zehn Jahre Vollstreckung. Die Staaten vollstrecken Strafen vielmehr unterschiedlich. Der mutmaßliche Mörder, der in Freiburg eine junge Studentin erst vergewaltigt und dann in die Dreisam geworfen haben soll, wo sie ertrunken ist, war in Griechenland trotz einer Verurteilung zu zehn Jahren Haft wegen versuchten Totschlags an einer Frau schon nach 18 Monaten wieder frei gekommen, und auch in Frankreich wäre er wahrscheinlich bereits nach drei Jahren wieder entlassen worden. In Deutschland ginge das nicht früher als nach fünf Jahren, da die Hälfte der Strafe immer verbüßt werden muss. Zumeist werden selbst Ersttäter erst nach Verbüßung von zwei Dritteln der Strafe entlassen. Der Freiburger Täter würde also rund sechs Jahre und sechs Monate sitzen.

Gnade walten lassen?

In den USA ist das Gnadenrecht weit verbreitet, in Deutschland wird es nur äußerst zurückhaltend gebraucht. Die Strafjustiz in Deutschland spricht also tendenziell eher geringe Strafen aus, vollstreckt diese dann aber konsequenter. Durch dieses System geraten wir allerdings medial in die Defensive. Denn die Verpackung einer harten Strafe beruhigt diejenigen, die harte Strafen verlangen, auch wenn dann nur »weich« vollstreckt wird. Die deutsche Justiz möchte aber keine Potemkinschen Dörfer aufbauen, nur um die Öffentlichkeit zu beruhigen.

Sehen wir uns also die Vollstreckung an: Während in Deutschland 76 Gefangene auf 100 000 Einwohner kommen, sind es im Iran 280, in Russland sogar 470. Die USA fällt raus: Nach der aktuellen Statistik des Bureau of Justice Statistics (BJS) vom 29. Dezember 2016 waren im Jahr 2015 insgesamt ca. 2 250 000 Menschen in den USA inhaftiert – das sind 688 Inhaftierte pro 100 000 Einwohnern. Allerdings ist die Tendenz sinkend, wie auch bei der Kriminalitätsrate, die seit 1980 kontinuierlich fällt – in den letzten fünf Jahren ein Abfall von 3350 auf 2870 je 100 000 Einwohner.

Ist die Härte des Systems dafür verantwortlich? Nein, denn für die Sicherheit der Bevölkerung zählt nur das Gesamtergebnis. Hier ist das deutsche, maßvolle System wesentlich erfolgreicher als das US-amerikanische. Schauen wir nur auf zwei Verbrechenstypen, die zurzeit besonders diskutiert werden, und vergleichen die USA mit Deutschland (FBI UCS Annual Crime Report; 2015):

	Deutschland	USA
Absolute Zahl der vollendeten Tötungsdelikte	593	15696 (geschätzt)
Anzahl der Tötungsdelikte pro 100000 Einwohner	0,73	4,8
Vergewaltigungen und sexuelle Nötigungen	7.022	90.185
Anzahl der sexuellen Nötigungen pro 100000 Einwohnern	8,7	28

Sicher, diese Zahlen sind mit Vorsicht zu genießen. Für die USA können sie mangels gemeinsamer Erfassungssystematik nur geschätzt werden. Zudem sind die Straftatbestände nicht vollkommen deckungsgleich. Trotzdem ist das Ergebnis in seiner Grundaussage eindeutig: In den USA ist das Risiko, getötet zu werden, rund siebenmal so hoch wie in Deutschland und für eine Vergewaltigung immerhin noch rund dreimal.

Erfolg durch Augenmaß

Dieser eindeutige »Punktsieg« für Deutschland wird aber von den Kritikern der Justiz nicht zur Kenntnis genommen. In den Talkshows wird lieber das Bild des laschen deutschen Richters unter dem Beifall des Publikums gepflegt, als uns dafür anzuerkennen, dass wir insgesamt mit Augenmaß erfolgreich strafen. Ich jedenfalls wünsche mir keine Verhältnisse wie in den USA, in denen zwar neunmal so viele Menschen in Haft sind, die Straftaten aber gleichwohl gravierend über denen in Deutschland liegen. Die Frage ist nur, wie ist das zu erklären?

Zu allererst wird bei uns Kriminalität durch Prävention vermieden, erst dann, wenn die nicht hilft, durch Abschreckung. Eine gute Schul- und Berufsausbildung, Aufstiegschancen, soziale Absicherung über Hartz IV und Grundsicherung, ein Job, eine Wohnung. All das hilft dagegen, kriminell zu werden. Wer für sich eine reelle Chance sieht aufzusteigen, der widersteht den Anfechtungen eher. Wer es nicht schafft, aber gleichwohl nicht ins Bodenlose fällt, wird ebenfalls selten kriminell.

Nur die wenigsten Straftäter sind wirklich »böse« Menschen, die meisten sind Gescheiterte, die es nicht mehr bis ins bürgerliche Lager der Gesellschaft schaffen. Sie von allen sozialen Vergünstigungen abzuschneiden, hilft nicht, die Kriminalität zu senken.

Es geht also um zwei Faktoren: Das Sozialrecht dient der Prävention und verhindert viele Straftaten – es ist eine vorsorgende Investition der Gesellschaft. Und der richtige Weg. Die Bedingung ist aber, dass sich eine Strafjustiz auch nicht scheuen darf, angemessen, aber konsequent zu strafen. Sonst wird das System nicht ernstgenommen.

Vorwurf 3: Straftäter kommen immer öfter mit Geldstrafen oder Bewährungsstrafen davon

Diese Behauptung irritiert mich am meisten. Als ich junger Richter zu Beginn der 90er-Jahre war, war es genau umgekehrt: Ich entsinne mich an harte Auseinandersetzungen mit der Hausbesetzerszene und an Strafverfahren im Zusammenhang mit der Anti-Atomkraftbewegung. Man warf uns vor, wir straften zu hart.

Dabei ist in den letzten 30 Jahren das Verhältnis von Freiheitsstrafen und Geldstrafen (bezogen auf die alten Bundesländer) weitgehend gleich geblieben. Im Erwachsenenstrafrecht gibt es grundsätzlich nur Geld- oder Freiheitsstrafe. In etwa 80 Prozent der Fälle verhängen die Gerichte eine Geldstrafe. Von den restlichen 20 Prozent mit Freiheitsstrafe werden mehr als zwei Drittel zur Bewährung ausgesetzt. Im Laufe der vergangenen Jahre zeigten sich nur geringe Schwankungen.

Veränderter Zeitgeist

Heutzutage werden beispielsweise Körperverletzungsdelikte als bedeutender und Vermögensdelikte wie Kaufhausdiebstahl als unbedeutender angesehen als früher. Der Gesetzgeber hat hier reagiert und die Strafrahmen verändert und zum Beispiel den Versuch der Körperverletzung unter Strafe gestellt. Früher war paradoxerweise der Versuch bei Diebstahl strafbar, nicht aber bei Körperverletzung. Versuchte also jemand, einen anderen zu schlagen und der duckte sich weg, blieb das straflos. Wollte er aber die Halskette stehlen und der andere wich durch die gleiche Bewegung aus, war das strafbar. Das erscheint uns heute merkwürdig, entsprach aber noch vor Jahren dem Zeitgeist.

Der Gesetzgeber versucht wie die Gerichte auch, die veränderten gesellschaftlichen Wertvorstellungen auch bei der Strafe zu berücksichtigen. Das zeigt auch ein Vergleich von Straßenverkehrs- mit Körperverletzungsdelikten. Im Jahr 2015 wurden laut Statistischem Bundesamt 145 826 Urteile in Bezug auf Straftaten im Straßenverkehr ausgesprochen. In rund 94 Prozent der Fälle wurde eine Geldstrafe verhängt, obwohl die Straftatbestände auch Freiheitsstrafe vorsehen. Anders bei der Körperverletzung. Von den 53 577 Verurteilten erhielten fast 30 Prozent eine Freiheitsstrafe. Körperverletzung wird also härter bestraft.

Auch auf Krisen wird von der Justiz reagiert: Nach den Anschlägen auf das World-Trade-Center kam es in Deutschland zu – scheinbaren – Versendungen des Nervengifts Antrax. Für diesen Nachahmeffekt gab es harte Strafen, selbst für Ersttäter ohne Bewährung. Bei Autorennen in der Stadt gehen die Staatsanwaltschaften in Bremen und Berlin nunmehr bei tödlichen Unfällen nicht mehr von fahrlässiger Tötung, sondern von Mord aus. Das Landgericht Berlin ist dem gefolgt. Ob das beim Bundesgerichtshof durchkommt, wird man sehen, aber es zeigt, dass sich die Justiz Gedanken macht.

Das Kölner Raserurteil, in dem Bewährung gegeben wurde, hat der Bundesgerichtshof jedenfalls am 6. Juli 2017 mit einer Begründung aufgehoben, die eine gewisse Wende darstellt. Er hat auf eine nur selten angewandte Vorschrift verwiesen: Demnach haben die Richter auch zu bedenken, wie sich eine Bewährung auf das Vertrauen der Bevölkerung in die Rechtsdurchsetzung auswirkt. Nimmt dieses Schaden und die Entscheidung wird schlicht von der Bevölkerung nicht mehr nachvollzogen, darf es keine Bewährung geben, selbst wenn man dem einzelnen Täter bescheinigt, er werde zukünftig keine Straftaten mehr begehen. Dieser Gesichtspunkt kam bisher nur selten in Strafurteilen zum Tragen. Dies wird dazu führen, dass sich Justiz und Bevölkerung in Sachen Bewährung wieder aufeinander zu bewegen und der Abstand zwischen der Meinung der Juristen und der allgemeinen Einstellung nicht zu groß wird.

Vorwurf 4: Resozialisierung ist eine romantische Vorstellung der Spät-68er

Wichtiger, als die Gesellschaft abzuschrecken, ist es, die passende Strafe für den Einzelnen zu finden, die Spezialprävention. Das muss nicht die härteste Strafe sein. Strafrecht ist Maßanfertigung. Es gibt nicht wie beim Bußgeldkatalog Strafen von der Stange. Jeder Täter befindet sich in einer anderen Lebenssituation, sodass Strafe unterschiedlich wirkt. Der Jurist spricht dabei von Strafempfindlichkeit.

Natürlich gibt es die Berufsverbrecher, an denen alle Bemühungen spurlos abgleiten. Als Richter spürt man das bereits, wenn einem ein Täter zur Entscheidung der Frage, ob Untersuchungshaft verhängt wird, vorgeführt wird. Ein Berufsverbrecher sitzt einem schweigend und ungerührt gegenüber; andere sind tief bewegt. Mir ist ein junger Mann in Erinnerung, der drogenabhängig war und zur Finanzierung seiner Sucht einen Raub in der Fußgängerzone begangen hatte. Eine fiese Tat, da er sich als Opfer eine alte Frau ausgesucht hatte und ihr die Handtasche wegriss. Der Zwang, Drogen zu nehmen, wurde irgendwann so stark, dass sämtliche Grenzen gefallen sind. Das relativiert die Verantwortung nicht. Denn auch er hat sich irgendwann einmal freiwillig dafür entschieden, Drogen zu nehmen. Sein Schicksal hat er demnach selbst zu tragen.

Trotzdem gibt es die Momente, in denen man als Richter dann merkwürdig berührt ist. Der junge Mann musste in Untersuchungshaft. Er war nicht nur schwer drogenabhängig, sondern sehr krank – Hepatitis C, vielleicht auch Aids. Sein weiteres Leben stand also unter keinem guten Stern. Das erkannte er wohl auch und weinte bitterlich. Er bat mich, seine Mutter anrufen zu können, die von alledem nichts wusste, nur den Kontakt zu ihm verloren hatte. Die Bitte schlug ich ihm nicht ab. Er wurde von den Wachtmeistern in mein Büro geführt, ihm wurden die Handschellen abgenommen und er wählte die Nummer seiner Mutter. Nie werde ich seine ersten Worte vergessen: »Du Mutti, ich sitze hier im Amtsgericht und habe ein kleines Problem«.

Da ich auch Vater bin, habe ich eine Ahnung, was in der Mutter vorgegangen sein mag. Sicher, die Geschädigte genießt vorrangig den Schutz des Staates und seine Unterstützung. Es ist aber auch richtig, den Täter nicht nur blind zu bestrafen. Er bekam eine Haftstrafe von zwei Jahren und sechs Monaten. Was würde passieren, wenn er unvorbereitet einfach entlassen würde? Klar – er würde wegen seiner Drogensucht sofort wieder straffällig werden. Der Strafdruck allein hilft also nicht. Ihm musste die Chance auf eine Therapie – innerhalb der Strafzeit – gegeben werden und im Anschluss Nachsorge, einen Bewährungshelfer, Beratung usw. So bekommt er seine Strafe und gleichzeitig eine neue Chance.

Resozialisierung funktioniert

Dieses System von Strafe und Resozialisierung funktioniert gut, was sich statistisch nachweisen lässt. Das Bundesjustizministerium hat im Jahr 2014 eine Rückfallstudie veröffentlicht. Demnach wird jeder dritte Täter innerhalb der nächsten drei Jahre nach Verurteilung erneut straffällig, in einem Zeitraum von sechs Jahren erhöht sich die Rückfallrate auf 44 Prozent.

Nun mag man sagen, dass immerhin knapp die Hälfte doch wieder Straftaten begeht und fragen, ob das positiv ist. Hierauf sage ich ganz klar: ja. Schaut man sich die Lebensläufe der Kriminellen an, dann wird klar, dass die meisten eben doch erheblich belastet sind – durch Drogenabhängigkeit oder verminderte

Intelligenz. Oft wurde kein Beruf gelernt und kein vernünftiger Schulabschluss erzielt. Überschuldung durch Insolvenz nach Scheidung, Krankheiten, übermäßige Aggressionen – all das vermindert die Chancen, sich in eine Gesellschaft zu integrieren und erhöht damit das Risiko kriminell zu werden. Und natürlich auch die oft hämisch zitierte »schlechte Kindheit«. Natürlich ist auch sie ein solcher Faktor.

Eine Chance muss es geben

Aber sie rechtfertigt die Straftaten nicht. Eine schlechte Kindheit entschuldigt keine Straftat. Jeder bekommt bei uns eine Chance. Der eine nutzt sie sofort, der andere später, mancher auch gar nicht. Wer auf den Einzelnen einwirken möchte, muss dies bei der richtigen Strafe berücksichtigen. Es ist wie beim Arzt. Wer nie gelernt hat sich vernünftig zu ernähren und krank wird, bekommt vom Arzt gezeigt, wie er seine Essgewohnheiten verändern kann.

Genau das tut der Richter auch. Sicher, man darf nicht naiv sein, es muss harten Druck über Strafen geben, aber eben nicht ausschließlich. Zugleich muss auch die Chance bestehen, auf den Täter noch bessernd einzuwirken. Strafe allein schafft das selten.

Außer Frage steht jedoch: Wo das alles nicht wirkt, muss die Gesellschaft vor Straftaten geschützt werden. Hier gibt es viele Handlungsinstrumente, die auch wirklich genutzt werden: zum Beispiel Sicherungsverwahrung oder die Einweisung in die Psychiatrie. Bei Kapitaldelikten ist die deutsche Justiz nicht zimperlich. Auf Mord wird beispielsweise regelmäßig lebenslänglich verhängt, und es werden keine Wege zum Strafnachlass gesucht. Die Gruppe der »normalen« Mörder kann dann nach 15 Jahren entlassen werden. Bei Tätern mit einer besonderen Schwere der Schuld, also zum Beispiel bei Kombination von Heimtücke und Grausamkeit, wird vom Vollstreckungsgericht eine Strafe festgesetzt, ab wann sie frühestens freikommen können. In beiden Fällen wird aber nur entlassen, wenn die Prognose, nicht mehr straffällig zu werden, gut ist. Deshalb befinden sich derzeit rund 2000 Häftlinge in Deutschland im lebenslänglichen Vollzug.

Wer eine Rückfallquote von einem Drittel für zu hoch hält, sollte wissen, dass es sich hierbei zumeist nicht um schwere Delikte handelt: Von den im Jahr 2007 aus der Haft entlassenen Personen erhielten bis zum Jahr 2010 nur vier Prozent erneut eine Freiheits- oder Jugendstrafe ohne Bewährung; sieben Prozent eine Bewährungs- und 15 Prozent eine Geldstrafe. In allen anderen Fällen, der überwiegenden Mehrheit also, kam es zu jugendrichterlichen Entscheidungen oder der Einstellung des Verfahrens.

Noch ein weiterer Punkt scheint wichtig: Die allgemeine Rückfallrate drückt nur aus, dass eine bereits bestrafte Person erneut *irgendeine* Straftat begeht. Das kann also zum Beispiel auch wiederholtes Schwarzfahren sein. Davon zu unterscheiden sind einschlägige Rückfälle, bei denen das gleiche Delikt begangen wird. So wurden von den Straftätern, die wegen Tötungsdelikten verurteilt wurden, nach der Haftentlassung immerhin zwar 29 Prozent innerhalb von sechs Jahren erneut rückfällig. Aber in nur neun Prozent der Fälle ging es um Gewalttaten und vor allem in weniger als einem Prozent um ein Tötungsdelikt. Auch das ist natürlich zu viel, aber doch weit weniger, als allgemein angenommen.

Vorwurf 5: Opfer interessieren nicht

Oft werde ich gefragt, welche Verfahren mir als Richter am meisten nahegehen und ob es nicht schwer sei, Menschen lebenslänglich hinter Gittern zu bringen. Nein, schwer fällt es mir nicht. Das mag vielleicht überraschen, aber ein Mörder hat es verdient, eine lebenslänglich Freiheitsstrafe zu bekommen. Unter die Haut gehen mir vor allem Fälle mit fahrlässiger Tötung. Ein einziger Moment der Unaufmerksamkeit, Ablenkung, Sorglosigkeit, und ein Leben ist zu Ende; das des Täters bis an sein Ende beschwert. Mir fällt zum Beispiel ein Fahrzeugfahrer ein, der seinen Anhänger nicht richtig gesichert hatte. In einer Kurve löste er sich und tötete einen alten Herrn, der sich nichtsahnend am Gartenzaun mit seinem Nachbarn unterhielt. Riskant überholt, zu zögerlich reagiert, zehn Stundenkilometer zu schnell gefahren – wer kann sich davon freisprechen? Ich jedenfalls nicht. Wenn ich auf der Landstraße unterwegs bin und vielleicht einmal gewagt überholt habe, denke ich plötzlich an die, die ich deswegen verurteilt habe. Und doch muss ich sie bestrafen, weil es das Gesetz so sieht, damit die Leute sich in Acht nehmen und kein Schlendrian einkehrt. Richtig, diese Täter tun mir oft leid. Und sie leiden selbst unter dem Geschehen, wissen nicht, was sie tun können, um es wieder gutzumachen. Ein wegen fahrlässiger Tötung angeklagter und bis dahin völlig straffrei lebender Mann fragte mich: »Was sollte ich machen? Einfach klingeln und sagen, dass ich es bin, derjenige, der euren Papa getötet hat?« Wie kann so etwas überhaupt ausgeglichen werden? Manchmal verzweifeln wir Richter in dem Bemühen, der Sache gerecht zu werden. Ein noch so hartes Urteil kann den geliebten Mensch nicht wieder lebendig machen. Andererseits geht es aber auch darum, dass der Tod eines Menschen wenigstens dadurch noch einen Sinn bekommt, dass durch das Urteil ähnliche Fälle vermieden werden.

Nicht alle Opfer oder Angehörige fordern eine harte Strafe. Zwar wollen sie eine fühlbare Strafe als Ausgleich für ihr erlittenes Unrecht, ebenso wollen sie aber auch wahrgenommen werden. Fast immer suchen sie auch Erklärungen, warum es zu der Straftat kommen konnte, auch eine Äußerung des Bedauerns oder der Reue durch den Täter kann helfen. Dazu wollen sie den Prozess nutzen. Beim Love-Parade-Verfahren sind Betroffene und deren Familien etwa gegen die Entscheidung des Landgerichts Duisburg, das Verfahren gar nicht erst zu eröffnen, Sturm gelaufen. Es war für sie eine große Erleichterung, dass dann doch das Oberlandesgericht Düsseldorf auf die Beschwerde der Staatsanwaltschaft im Jahr 2017 das Verfahren eröffnete.

Auch der Prozessverlauf selbst ist wichtig für die Opfer. Ich kann mich an einen Vortrag Richard Oetkers über seine Entführung erinnern, in dem er schilderte, wie sehr es ihn belastet habe, auf den Täter, Dieter Zloff, zu treffen. Er fühlte sich damals von der Justiz im Stich gelassen.

Das galt auch lange für die Opfer von Stalking, die früher Probleme hatten, bei der Polizei und vor Gericht mit ihrer Notsituation gehört zu werden. Ein Fall ist mir in besonderer Erinnerung: 1992 war ich Mitglied der Strafvollstreckungskammer in Paderborn und für Entscheidungen darüber zuständig, ob Straftäter aus dem Maßregelvollzug entlassen werden. In regelmäßigen Abständen muss das Gericht überprüfen, ob von dem Verurteilten noch eine Gefahr ausgeht. Dieser hatte schon vor vielen Jahren einen Liebeswahn in Bezug auf eine Frau entwickelt. Wenn sich auch nur irgendwie die Gelegenheit ergab, drang er in ihre Wohnung ein. Er nötigte sein Opfer und hinderte die Frau, wegzulaufen, wollte mit ihr für immer zusammen sein. Schließlich wurde sie auch vergewaltigt.

Aber sie überlebte und zeigte den Täter bei der Polizei an. Nach seinem Prozess kam er in den Maßregelvollzug. Einmal konnte er ausbrechen, schaffte es allerdings nicht, bis zu der Frau vorzudringen, und bald darauf wurde er wieder gefasst. Als nun die Frage nach seiner Entlassung anstand, schrieb sie dem Gericht einen langen, verzweifelten Brief. Ich las diesen sehr genau.

Darin schilderte sie nicht nur ihre Sicht der Bedrohungen, sondern beschrieb auf beeindruckende Weise die Angst, die sie seit ihrer ersten Begegnung mit dem Mann quält. In jeder Sekunde eines jeden Tages rechnet sie damit, dass dem Täter ein Ausbruch gelinge und er plötzlich wieder neben ihr stehe. Bei jedem ungewöhnlichen Geräusch zucke sie zusammen, lasse die Rollläden schon frühzeitig herunter, gehe abends nicht mehr oder nur in Begleitung aus. Umziehen könne sie nicht, wegen vielfacher familiärer Verpflichtungen. Sie sei der Bedrohung schutzlos ausgeliefert.

Bis heute denke ich an diesen Fall. Auch wenn wir dazu beitragen können, Sicherheit zu schaffen, bleibt für die Opfer die Unsicherheit. Viele sind ihr Leben lang auf der Hut, weil sie einmal die Erfahrung machen mussten, existenziell bedroht worden zu sein. Der Täter wurde nicht entlassen.

Solche Anzeigen – die in erster Linie von Frauen gestellt werden, aber es gibt auch Fälle, in denen Männer verfolgt werden – nahm die Polizei früher nicht ganz ernst. Zurecht wurde das häufig kritisiert. Seit 2007 war eine »Nachstellung« immerhin strafbar, allerdings nur, wenn das Leben des Opfers stark beeinträchtigt war und dieses zum Beispiel den Arbeitsplatz oder die Wohnung wechseln musste. Seit 2017 gibt es nun ein verschärftes »Stalking-Gesetz«: Dem Täter drohen drei Jahre Haft, wenn er seinem Opfer beharrlich nachstellt, auch ohne dass die verfolgte Person ihr Leben verändern muss. Für die Strafbarkeit reicht es aus, dass der Täter erheblich in die Rechte des Opfers eingegriffen hat. Die Polizei kann den Belästiger zudem nach dem Gewaltschutzgesetz auf der Stelle zwingen, sich zurückzuziehen (Platzverweis).

Eine äußerst positive Entwicklung. Das reduziert nicht nur solche kriminelle Belästigung, sondern hilft den Opfern auch psychologisch. Sie müssen nicht mehr nur weiter abwarten, sondern können offensiv agieren, indem sie etwa Kontaktsperren verhängen lassen.

Heute gibt es außerdem Beratungsstellen, etwa psychosoziale Zeugenbetreuung, die Hilfe leisten. Was nicht heißen mag, dass in diesem Zusammenhang nicht noch einiges verbessert werden kann. Es ist für die Richter auch deshalb nicht einfach, weil die Betroffenen ganz unterschiedlich reagieren. Es gibt vergewaltigte Frauen, die wollen aussagen, um die Tat zu verarbeiten, dem Täter gegenübertreten, um nicht mehr Opfer zu sein. Andere wollen das genaue Gegenteil: nicht darüber reden und ihrem Peiniger nie wieder in die Augen sehen müssen. Bei anderen Delikten hängt es oft auch davon ab, ob der Täter aus dem persönlichen Lebensbereich des Opfers stammt oder dieses nur zufällig getroffen hat. Wichtig ist auch, ob die Tat mit Vorsatz geschah, wohlgeplant war oder nur fahrlässig begangen wurde.

Viele Fragen bleiben

Opfer haben es auch heute noch nicht einfach. Bei einem Strafprozess treffen – anders als im Zivilverfahren – nicht zwei gleichwertige Parteien aufeinander, sondern es geht um die Schuld des Angeklagten. Ein Gericht ist keine Wahrheitskommission. Kann man keinen Schuldigen festmachen, dann wird das Verfahren eingestellt. So etwa der tragische Fall in Westfalen-Lippe, in dem 2011 auf einem Geburtstag ein Kind im Wald von einem morschen Baum erschlagen wurde. Im Wald gibt es keine Verkehrssicherungspflicht, deshalb müssen morsche Bäume auch nicht entfernt werden. Es gibt damit keinen Schuldigen und auch kein Strafverfahren.

All das zeigt, dass es in unseren Strafverfahren primär um den Täter geht. Um seine Tatbeiträge, seine Einstellung dazu, seine Schuld. Das Opfer ist vor allem Zeuge. In einigen Fällen kann es als Nebenkläger auftreten, also neben der Staatsanwaltschaft, aber nur, um auf eine Bestrafung des Täters hinzuwirken. Die Opferinteressen zählen nur mittelbar.

Späte Anerkennung der Opfer

Überhaupt wurde das Opfer erst spät in der Strafrechtswissenschaft entdeckt. Gesetzesänderung folgt inzwischen auf Gesetzesänderung, um seine Rechte zu stärken. Es ist einiges getan worden. Jetzt gibt es Rechte auf Akteneinsicht, auf Information, auf einen Anwalt. Trotzdem bleibt der Strafprozess täterzentriert. Das ist im Prinzip richtig, so war die Entscheidung des Gesetzgebers. Aber man kann das der Justiz nicht anlasten. Ein anderes schlüssiges Modell haben wir noch nicht gefunden. Es ist auch schwierig, denn bei den unterschiedlichen Reaktionen und Interessen der Opfer kann es kein einheitliches Raster geben, das primär auf die Opfer ausgerichtet wäre. Die Menschen wünschen sich, zeigen Fälle wie das Unglück bei der Love Parade, offensichtlich ein Verfahren, in dem die Dinge aufbereitet werden. Das Strafverfahren ist dazu aber nicht generell geeignet, weil es andere Zwecke hat. Dafür gibt es andere Instrumente: etwa parlamentarische Untersuchungsausschlüsse oder mit Experten besetzte Kommissionen. Gerichte und Staatsanwaltschaften haben diese Aufgabe nicht. Aber das wird immer weniger von der Öffentlichkeit akzeptiert.

Vorwurf 6: Bewährung ist für den Täter so gut wie Freispruch

Erlebt habe ich es nie. Aber in den Medien wird davon immer wieder berichtet: Nach einem Urteil auf Bewährung sollen die Angeklagten mit dem Daumen nach oben gezeigt und dann feixend den Sitzungssaal verlassen haben. So soll es sich in einem Fall in Hamburg zugetragen haben, in dem einige Vergewaltiger Bewährung bekamen. Solch despektierliches Verhalten sorgt natürlich für Verdruss in der Öffentlichkeit. Es ist nicht nur provozierend, sondern auch kurzsichtig. Denn der

Bumerang kommt zurück. Bewährung ist nämlich alles andere als ein Vergnügen.

In der Zeit der Bewährung kann ein Täter nicht einfach sein früheres Leben in Freiheit fortsetzen. Arbeits- und Geldauflagen müssen eingehalten werden, und die Lebensführung wird von einem Bewährungshelfer überwacht. Dieser fragt nicht nur nach Stellenbewerbungen, Schuldenbereinigung und Ausbildungszielen, er macht auch Hausbesuche und überprüft vor Ort die Angaben des Probanden. Bewährungshilfe ist harte Arbeit, nicht nur für den Bewährungshelfer, sondern vor allem für den Verurteilten, der es häufig nicht gewohnt ist, kontrolliert zu werden und sich rechtfertigen zu müssen. Mit Schlafen bis mittags ist nun Schluss.

Echte Sicherheit

Die Erfolge der Bewährungshelfer sind offensichtlich. Mehr als zwei Drittel der Bewährungsverfahren enden mit einem Straferlass, konnten also erfolgreich geführt werden. Das ist beeindruckend und bringt der Gesellschaft echte Sicherheit. Denn das heißt, der Proband ist vorangekommen und hat sich in der Bewährungszeit – in der Regel 3 Jahre – straffrei geführt.

Bewährung steht in der Öffentlichkeit jedoch in einem schlechten Ruf. Das wurde etwa in den Fällen deutlich, in denen es um Tode bei illegalen Autorennen ging. Vielleicht hängt dies noch mit früheren Zeiten zusammen. In der Vergangenheit stand die Beziehungsarbeit mit dem Probanden absolut im Vordergrund. Man vermied alles, was sie beeinträchtigen konnte, so wurde der Proband auch nur selten unter Druck gesetzt. Die Büros der Bewährungshelfer sahen aus wie Wohnzimmer, dekoriert mit Blumen und Stilmöbeln, um keine Büroatmosphäre zu schaffen. Dem Probanden wurden gelegentlich sogar Geldmittel überwiesen, um den Bewährungshelfer aufsuchen zu können, was Unsinn war. Denn der Besuch ist eine Bringschuld des Gesetzesbrechers. Vor allem hat mich wahnsinnig geärgert, dass Bewährungshelfer es sogar unterließen, den Staatsanwaltschaften und Gerichten von neuen Straftaten des Schützlings zu berichten. Man hatte Angst, dass dies die Beziehung zwischen Bewährungshelfer und Straftäter belasten würde. Aus meiner Sicht war dies eine unzulässige Kumpanei. Der Bewährungshelfer ist staatliches Organ und Beamter.

Diese Zeiten sind zum Glück vorbei. Eine neue Generation von Bewährungshelfern arbeitet nun absolut professionell und mit großem Erfolg. Wer also triumphierend den Sitzungssaal verlässt, weil seine Freiheitsstrafe zur Bewährung ausgesetzt wurde, wird sich also schwer wundern. Der Rechtsstaat kann auf solche Provokationen mit Ruhe und Gelassenheit reagieren. Falls es nicht läuft, wird die Bewährung widerrufen. Der Richter, der das Strafurteil ausgesprochen hat, überwacht die Bewährung und kann gegebenenfalls eingreifen.

Dass – wie immer behauptet – mehrere Bewährungen nebeneinander aufgemacht werden, bis zu fünf oder sechs, ist nur sehr selten der Fall. Sicher, gelegentlich habe auch ich eine zweite trotz einer schon laufenden Bewährung verhängt. Dies waren aber etwa Fälle der Drogenabhängigkeit, in denen der Proband nunmehr endlich einen Therapieplatz gefunden hatte und ich keinen Sinn darin sah, ihm durch eine Haftstrafe diesen Weg zu verbauen. Es handelt sich dabei um absolute Ausnahmen. Eine dritte Bewährung wird so gut wie niemals neben schon zwei laufenden aufgemacht.

Ich wehre mich also dagegen, dass eine Stärke unseres Rechtsstaats, das Erfolgsmodell Bewährung, in der Öffentlichkeit leichtfertig zerredet wird. Das liegt auch daran, dass der Beschluss zum Widerruf einer Bewährung nichtöffentlich ist, über ihn wird also fast nie in den Medien berichtet.

Vorwurf 7: Die Polizei fängt sie, und ihr lasst sie wieder laufen

Wer die Zeitung aufschlägt, kann fast jeden Tag so etwas lesen wie: »Kaufhausdieb nach Personalienfeststellung auf freien Fuß gelassen.« Das sorgt verständlicherweise regelmäßig beim Bürger für Ärger und frustriert die Polizeibeamten. Es kommt selten genug vor, dass ein Dieb oder ein Einbrecher auf frischer Tat ertappt wird. Was läge da näher, als dieser Tat eine schnelle Strafe folgen zu lassen? Dieser Wunsch ist mehr als berechtigt.

Juristisch ist das aber nicht ganz so einfach. Eine Festnahme, würde Untersuchungshaft bedeuten. Darf ein Täter bis zu seiner Hauptverhandlung schon in Haft genommen werden, um das Verfahren zu sichern oder gar, um schon vor der Verurteilung zur Abschreckung zu dienen? Das Gesetz legt an die Untersuchungshaft hohe Hürden und dies ist auch richtig. Denn bis zum rechtskräftigen Abschluss des Strafverfahrens gilt die Unschuldsvermutung. Die kann nicht einfach beiseitegewischt werden.

Flucht und Verdunkelung

Das Gesetz schreibt deshalb vor, dass Haftgründe vom Richter geprüft werden müssen. Bei Kapitalverbrechen sind sie leichter zu finden als in Fällen der einfachen oder mittleren Kriminalität. Haftgründe sind vor allem die Gefahr von Flucht oder Verdunkelung, dass also Beweise vom Täter beiseite geschaffen werden könnten. Ist hier kein Risiko erkennbar und die Beweislage relativ klar, muss der Täter – wenn kein Kapitaldelikt vorliegt – bis zur Hauptverhandlung auf freien Fuß gelassen werden. Dasselbe gilt – selbst, wenn Haftgründe vorliegen – gelegentlich aus Gründen der Verhältnismäßigkeit, wenn zum Beispiel lediglich eine Geldstrafe zu erwarten ist. Dann kann dem Täter etwa ein schriftliches Urteil darüber (Strafbefehl) zugestellt werden. Wichtig ist also: Die Untersuchungshaft soll keine Strafe vorwegnehmen, sondern sichert lediglich, dass es zu einem Strafverfahren kommen kann.

Um Verfahren mit mehr Tempo zu führen, stellt das Gesetz ein anderes Instrument zur Verfügung und zwar das sogenannte beschleunigte Verfahren. Hier sind die formellen Voraussetzungen an Strafverfahren herabgesetzt. Es gibt keine Frist, die sonst zwischen Ladung und Prozesstermin liegen muss, und die Staatsanwaltschaft kann die Anklageschrift auch mündlich formulieren. Schnell und effektiv. Das beschleunigte Verfahren ist also sehr gut geeignet, um zum Beispiel einen auf frischer Tat ertappten Kaufhausdieb direkt vom Tatort zum Amtsgericht zu transportieren und dort von einem Richter bestrafen zu lassen.

In der Praxis ist das jedoch selten, weil diese Verfahrensform deutlich mehr Personal erfordern würde. Wird nämlich ein Dieb von der Polizei dem Gericht vorgeführt, muss sich unverzüglich ein Staatsanwalt mit der Akte beschäftigen und seine eigentliche Arbeit unterbrechen. Er muss dann vor Gericht diesen einzigen Fall vertreten und nicht die zehn bis fünfzehn Prozesssachen täglich, die sonst in einer Hauptverhandlung anstehen.

Ähnlich ergeht es dem Richter. Auch er muss sein Tagwerk unterbrechen und sich nun um diesen neuen Angeklagten kümmern, einen Sitzungssaal und einen Protokollführer beschaffen, die Akte lesen, sich über Beweismittel und die Geeignetheit des Verfahrens Gedanken machen. Das alles kostet viel Zeit, die die Justiz eigentlich nicht hat.

Dabei hätte das beschleunigte Verfahren noch einen weiteren Vorteil: Es kann sehr viel einfacher ein Haftbefehl erlassen werden. Kann der Richter nämlich aus organisatorischen

Gründen nicht am selben Tag die Verhandlung führen, dann ist immerhin Haft von bis zu einer Woche möglich, wenn Fluchtgefahr besteht. Das ist wenigstens etwas Zeit, um das Verfahren zwischen die anderen, schon lange angesetzten Verhandlungstermine zu terminieren.

Mehr Tempo nötig

Beschleunigte Verfahren werden vor allem an den großen Gerichten durchgeführt. Dort ist es effektiver, da nicht selten mehrere beschleunigte Verfahren an einem Tag anfallen. In Köln werden auf diese Art und Weise etwa 1000 Verfahren pro Jahr erledigt, eine starke Leistung. Dringend erforderlich wäre es jedoch, dass diese effektive Form des Strafens auch an den mittleren und kleinen Amtsgerichten in Deutschland eingesetzt werden kann. Es ist völlig inakzeptabel, dass dies an den fehlenden Personalressourcen scheitert.

Wenn sich nichts ändert und der Abschreckungseffekt durch diese zügigen Verfahren nicht ausgenutzt wird, kommt es zu mehr Kriminalität. Das verringert nicht nur die Sicherheit der Bürger, sondern belastet auch die Justiz noch mehr. Die Situation gleicht der eines Schuldners, der unentwegt arbeitet, um seine Schulden zu bezahlen, deshalb aber nicht dazu kommt, für die Kredite Sicherheiten zu stellen und deshalb hohe Girokreditzinsen zahlen muss – das ist wenig effektiv. Wir brauchen also endlich eine »Anschubfinanzierung« in Form von deutlich mehr Personal.

Vorwurf 8: Zu häufig wird das »weiche« Jugendstrafrecht angewendet

Dass Jugendstrafrecht milder sei als das Erwachsenenstrafrecht – darüber führten sogar Juristen Glaubenskriege. Viele

Jahrzehnte bekämpften sich zwei Lager hartnäckig. Das eine vertrat die Meinung, dass nahezu jeder Jugendliche in seiner persönlichen Entwicklung einmal Straftaten begeht und abweichendes Verhalten völlig normal ist. Hierauf sollte also in erster Linie mit den Methoden der Pädagogik reagiert werden. Richtige Strafen seien sogar schädlich.

Das andere Lager hielt diese Linie für zu weich und plädierte für mehr Härte. Einige Jugendrichter sind über diese Auseinandersetzung sogar bundesweit bekannt geworden, etwa die viel zu früh verstorbene Berliner Richterin Kirsten Heisig, die sich für vereinfachte Jugendstrafverfahren einsetzte und die erzieherische Wirkung von kurzen, aber rasch verhängten Arresten.

Ich selbst habe immer die Linie vertreten, dass nicht Härte, sondern Konsequenz wichtig sei. Dem Jugendlichen ist schnell und wirksam zu verdeutlichen, dass der Staat Straftaten nicht akzeptiert. Allerdings muss auch nicht gleich das Kind mit dem Bade ausgeschüttet und zu hart reagiert werden. Mit dieser Position bin ich regelmäßig zwischen die Fronten geraten. Denn die Vertreter der weichen Linie setzen Konsequenz mit Härte gleich, und die Gegenseite fand kein Gefallen an scheinbar zu milden Sanktionen.

Jugendliche Straftaten gehen zurück

Mittlerweile haben sich die Diskussionen beruhigt. Das liegt an einer neuen, ideologiefreien Richtergeneration, welche die Dinge wohltuend pragmatisch sieht. Es wird nun ohne große Aufregung schlicht das Gesetz angewandt. Mit Erfolg. Denn die Straftaten der Jugendlichen sinken seit Jahren deutlich. Dies kann an der »Tatverdächtigenbelastungszahl« ausgemacht werden. Sie sagt aus, wie viele jugendliche Straftäter in der polizeilichen Kriminalitätsstatistik in Erscheinung getreten sind – bezogen auf 100 000 Einwohner der gleichen Altersstufe. Lag diese Zahl noch im Jahr 2010 bei 6511, so fiel sie bis zum Jahr 2016 auf 4503. Eine äußerst beeindruckende Reduzierung.

Dass die Jugendkriminalität sinkt, ist mit Sicherheit auch auf umfassende gesellschaftliche Anstrengungen zurückzuführen. Es gibt zahlreiche Präventionsprogramme, die in der Praxis Wirkung zeigen. Polizei, Justiz und Jugendhilfe haben beispielsweise »Häuser des Jugendrechts« gegründet, in denen sie behördenübergreifend zusammenarbeiten. Es gibt auch Intensivtäterprogramme, die sich um die problematische Gruppe der Wiederholungstäter kümmern. Diese Erfolge finden leider wenig Resonanz in der Öffentlichkeit. Negative Meldungen finden eben schneller Verbreitung als positive. So bleibt das Vorurteil, Jugendkriminalität sei ein großes Problem und die Jugendrichter frönen der Kuschelpädagogik.

Weniger streng als bei Erwachsenen?

Bei Jugendlichen zwischen 14 und 17 Jahren gilt immer das Jugendrecht. Aber auch danach, zwischen dem 18. und 20. Lebensjahr, kann bei Reifeverzögerungen nach dem Jugendstrafrecht gehandelt werden. Ein oft geäußerter Vorwurf ist, dass dies eine besondere Milde bedeutet. Das aber ist ein Vorurteil. Das Erwachsenenstrafrecht kennt im Prinzip nur zwei Rechtsfolgen: die Geld- und die Freiheitsstrafe. Das ist im Jugendstrafrecht völlig anders. Der Gesetzgeber geht davon aus, dass Erziehungsmethoden bei Jugendlichen noch greifen. Sie stehen deshalb an erster Stelle.

Deshalb gibt es ein sehr flexibles abgestuftes Sanktionensystem. Am mildesten sind Erziehungsmaßregeln. Es werden Weisungen zur Lebensführung gegeben oder Erziehungshilfen angeordnet: Ein Anti-Aggressionstraining etwa oder die

Auflage, bestimmte Orte zu meiden – zum Beispiel bei Fußball-Rowdys.

Reichen diese Erziehungsmaßregeln nicht aus, da die Schuld zu schwer ist, werden Zuchtmittel ausgesprochen: Verwarnungen, Geld- und Arbeitsauflagen oder auch Jugendarrest – als Dauer- und Freizeitarrest.

Erst wenn auch dies nicht ausreicht, kommt die Jugendstrafe, die schwerste Sanktion, in Betracht. In Deutschland betrifft das rund 12 Prozent der verurteilten Jugendlichen. Bei über 70 Prozent treten Zuchtmittel in Kraft, 10 Prozent der Verurteilungen beschränken sich auf Erziehungsmaßregeln. Diese Maßnahmen können auch kombiniert werden.

Zeit für Besinnung

Dieses System lässt sich relativ schwer mit dem Erwachsenenstrafrecht vergleichen. Keinesfalls kann man aber pauschal behaupten, dass das Jugendstrafrecht milder ist. Stellen wir uns einen Fall vor, in dem ein Täter zum dritten Mal einen Kaufhausdiebstahl begeht. Bei einem Erwachsenen wird hier aller Wahrscheinlichkeit nach noch einmal eine Geldstrafe verhängt. Im Jugendstrafrecht kommt aber durchaus ein Zuchtmittel in Betracht: Freizeitarrest beispielsweise. Der Jugendliche wird übers Wochenende eingesperrt. Die Räume sind relativ karg eingerichtet, es gibt kein Fernsehen, kein Internet, kein Handy, allenfalls die neue Erfahrung eines klassischen Buches. Auf diese Weise erhält er die Gelegenheit, über seinen bisherigen Lebensweg ohne Ablenkungen nachzudenken. Das ist für die meisten Jugendlichen schon eindrückliche Erfahrung genug.

Natürlich – wir sind in Deutschland – wird selbst das von manchen Pädagogen schon als menschenunwürdig angesehen. Vor einiger Zeit erhielt ich einen entsetzten Anruf einer Mitarbeiterin eines Jugendamtes, die meinte, wir müssten an dem Wochenende doch irgendein sinnvolles pädagogisches Programm veranstalten. Ich habe ihr versucht klarzumachen, dass die Ruhe als solches das Programm sei. Das wollte sie nicht glauben.

Diese Kritik interessiert Jugendrichter aber wenig. Der Gesetzgeber hat entschieden und das muss umgesetzt werden. Ich bin auch sicher, dass der Jugendliche den Freizeitarrest nicht als mildere Maßnahme gegenüber einer Geldstrafe, die vielleicht die Oma zahlt, ansehen wird.

So ist es auch in den anderen Bereichen. Eine Arbeitsauflage oder ein sozialer Trainingskurs können durchaus anstrengender sein als eine Geldstrafe oder eventuell auch eine Bewährungsstrafe aus dem Erwachsenenstrafrecht. Jugendstrafrecht ist einfach anders – es ist nicht milder, sondern bietet eine größere Bandbreite im Sanktionensystem. Das ist auch der Hintergrund, warum Jugendrichter gegenüber Heranwachsenden, also bereits Volljährigen zwischen 18 und 20 Jahren, die Jugendstrafe tendenziell bevorzugen: Sie liefert einfach ein besseres Handlungstableau.

Vorwurf 9: Gefängnis ist doch heute keine Strafe mehr

Einige Jahre war ich Mitglied einer Strafvollstreckungskammer und als solches dafür zuständig, über vorzeitige Entlassungen aus der Strafhaft oder dem Maßregelvollzug zu entscheiden. Zuständige Maßregelvollzugseinrichtung war die Klinik in Eickelborn, im westfälischen Lippstadt, eine der größten Einrichtungen des Maßregelvollzugs in Deutschland. Maßregelvollzug heißt, ein Täter ist psychisch krank und deshalb gefährlich. In der Einrichtung soll zunächst seine Erkrankung behandelt werden; ist das nicht möglich, wird er dort gesichert. Diese Art Kliniken ist gegen Ausbrüche ähnlich wie eine Justizvollzugseinrichtung gesichert.

Wir mussten einen Insassen anhören, der die Nacht über randaliert und deshalb in den sogenannten Kriseninterventionsraum gekommen war. Das ist ein spartanisch eingerichteter Raum, in dem sich der Insasse nicht selbst verletzen kann. Wir fuhren zur Klinik, die von einem großen Zaun umgeben ist. Zuerst mussten wir in eine Schleuse für das Auto hineinfahren. Es wurde mit Spiegeln untersucht. Dann gingen wir zum Klinikbereich, der wiederum eingezäunt war. Es öffneten sich viele Schlösser, die nach Durchschreiten der Türen mit dem typischen Geräusch einrasteten. Es ging durch immer mehr Sicherheitsschleusen, bis wir den kleinen Raum erreichten, der in einem abgelegenen Flügel lag.

Wir konnten mit dem Betroffenen zunächst nur durch eine kleine Öffnung in der eisernen Tür sprechen. Ein Mann lag auf einer Pritsche, ansonsten befanden sich nur noch ein Tisch und ein Stuhl in dem Raum. Ich eröffnete das Gespräch mit der zugegeben etwas naiven Frage nach seinem Befinden. Er sagte: »Gut, bis auf die Umstände«. Das war nun wirklich mehr als beschönigend, tiefer konnte man kaum fallen. Selbst uns Richtern war unheimlich zumute. Das beklemmende Gefühl dieses Besuches vergesse ich nie. Der Maßregelvollzug ist kein Aufenthalt in einem Wellnesshotel. Er ist hart.

Freitod im Knast

Weit schlimmer noch ist es in den Justizvollzugsanstalten. Denn dort sind die Insassen nicht Patienten, sondern Häftlinge. Sicher, inzwischen gibt es Fernseher und Sportangebote, Arbeitsmöglichkeiten und auch Freizeit innerhalb der JVA. Aber für denjenigen, der die Freiheit gewohnt ist, ist dies ein schwacher Trost. Haft ist auch heute trotz der Vergünstigungen eine schwere Strafe. Suizid von Häftlingen ist deshalb ein ernsthaftes Problem. Im Jahr 2016 haben sich allein in Nordrhein-Westfalen 19 Gefangene selbst getötet – eine bedrückende Zahl.

Zum Glück steht auch hier der Resozialisierungsgedanke im Vordergrund. Die Häftlinge können einen Schulabschluss nachmachen, Sprachen lernen und vielleicht sogar einen Beruf ergreifen. Auch dies dient der Sicherheit der Gesellschaft. Denn ein Täter, dem es gelingt, diese Kompetenzen zu erwerben, hat bessere Aussichten auf ein straffreies Leben.

Ich frage mich: War auch nur ein einziger von denen, die immer behaupten, Strafvollzug sei gar keine richtige Strafe mehr, sondern gleiche eher einem Hotel mit Vollpension, jemals in einer Justizvollzugsanstalt? Nutzen Sie doch einmal das Angebot einer Justizvollzugsanstalt, an einem Tag der Offenen Tür einen »Knast« von innen zu erleben.

Vorwurf 10: Ihr seid blind – Ausländer sind krimineller als Deutsche

In diesem Buch ist häufig von kriminellen Ausländern die Sprache, und vielleicht fragen Sie sich, ob Ausländer denn krimineller seien als Deutsche. Diese Frage ist allerdings schon im Ansatz problematisch. Denn unsere Statistiken stellen regelmäßig auf die Staatsangehörigkeit ab. Es gibt aber auch viele Deutsche mit Migrationshintergrund – zum Beispiel aus Russland. Andererseits gibt es Ausländer, die seit Jahrzehnten in Deutschland leben und einfach verpasst haben, die deutsche Staatsangehörigkeit zu beantragen. Die Statistiken sind deshalb nicht aussagekräftig.

Allerdings ist der Anteil der als Ausländer erfassten Personen an den Gesamtverurteilungen im Jahr 2012 mit 23 Prozent proportional deutlich höher – bezogen auf ihren Bevölkerungsanteil von neun Prozent. Neulich saßen für unser Amtsgericht 50 Personen in Untersuchungshaft, darunter hatte nur noch eine einen deutschen Pass. Wie kommt die Wissenschaft dann dazu, immer wieder darauf zu verweisen, dass es keine Ausländerkriminalität gebe? Wie oft haben wir den Kriminologen Christian Pfeiffer aus Niedersachsen das sagen hören und gestaunt, weil es unserem Alltagswissen so sehr zu widersprechen schien. Die erstaunliche Antwort ist: Es kommt auf den Blickwinkel an. Beide Seiten haben Recht.

Verstand vs. Wissenschaft

Die Öffentlichkeit sieht in der Untersuchungshaft des Amtsgerichts Bielefeld einfach nur 49 Ausländer und einen Deutschen, die absoluten Zahlen. Die Wissenschaftler aber relativieren. Zunächst verweisen sie darauf, dass bei einem Vergleich zwischen Deutschen und Ausländern diejenigen Delikte herausgerechnet werden müssten, die ja nur Ausländer begehen könnten, etwa unerlaubte Einreise. Das ist sinnvoll, aber streng genommen müsste man dann auch Delikte bei den Deutschen abziehen, die bestimmte Gruppen von Ausländern gar nicht begehen können. Das sind zum Beispiel diejenigen, die mit der deutschen Staatsbürgerschaft verknüpft sind wie das Wehrstrafrecht oder Straftaten von Beamten. Ein Flüchtling zum Beispiel kann ja noch gar keine Steuerhinterziehung begangen haben und auch keine Straßenverkehrsstraftat, weil er gar kein Auto besitzt.

Kriminell ist relativ

Immerhin zeigt diese Überlegung, dass der Vergleich wegen der verschiedenen Deliktsgruppen schon im Ansatz schwer ist. Die kriminologische Wissenschaft relativiert aber auch noch an anderen Stellen. In die Ausländerkriminalität fallen beispielsweise auch Straftaten von Ausländern, die gar nicht in Deutschland wohnen. Dies mache schon 30 Prozent des Unterschieds aus. Für die Flüchtlinge verweist sie weiter darauf, dass sie zum großen Teil männlich sind und Kriminalität in erster Linie von Männern begangen wird, dass die Flüchtlinge jung sind und die Kriminalitätsrate in der Jugend überall höher ist, dass die Flüchtlinge den geringeren Bildungsabschluss haben und geringe Bildung auch zu mehr Kriminalität führt usw. Schließlich gibt es noch ein weiteres Argument, nämlich die Dunkelziffer. Der deutsche Chef, der seiner Mitarbeiterin an die Brust fasst, soll weniger oft angezeigt werden, als ein Nordafrikaner, der dasselbe in Köln auf der Domplatte macht. Die gesamte Kriminologie ist sich deshalb einig: Die offiziellen Zahlen sind wenig aussagekräftig.

Diese Relativierung der Wissenschaft ist richtig, hilft aber nicht wirklich weiter. Wir sind alle überzeugt, dass Kriminalität Menschen nicht angeboren ist, sondern bestimmte Umstände dazu führen. Junge, ungebildete Männer in jeder Gesellschaft sind dabei am anfälligsten. Fest steht aber auch, dass es bestimmte Deliktsgruppen gibt, auf die sich im Besonderen ausländische Gruppen »spezialisiert« haben: Südosteuropäer auf Kaufhaus- und Einbruchsdiebstahl, libanesische Araber auf Drogen, Schutzgelderpressungen, Prostitution, Schwarzafrikaner ebenfalls auf Drogenhandel. Die Deutschen stehen da natürlich nicht drüber. Sie begehen dafür Straftaten, die in besseren Einkommensverhältnissen begangen werden, wie Steuerhinterziehung oder Wirtschaftsstraftaten.

Wichtig ist, keine Tabus zu schaffen und die gesellschaftliche Diskussion zu öffnen. Viele Bürger haben den Eindruck, die Dinge würden vertuscht, wenn eine Straftat von einem Ausländer begangen oder eine ethnische Bande auffällig wurde. Denken wir an die angeheizte Diskussion, als der Mord von Freiburg, begangen von einem Afghanen, nicht in der *Tagesschau* behandelt wurde. Der Flüchtlingsstrom hat zu einer Öffnung der gesellschaftlichen Diskussion geführt und zu mehr Realitätssinn. Noch im Jahr 2014 behauptete Amnesty International schlicht, dass dunkelhäutige Menschen von der Polizei eher kontrolliert würden als der Rest der Bevölkerung. Dies sei »Racial Profiling«. So etwas hat Auswirkungen: Im gleichen Jahr musste sich die Polizei in Bielefeld vom Arbeitskreis Asyl e.V. bei Kontrollen von Schwarzafrikanern auf dem Kesselbrink – einem Umschlagplatz für Drogen – vorhalten lassen, sie »diskriminiere« Schwarzafrikaner. Die Kontrolle sei allein an der Hautfarbe ausgerichtet und verletze daher die Menschenrechte. So etwas ist ein schwerer Vorwurf, und man muss sich klar machen: Überall gibt es Rassismus, sicher auch in der Polizei. Hier war der Vorwurf aber Unsinn. Wenn nun mal die polizeiliche Erfahrung belegt, dass der unstrittige Drogenhandel dort in der Hand von Personen aus diesen Ländern ist, muss auch kontrolliert werden können – wie umgekehrt bei Subventionsbetrug die Zentralen deutscher Konzerne durchsucht werden und nicht Flüchtlingsheime. Hier spricht auch niemand von Diskriminierung.

Vorwurf 11: Die Kleinen fängt man und die Großen lässt man laufen

Nur 25 Prozent der Bevölkerung meinen, vor deutschen Gerichten ginge es mit rechten Dingen zu. Ein katastrophaler Wert. Aber glauben Sie mir, das Vorurteil, dass nur die »Kleinen« für Vergehen büßen müssen, stimmt nicht.

Natürlich werden sich Strafverfahren finden, die isoliert betrachtet mit einem harten Urteil endeten, obwohl es nur um eine geringfügige Straftat ging. Doch im Regelfall ist die Justiz mit Ersttätern im Bereich der Kleinkriminalität großzügig. Die ersten Strafverfahren werden bei Schwarzfahrten, Beleidigungen oder kleineren Kaufhausdiebstahlen und Drogen zum Eigengebrauch eingestellt. Zunächst wegen Geringfügigkeit, dann eventuell gegen (Geld-)Auflagen. Danach gibt es Urteile im schriftlichen Verfahren, die auf Geldstrafe lauten. Da man in Deutschland erst dann als strafrechtlich vorbelastet gilt, wenn die Geldstrafe drei Monatsgehälter überschreitet (mehr als 90 Tagessätze), zerstört eine solche Geldstrafe auch nicht die Lebensläufe der Angeklagten.

Es dauert also seine Zeit, ehe jemand, dem eine relativ kleine Straftat vorgeworfen wird, eine Freiheitsstrafe erhält. Selbst dann wird sie beim ersten Mal fast immer zur Bewährung ausgesetzt. Ich finde das alles sehr großzügig. Der Rechtsstaat kann sich das auch erlauben, weil er auf Einsicht setzen kann. Bei den ersten Einstellungen geht er davon aus, dass sich der Straftäter schon allein durch die Ermahnungen der Staatsanwaltschaft oder des Gerichtes belehren lässt. Ein Brief von der Staatsanwaltschaft – das hinterlässt schon Eindruck. Wenn das nicht der Fall ist, dann doch wohl zumindest über Geldbußen.

Strafen wirken

Und in der Tat – ich habe bereits über den Erfolg des deutschen Sanktionensystems gesprochen – wirkt diese abgestufte Reaktion in den allermeisten Fällen. Erst denjenigen, der immer und immer wieder kriminell wird, trifft dann doch mal die Härte des Gesetzes. Was soll ein Richter auch tun, wenn er anders auf einen Angeklagten nicht einwirken kann? Irgendwann ist die erste Freiheitsstrafe fällig, die nicht mehr zur Bewährung ausgesetzt werden kann. Die Akten vergessen nicht. Bei jedem neuen Strafverfahren wird dem Richter das alte Strafregister mit vorgelegt. Er sieht also genau, was Sache ist.

Hat sich der Straftäter auch eine Freiheitsstrafe nicht zur Warnung dienen lassen, wird der Richter so gut wie nie zu einer Geldstrafe zurückkehren, sondern auch weiter Freiheitsstrafen verhängen. Er hat gar keine andere Wahl, denn eine positive Prognose kann er ja wohl kaum stellen. Ich kann mich an einen von mir entschiedenen Fall erinnern, in dem ein Angeklagter schon mindestens zwanzigmal wegen vorsätzlichen Fahrens ohne Fahrerlaubnis verurteilt worden war. Die letzten Male zu Freiheitsstrafen von zehn Monaten ohne Bewährung. Eigentlich traurig, denn dieser Angeklagte saß nur wegen seiner Fahrten insgesamt mehr als zehn Jahre in Haft. So weich wie das System am Anfang ist, so hart ist es am Ende.

Im Vergleich zu Straftaten der »Großen« ist noch zu berücksichtigen, dass es bei den Straftaten des »kleinen Mannes« meist um einfach zu ermittelnde Tatkomplexe geht. Schwarzfahrt, Kaufhausdiebstahl, Trunkenheitsfahrt – sie lassen sich verhältnismäßig schnell und einfach mit nur wenigen Zeugenaussagen ermitteln. Genau dies ist auch der entscheidende Unterschied zu den Straftaten der Großen. Dort geht es regelmäßig um komplexe Sachverhalte, etwa langjährige Steuerhinterziehungen, umfangreichen Subventionsbetrug, Straftaten gegen das Aktienrecht usw. Die Aufklärung kann Jahre dauern, und bei jedem einzelnen Schritt haben der Angeklagte und sein Verteidiger Gelegenheit, Beweisanträge – etwa auf Vernehmung ausländischer Zeugen zu stellen – und dadurch die Aufklärung zu erschweren. Das darf ihnen sicherlich nicht vorgeworfen werden, führt jedoch tendenziell dazu, dass die Strafe durch das Gericht gegebenenfalls milder wird, um überhaupt zu einer Verurteilung kommen zu können.

Keine Unterschiede

Da gibt es aber auch noch das entgegengesetzte Vorurteil, die Justiz sei auf »Großwildjagd« und verfolge bekannte Persönlichkeiten mit besonderer Akribie. Ob beim Strafverfahren gegen Klaus Zumwinkel, Thomas Middelhoff oder Uli Hoeneß – ein Teil der Öffentlichkeit wies immer wieder daraufhin, dass deren Verfolgung unverhältnismäßig gewesen sei. Eine moderne Strafverteidigung betreibt auch offensive Medienarbeit, um auf diese Art und Weise das Gericht unter Druck setzen zu können. Diese Taktik hat sogar einen Namen und nennt sich Litigation-PR.

Schauen wir uns die verhängten Strafen in diesen Fällen an, habe ich zumindest nicht den Eindruck, die Manager wären überdurchschnittlich milde oder hart behandelt worden. Thomas Middelhoff wurde vom Landgericht Essen wegen Untreue – er hatte private Flüge und eine Festschrift zu Unrecht von seinem Arbeitgeber bezahlen lassen – zu drei Jahren Freiheitsstrafe verurteilt. Hoeneß bekam, da das Gericht seine Selbstanzeige für unwirksam befand, wegen Steuerhinterziehung eine Freiheitsstrafe von dreieinhalb Jahren. Zumwinkel hatte mehr Glück. Er bekam bei seiner Verurteilung wegen Steuerhinterziehung eine Freiheitsstrafe von zwei Jahren auf Bewährung. Aber so etwas muss es auch bei Wirtschaftskapitänen geben können, ohne dass gleich der Vorwurf in die eine oder andere Richtung erhoben wird, es ginge nicht mit rechten Dingen zu. Das Gericht berücksichtigte sein Geständnis, seine Vorverurteilung durch die Öffentlichkeit und die prompte Schadenswiedergutmachung. So etwas würde es auch bei einer kleinen Straftat beachten.

Mehr Verfolgung von Wirtschaftstaten

Entscheidend scheint es mir zu sein, dass die Justiz trotz aller Schwierigkeiten, Großverfahren in den Griff zu bekommen, effektiv zu reagieren vermag. Das deutsche Strafrecht hat zum Beispiel die Korruptionsbekämpfung wesentlich ausgeweitet. Korruption wird viel bewusster verfolgt. Auch andere Rechtsgebiete haben reagiert. So sind Korruptionszahlungen nicht mehr steuerlich absetzbar, was früher tatsächlich der Fall war. In Kartellverfahren werden horrende Bußgeldzahlungen wie etwa gegenüber dem Unternehmen ThyssenKrupp festgesetzt. Die Wirtschaft hat hierauf reagiert und zumeist sogenannte Compliance-Abteilungen eingeführt, die nun genau darauf achten, dass die Gesetze und Unternehmensregeln eingehalten werden.

Doch die Diskussion geht weiter. Derzeit wird in der Rechtspolitik die Einführung eines eigenen Unternehmens-Strafrechts diskutiert – bestraft wird dann nicht mehr die einzelne Person, sondern gleich das Unternehmen selbst. Der globale Wirtschaftsraum führt dazu, dass auch aus anderen Ländern Druck kommt. VW wird sich Manipulationen an ihren Autos in Zukunft genau überlegen.

Es wird also etwas auch gegen die »Großen« getan, ohne dass man sagen könnte, dass sie unverhältnismäßig in die Zange genommen werden. Allerdings wird wegen der häufig sehr langen Verfahrenslaufzeiten in rund 30 Prozent der Wirtschaftsstrafverfahren die Strafe schließlich unter die eigentlich gerechte Strafe reduziert. Zu lange Verfahren sind juristisch ein Milderungsgrund. Das aber dürfte es nicht geben und ist sicherlich eine Achillesferse.

Trotz allem: Ich habe den Eindruck, dass die Justiz weder große Namen scheut noch sie übermäßig begünstigt. Natürlich ist es ein Kriterium bei der Strafzumessung, wenn etwa ein Wirtschaftsboss durch das Strafverfahren seinen Job verloren und seinen Ruf in der Öffentlichkeit eingebüßt hat. Dadurch ist er bereits stark beeinträchtigt, sodass die Strafe gemildert werden kann, aber eben nur etwas. Und eigentlich ist es bei den kleinen Straftaten nicht anders. Auch hier wird berücksichtigt, wenn der Straftäter beeinträchtigt wurde, also beispielsweise beim vorsätzlichen Fahren ohne Fahrerlaubnis in einem Unfall verletzt wurde. Und es zählt, ob er sich um die Schadenswiedergutmachung bemüht oder nicht.

Es ist also richtig, die Kleinen fängt man. Vielleicht früher als die Großen. Aber auch die kommen nicht ungeschoren davon. Sie haben aber wie jeder andere Bürger auch den berechtigten Anspruch, in unserem Strafsystem nicht völlig vernichtet zu werden. Großwild kennen die Richter und Staatsanwälte dieses Landes nicht. Vor dem Gesetz ist jedes Wild gleich.

KAPITEL 3

RETTEN WIR DEN RECHTSSTAAT!

Eine unabhängige Justiz und stabile Rechtssicherheit sind die Garanten des Rechtsstaats – der einzigen Staatsform, die in Zeiten multiethnischer, -kultureller und -religiöser Globalisierung längerfristig Bestand haben kann. Dass die Grundlage des Miteinanders in einer Gesellschaft ein gemeinsamer Vertrag ist und nicht mehr von der Laune oder der Besitzgier eines Potentaten abhängt, dafür haben Generationen hart gekämpft. In der Aufklärung suchte Montesquieu, selbst Jurist, nach den Kriterien einer universellen Staatsordnung, die gleichzeitig der absolutistischen Willkür seiner Zeit ein Ende machen sollte. Politische Freiheit brauche Sicherheit, schrieb er in seinem Werk *Vom Geist der Gesetze* (1748), die gäbe es aber nur, wenn die richterliche Befugnis von der legislativen und von der exekutiven Befugnis »geschieden« werde.

Sein Plädoyer für die Gewaltenteilung ist heute, wo die Demokratie überall in der Welt gern wieder ad acta gelegt wird oder zumindest in ihr »illiberales« Gegenteil zu verkehren droht, wieder hochaktuell. In der Schnelllebigkeit der digitalen Zeit geht der Blick auf das »große Ganze« verloren – viele Bürger, aber vor allem auch ihre parlamentarischen Vertreter haben den Respekt und die Wertschätzung für das Rechtssystem verloren, das doch die Grundlage – ganz nach Montesquieu – ihrer individuellen Freiheit ist. Die Strukturen des Rechtssystems sind ausgedünnt worden, und die Bürger zweifeln an Gerechtigkeit und Sicherheit. Das Vertrauen in den Rechtsstaat bröckelt. Dies gefährdet den gesellschaftlichen Zusammenhalt.

Es ist höchste Zeit, etwas gegen diese bedrohliche Entwicklung zu tun, und dabei ist jeder angesprochen – Sie als Bürger, ich als Richter, die Politiker in Bund und Ländern.

Was die Politik ändern muss

Wie kann das Vertrauen der Bürger in den Rechtsstaat wiederhergestellt werden? An erster Stelle ist es die Politik, die die Verantwortung für den Abbau des Justizapparates trägt – und damit die schleichende Zersetzung der demokratischen Grundfesten. Sie ist es, die dringend handeln muss, und wir Wähler müssen diesen Prozess einfordern und begleiten.

Die Judikative muss wirklich Dritte Staatsgewalt werden

Bei einer Umfrage würden wohl die meisten Bürger sagen, dass die Gewaltenteilung in Deutschland umgesetzt ist. Weit gefehlt. Wir kennen nicht drei, sondern allenfalls zweieinhalb Gewalten. Denn die Judikative, die rechtsprechende Gewalt, hat es in Deutschland nie geschafft, sich voll zu entfalten.

Deutschland ist da ein rückständiger Sonderling unter den anderen westlichen Gesellschaften. An der Spitze unserer Rechtsprechung steht der Justizminister – also ein Politiker mit seinem Ministerium, ein Mitglied der Exekutive. Trotzdem ist er weisungsbefugt, wenn es um die Verwaltung der Justiz geht. Bei der Gerichtsorganisation regiert also die Exekutive bis zum Boden der Judikative durch. Das hat Konsequenzen.

Internationaler Standard wäre eine selbstverwaltete Justiz, die auch sicherstellt, dass die Politik keinen Einfluss auf die Entscheidungen der Staatsanwaltschaft nehmen kann. Das muss politisch umgesetzt werden. Dass ein Generalbundesanwalt nicht einfach ohne Angabe von Gründen in den Ruhestand geschickt werden darf, sollte ebenfalls selbstverständlich sein. Hier sind die Länder übrigens einen Schritt weiter als der Bund. Sie haben bereits durchweg ihre Generalstaatsanwälte vom Status des politischen Beamten befreit.

Die Politik hat sich selbst an das Recht zu halten!

Unser Recht ist in die Defensive geraten, weil wir es nicht mehr konsequent anwenden. Der Staat selbst hält sich nicht an seine eigenen Gesetze. Vom häufigen Bruch der Maastricht-Kriterien für die Verschuldungsgrenzen von Ländern der Eurozone bis hin zur rechtlich strittigen, in jedem Fall nicht zwingend notwendigen Aussetzung des schon erwähnten Dublin II-Abkommens (zur Prüfung eines Asylantrags an den Außengrenzen der EU) und vielen weiteren Fällen: Der Staat weicht immer öfter seine eigenen Regeln auf. Das ist aber nur eine Spitze des Eisbergs. Weitere Beispiele lassen sich schnell finden: Mit dem Ankauf der Steuer-CDs aus der Schweiz ermöglichen wir zwar die Aufklärung von Straftaten, dies aber auf Kosten des Rechts. Denn wir kaufen Daten an, die ihrerseits durch Straftaten erlangt worden sind. Natürlich interessiert sich die Schweiz dann dafür, wen unser Staat nun auf Kosten des Schweizer Rechts zu Millionären gemacht hat. Da müssen wir uns nicht wundern, dass dies dann – natürlich auch rechtswidrig – durch Spionagetätigkeit geschieht. Hier ist eine Spirale staatlichen Rechtsbruchs in Gang gesetzt worden, wie ein aktuelles Beispiel illustriert: Zunächst hat die Schweiz jahrelang Steuerhinterziehung geduldet. Dann hat Deutschland darauf mit einer Art Datenhehlerei geantwortet. Darauf hat die Schweiz Spione entsandt, um festzustellen, wer wann von wem die CDs ankauft. Das alles ist ein Unding zwischen zivilisierten Staaten.

Auch die Nichtanwendungserlasse biegen das Gesetz: Ergeht eine Gerichtsentscheidung in Steuersachen, die der Staat für zweifelhaft hält, verfügt die Finanzverwaltung nicht selten, dass diese Entscheidung auf andere vergleichbare Fälle nicht angewandt werden darf. Damit treibt er aber Bürger in Prozesse. Denn wer sich dann noch ungerecht behandelt fühlt, muss einen aufwändigen Einzelprozess führen, was die resignierten Betroffenen oft nicht tun. Zurück bleibt nur ein Riss in ihrem Rechtsbewusstsein.

Ausländerrecht: Anerkennen oder abschieben!

Geradezu katastrophal hat sich die Nichtanwendung des Rechts durch den Staat im Ausländerrecht ausgewirkt. Zum Glück gibt es für verfolgte Menschen Asyl und völkerrechtlichen Schutz nach der Genfer Konvention. Die Kehrseite derselben Medaille ist aber, dass Menschen, die nicht darunter fallen, auch konsequent ausgewiesen und abgeschoben werden müssen. Das passiert nicht, weil Politiker Angst haben für unmenschlich gehalten zu werden und Wähler zu verlieren.

So entstehen Graubereiche. Menschen, die sich hier eigentlich nicht auf Dauer aufhalten dürfen, integrieren sich auch nicht. Duldung darf es aber einfach nicht auf Dauer geben: Die Alternativen sind entweder sicherer Aufenthalt und Integration oder Ausweisung und Abschiebung. Ich plädiere hier nicht für mehr Härte, sondern schlicht für Rechtsvollzug: Es verletzt Rechtsstaatlichkeit und Rechtsempfinden und gefährdet damit auch die Grundlagen unserer Demokratie, wenn der Staat Gesetze erst erlässt, sie dann aber nicht umsetzt. Nur weil das aber geschah, konnte er im Jahr 2015 von einem Flüchtlingsstrom überrollt werden.

Die Zahl der ausreisepflichtigen Ausländer wird sich bis Ende 2017 auf voraussichtlich 450 000 erhöhen. Das hätte bedacht werden müssen, als die Schleusen geöffnet wurden. Es hätte auch in Betracht gezogen werden müssen, was dies für die Sicherheit unseres Landes ausmacht. Nach langen Jahren, in denen die Kriminalität gesunken ist, steigt die Gewaltkriminalität nunmehr wieder. Nicht, weil wir zu viele hilfsbedürftige Menschen aufgenommen haben, sondern weil wir durch den Kontrollverlust an unseren Grenzen nicht mehr unterscheiden konnten, wer schutzbedürftig ist und wer nicht. Wir haben zu viele Menschen in unser Land gelassen, die schon in ihren Heimatländern kriminell waren. Ein Staat, dem an seiner Existenz etwas liegt, muss seine Grenzen schützen. Wir brauchen deshalb schnellere Abschiebungen und Rückführungen.

Zuwanderung: Klare Ziele und bessere Kontrolle

Das Gefühl, in diesem Staat sicher leben zu können und von ihm ausreichend geschützt zu werden, ist die Voraussetzung für Vertrauen in den Rechtsstaat. Damit wir aber wissen, wer sich überhaupt bei uns aufhält, ist EU-weit ein Ein- und Ausreiseregister zu schaffen. Wenn ein Visum abläuft, müssen wir wissen, ob die Person wirklich zurückgereist ist oder nicht.

Um Täuschungen über die Identität zu verhindern, müssen die Daten unseres deutschen Fingerabdruckregisters besser mit denen des europaweiten Schengenregisters abgeglichen werden. Selbstverständlich müssen die Standards und Verfahren auf europäischer Ebene vereinheitlicht werden.

Vor allem aber bedarf es nun endlich einer klaren politischen Lösung, was wir mit der Zuwanderung wollen. Wir haben einen viel zu hohen Anteil an Migranten, die in unser Land kommen, aber mit unserem Grundprinzip der Herrschaft des Rechts Schwierigkeiten haben. Sie kommen aus Gegenden, in denen der Staat immer eine Bedrohung war: dem Balkan, Nordafrika, Schwarzafrika. Da ist es nachvollziehbar, dass sie keine positive Einstellung zum Staat haben. Wir handeln naiv, wenn wir glauben, in wenigen Wochen Integrationskurs könnten wir sie von unserem Staats- und Gesellschaftsmodell überzeugen – das bedarf mehrerer Generationen.

In Wirklichkeit, muss man selbstkritisch sagen, sind wir Kulturchauvinisten: Wir halten unsere Gesellschaftsform für höherwertiger und glauben deshalb, diese Zuwanderer würden mit fliegenden Fahnen überlaufen. Da schwingt auch ein Stück Respektlosigkeit vor anderen kulturellen Gegebenheiten mit. Letztendlich schaffen wir dadurch keine Toleranz, sondern Unmenschlichkeit. Denn Menschen, die zu weit von unserem Denken entfernt sind, können nur schwer integriert werden und laufen Gefahr, Parallelgesellschaften zu entwickeln.

Die Politik muss also Zuwanderung und Asyl klar voneinander trennen. Wir brauchen Zuwanderung, sollten uns aber bewusst machen, dass diese in den Herkunftsländern Schäden anrichtet. Denn wir entziehen wirtschaftlich ärmeren Staaten die Fachkräfte, die sie selbst dringend zur Entwicklung ihres

Landes benötigen. Schon heute gibt es mehr ukrainische Ärzte in London als in Kiew. Ich finde das nicht richtig.

Falsch verstandene Toleranz

Die Politik hat auch an anderer Stelle Graubereiche im Strafrecht entstehen lassen. So werden Handel und Konsum von Drogen – durch Erlasse der Ministerien an die Staatsanwaltschaften – toleriert, wenn bestimmte Mengen nicht überschritten sind. Dies führt zu dem gesellschaftlichen Irrtum, Marihuana-Konsum sei zulässig. Cem Özdemir (Bündnis 90/Die Grünen) etwa lässt sich sogar mit Hanfpflanzen abbilden, womit er unterstreicht, dass ihn das Recht nicht interessiert. Trotz gegenteiliger Gesetzeslage werden durch derartige Erlasse weitere Bereiche quasi straflos gestellt: etwa der Diebstahl geringwertiger Sachen oder das Schwarzfahren. Zu Recht hat sich darüber im Jahr 2017 eine große Parfümeriekette beschwert, die durch Ladendiebstähle Millionen verliert. So geht es nicht. Wenn ein Gesetz besteht, muss es durchgesetzt werden, und die Behörden müssen selbstverständlich so ausgestattet werden, dass dies auch geschehen kann.

Das Recht muss entfrachtet werden

Die Aufgabe des Rechtsstaates ist es, für Frieden in einer Gesellschaft zu sorgen. Dabei sollte er sich – den Prinzipien eines freiheitlich verfassten Gemeinwesens gemäß – darauf beschränken, die wirklich wichtigen Dinge zu regeln. Die Politik aber überlastet den Rechtsstaat zunehmend durch immer neue Regelungen. Etwa im Strafrecht, das dringend durchforstet werden muss.

Dazu gehört zum Beispiel das Schwarzfahren. Es darf nicht sein, dass der Staat Polizisten und Staatsanwälte einsetzen muss, nur weil lokale Verkehrsbetriebe sich aus ökonomischen

Gründen weigern, im öffentlichen Personennahverkehr effektive Zugangskontrollen zu schaffen. Dieser Einsatz der Justiz kostet Geld und Zeit. Von solchem und ähnlichem Ballast befreit, könnten sich die Sicherheitsbehörden stärker wieder auf das Wesentliche konzentrieren.

Um dieses Ziel zu erreichen, bedarf es so schnell wie möglich einer Kommission von Fachleuten, die das Justizministerium berät und Reformen im Sinne einer Konzentration auf der Wesentliche umsetzt. Haupthindernis für ein solches Durchforsten der Vorschriften war stets die Angst der Politik, der Bürger würde das als »Zurückweichen vor der Kriminalität« empfinden – was nicht in die aktuelle Sicherheitsdebatte passt. Dieses Hindernis sollte überwunden werden. Denn das Gegenteil ist der Fall: Meiner Erfahrung und Überzeugung nach wünschen sich die Bürger eine Strafjustiz mit niedrigerer Quote eingestellter Verfahren, angemessenen Strafen und kurzen Verfahrenslaufzeiten – und dies bezogen auf die wirklich wichtigen Tatbestände. Sie wünschen sich keine Strafjustiz, die sich in unwesentlichen Delikten aufreibt und den Bürgern keinen Raum mehr für die Selbstregulierung lässt.

Ein weiteres Beispiel für problematisches Umgehen mit Sanktionsnormen sind Bußgeldverfahren, etwa im Straßenverkehr für zu schnelles Fahren. Sie nehmen den Gerichten tendenziell zu viele Kapazitäten weg, die dann in wirklich wichtigen Verfahren fehlen. Die Politik sollte sich den Ruck geben und die Einnahmen aus den Bußgeldverfahren – reduziert um die tatsächlich anfallenden Verwaltungskosten – nur noch gemeinnützigen Einrichtungen zukommen lassen. Bisher führt der Vorwurf, die Behörden wollten mit Bußgeldern nur ihren Haushalt verbessern, zu vielen Einsprüchen und damit auch vielen Gerichtsverfahren, die dann – siehe oben – die Justiz unnütz binden. Der Bürger könnte dann auch wieder das Vertrauen haben, dass wirklich seine Ordnungswidrigkeit im Vordergrund des Bußgelds steht und nicht ökonomische Erwägungen.

Einfachere Verfahren, kürzere Prozesse

Richter müssen wieder zum Herrn des Gerichtssaals werden, anstatt Getriebene zu sein, und zudem Verfahren zügig durchziehen können. Das ist möglich. Blicken wir etwa nach Norwegen. Hier hat das Verfahren gegen den rechtsradikalen Attentäter Anders Breivik nur vier Monate gedauert. Warum sollte so etwas in Deutschland nicht denkbar sein? Die Wirklichkeit sieht indes anders aus. Im April 2017 platzte ein Verfahren vor dem Landgericht Koblenz gegen 26 angeklagte maßgebliche Neonazis. Die Anklageschrift umfasste bereits 1000 Seiten. Nach 337 Verhandlungstagen und fünf Jahren Verhandlungszeit wurde abgebrochen, da das Verfahren vor der Pensionierung des Vorsitzenden nicht mehr zu Ende geführt werden konnte. In dem Verfahren waren 400 Verfahrensanträge, 240 Beweisanträge und über 500 Befangenheitsanträge gestellt worden. Ein solcher Prozess ist kein Strafverfahren, sondern ein Martyrium für die Richter und belegt eindrucksvoll einen durchgreifenden Reformbedarf. Nun muss mit anderen Richtern wieder bei Null begonnen werden.

Bei solchen Verfahren sind wir mit unserer sperrigen Prozessordnung am Ende dessen, was justiziabel ist. Auch deswegen brauchen wir eine Reform der Strafprozessordnung, orientiert an anderen Staaten, siehe das Beispiel Norwegen. Dass die Lobby der Strafverteidiger versucht, durchgreifende Reformen zu verhindern, weil der Status quo für sie lukrativer ist, darf kein Grund sein, sie nicht zügig anzupacken.

Auch das Revisionsrecht muss reformiert werden. Denn heute gilt in Deutschland, dass ein einziger Fehler in der Prozessführung zur vollständigen Aufhebung eines jahrelangen Prozesses führen kann. Auf diese Weise werden Vermeidungsstrategien der Gerichte gefördert und Verfahrensverzögerungen verursacht. Um diese Tendenzen zu unterbinden, sollte die Revisionsinstanz zu einer prozessbegleitenden Kontrollinstanz umgebaut werden. Mögliche Fehler könnten so im Ausgangsverfahren schon vor Verfahrensabschluss festgestellt und korrigiert werden. Das könnte beispielsweise auch für die von Verteidigern gern monierte Gerichtsbesetzung gelten.

Für ein bürgerfreundliches Zivilrecht

Momentan gehen uns die großen Verfahren zwischen den international tätigen Unternehmen verloren. Das ist nicht gut für den deutschen Rechtsstaat und seine Akzeptanz. Gern verweist die Politik darauf, dass die Justiz in Deutschland ein wichtiger wirtschaftlicher Standortfaktor sei, denn sie sorge für Rechtssicherheit für die Unternehmen. Die Zahlen belegen etwas anderes.

Das war nicht immer so. Früher konnte Deutschland mit Blick auf Wirtschafts- und Handelsangelegenheiten ein juristisches Erfolgsmodell vorweisen: eine Kammer speziell für Handelssachen an jedem Landgericht, besetzt mit einem Berufsrichter und zwei Kaufleuten als fachkundige Richter. Doch diese Parteien weichen jetzt aus, zum Beispiel auf nicht-öffentliche Schiedsgerichte, da sie hier die Richter auswählen können, die Verfahren nichtöffentlich sind und zudem kein Rechtsmittel eingelegt werden kann und die Verfahrenslaufzeiten damit kurz sind.

Wir müssen unseren Rechtsstaat also auf die ökonomisch induzierten Veränderungen durch die Globalisierung einstellen, um auch auf diese Weise die Akzeptanz für unsere demokratische Gerichtsordnung in der Wirtschaft zu stärken.

Insbesondere sollten wir internationale Kammern für Wirtschaft und Handel etablieren, bei denen von der Einreichung des Schriftsatzes bis zum Urteil alles auf Englisch abläuft. Bisher ist das noch nicht möglich. Zudem müssen wir dem berechtigten Bedürfnis der Parteien, Geschäftsgeheimnisse nicht verraten zu müssen, entgegenkommen, indem wir die Öffentlichkeit ausschließen dürfen. Besser keine Öffentlichkeit vor einem staatlichen Gericht als die völlige Abgeschiedenheit privater Schiedsgerichte, die sich staatlicher Kontrolle entziehen.

Die staatliche Justiz könnte zudem dem Bedürfnis der Wirtschaft nach höherem Tempo entsprechen, indem die Parteien gleich mit dem Verfahren in der Berufungsinstanz beginnen können und so die erste Instanz überspringen. So muss beispielsweise ein Prozess um eine nach Asien verkaufte Anlage derzeit zunächst am Landgericht beginnen und geht dann mit der Berufung an das Oberlandesgericht. Es wäre wünschenswert, dass dieser Prozess zukünftig gleich am Oberlandesgericht beginnen könnte, wenn die Parteien das vereinbaren. Das spart eine Instanz und damit Zeit.

Wir müssen aber auch für den normalen Bürger, also den Verbraucher, da sein. Das Zivilrecht muss auch für ihn wieder attraktiv werden. Ein wichtiger Meilenstein, die Rechte des Bürgers als Konsumenten in einer modernen, globalisierten Wirtschaft mit vielen großen Konzernen zu stärken, wäre dazu die Ermöglichung von Musterfeststellungsklagen durch die Politik. Wenn etwa starke Verbände gegenüber Konzernen bestimmte Grundlagen für Schadensersatzforderungen der Verbraucher verbindlich festlegen könnten, dann gäbe es kaum die unwürdigen Vermeidungsstrategien eines VW-Konzerns, wie wir sie derzeit im Zusammenhang mit dem Abgasskandal beobachten können. Die im Sommer 2017 gescheiterte Musterfeststellungsklage muss also dringend von der Politik wiederaufgegriffen werden.

Heute gilt: Die Zivilgerichte haben für die einfachen Bürger zu hohe Hürden, um sie anzurufen. In der Folge suchen viele von ihnen lieber Schlichtungsstellen auf oder unterlassen die Rechtsverfolgung ganz, weil sie das Gefühl haben, am Ende würde sich der Aufwand nicht lohnen.

Ein guter Weg, Bürger und Rechtsstaat wieder näher zusammenzubringen, ist zudem die gerichtliche Mediation. Bei diesem Verfahren versuchen die Parteien unter Anleitung eines Richters selbst ein für sie passendes Ergebnis zu vereinbaren. Dadurch, dass der Mediator nicht auf den in der Klage erhobenen Streit beschränkt ist, sondern den Radius seiner Aufgabe erweitern kann, kann der eigentlichen Ursache des Streits viel besser auf den Grund gegangen werden. Die Mediation ist auch hierzulande gesetzlich eingeführt. Und nicht nur im Ausland, sondern auch bei uns hat sich gezeigt, dass sie ein für alle Beteiligten sehr erfolgreiches Verfahren sein kann.

Doch ihre sehr zu wünschende bereite Anwendung stockt. Die Nachfrage ist sogar eher rückläufig. Gerade bei den amtsgerichtlichen Verfahren sind die finanziellen Anreize für Anwälte, diesen für sie manchmal etwas aufwändigeren Weg zu wählen, zu gering. Hier könnten die Vergütungsgesetze entsprechend geändert werden.

Legal Tech

Am Horizont droht ein weiteres Problem: Legal Tech. Findige Computerspezialisten entwickeln anhand der gängigen Rechtsprechung Algorithmen, um eine Rechtsberatung durch den Anwalt überflüssig zu machen. Diese Methodik wird auf Schlichtersprüche im Streit zwischen Unternehmer und Kunden erweitert werden. Diese technische Entwicklung droht unser Rechtssystem, das auf persönliche Beratung durch Anwälte und eine individuelle Fallprüfung durch Richter beruht, ins Wanken zu bringen. Wird sich eine technikaffine Generation darauf einlassen? Hier darf die Justiz nicht erneut den Anschluss verlieren. Wenn sich eine solche Technik durchsetzt, dann muss auch die Justiz mit einer solchen Software ausgerüstet werden. Vielleicht wird dann in einem vorgelagerten Verfahren den Parteien vom Computer ein erster Vorschlag zu einem Vergleich gemacht.

Der Brexit als Chance

Schätzungen zufolge gehen etwa 60 Prozent unserer neuen Zivilrechtsvorschriften auf Europarecht zurück, vor allem beim Verbraucherschutz. In der Europäischen Union gibt es jedoch zwei völlig verschiedene Rechtskulturen. Den kontinentaleuropäischen Rechtskreis auf der einen Seite, in der Tradition des römischen Rechtes, das in erster Linie aus Gesetzen abgeleitet wird. Auf der anderen Seite existiert – bis zum Inkrafttreten des Brexit – der anglo-amerikanische Rechtskreis, bei dem die Entscheidungen der Richter und die Präzedenzfälle eine weit größere Rolle spielen.

Beide Systeme sind in sich stimmig und haben eine hohe Rechtskultur hervorgebracht. Sie sind aber schlecht miteinander zu vereinbaren. Es war ein Kardinalfehler, dass die Europäische Union dies stets versucht hat – denn in der Folge entstanden hypertrophe Regelwerke. Nach dem Prozess des Auszugs Großbritanniens aus der EU und dem damit zu erwartenden Abzug seiner Beamten aus Brüssel besteht hier nun die einmalige Chance zu einem klaren Schnitt. Wir können uns auf unser eigenes Rechtssystem festlegen – das fortan deutlich einfacher sein kann.

Hilfreich wäre dabei auch, wenn die EU-Behörden nicht immer neue Regelwerke produzierten, sondern sich auf den Rahmen beschränken und den einzelnen Staaten dann die Festlegung der Details überlassen. Auch was die europäischen Gerichtsbarkeiten betrifft, müssen Vereinfachungen getroffen werden. Es gibt nämlich ein kaum noch zu überschauendes Nebeneinander der obersten Gerichte, die sich alle zu ähnlichen Thematiken äußern: Der Europäische Gerichtshof legt die EU-Grundrechtecharta aus, der Europäische Gerichtshof für Menschenrechte die Menschenrechtskonvention und das Bundesverfassungsgericht die Grundrechte. Alle Regelwerke sind aber sehr ähnlich. Wenn das Bundesverfassungsgericht etwas hat durchlaufen lassen – Beispiel Vorratsdatenspeicherung –, kann der Bürger immer noch eines der beiden anderen Gerichte anrufen.

Das führt zu teilweise widersinnigen Urteilen, worauf der Journalist Wolfgang Janisch in der *Süddeutschen Zeitung* hingewiesen hat. Nach einer Entscheidung des Bundesverfassungsgerichts aus dem Jahr 2015 ist ein Kopftuchverbot für Lehrerinnen an Schulen nur dann zulässig, wenn ansonsten der Schulfrieden gefährdet ist. Der Europäische Gerichtshof hält es aber 2017 in zivilrechtlichen Arbeitsverhältnissen für zulässig, dass sich ein Unternehmen weltanschaulich neutral geben will und deshalb Kopftücher verbietet.

Der Europäische Gerichtshof für Menschenrechte hat es schließlich als legal angesehen, Burkas selbst bei einem Spaziergang durch einen Park zu verbieten. Das passt nicht zusammen. Denn nun ist das Gegenteil von dem rechtens, was eigentlich richtig wäre: Im privaten Lebensbereich – Spaziergang durch einen Park – kann am tiefsten eingeschritten werden, und dort, wo die Neutralität des Staates eigentlich ein Einschreiten gebietet, bei seinen Beamten, kann dies am wenigsten geschehen. Solche widersprüchlichen Entscheidungen versteht der Bürger nicht – ich auch nicht. Hier muss das Verhältnis zwischen den Gerichten besser geordnet werden.

Schluss mit Länder-Eigensinn und Partikularismus

Der Föderalismus wird für unser Rechtswesen immer mehr zum Problem, denn er sorgt für unterschiedliche Standards, schwere Reibungsverluste in der Justiz und sogar Sicherheitslücken. 16 Bundesländer, die Bundesrepublik als Ganzes und fünf verschiedene Gerichtsbarkeiten (ordentliche Gerichtsbarkeit, Verwaltungs-, Finanz- und Sozial- sowie Arbeitsgerichtsbarkeit) ergeben einen kaum noch zu überschauenden juristischen Flickenteppich und damit auch sehr unterschiedliche rechtsstaatliche Leistungsangebote für den Bürger. Das muss sich ändern.

Zehn ökonomisch weitgehend leistungsgleiche Bundesländer sollten am sinnvollsten sein. Doch diese Vision wird angesichts der Interessen gerade der kleineren Ländern kaum umsetzbar sein. Wir müssen also mit den Traditionen und der Zersplitterung unserer Länder leben, benötigen aber dringend eine Einigung auf zentrale Standards und insgesamt eine verbesserte Koordination.

Beispiel Strafermittlung und die Gefahrenabwehr: Die 16 Verfassungsschutzämter und 16 Landeskriminalämter (LKAs) sind in ihrer Leistungsfähigkeit extrem unterschiedlich. Dies sorgt für Sicherheitslücken. Der Generalbundesanwalt beauftragt deshalb gar nicht erst alle mit Ermittlungen. Das gemeinsame Terrorabwehrzentrum in Berlin, in dem diese Behörden Informationen austauschen, ist ein richtiger Weg, kann aber nur ein Anfang der besseren Zusammenarbeit sein. Es muss darüber nachgedacht werden, ob nicht einzelne Bundesländer ihre Verfassungsschutzämter und Landeskriminalämter zusammenlegen und Kompetenzen auf den Bund abtreten, damit Dinge aus einer Hand geregelt werden können. Zum Beispiel in der Abschiebungsfrage. Die Kommunen und Länder sind hier zum Teil überfordert. Der Vorschlag Thomas de Maizières, Bundesausreisezentren, die Ausweisung und Abschiebung koordinieren, einzurichten, halte ich deshalb für richtig.

Gleiches Recht überall

Die unterschiedliche ökonomische Leistungsfähigkeit der Länder schlägt über die Ausstattung auf die Staatsanwaltschaften durch. Das führt dazu, dass das Recht unterschiedlich angewendet wird – etwa bei der Frage, ob nun eine Tat wegen Drogenbesitzes zum Eigenkonsum eingestellt wird oder nicht. Der Bürger bekommt dabei zu Recht den Eindruck, die Rechtsprechung hänge davon ab, in welchem Bezirk man sich gerade aufhalte. Und genau das darf nicht sein. Bundesrecht – wie das Strafrecht – muss natürlich auch bundesweit nach den gleichen Maßstäben umgesetzt werden. Dazu bedarf es politisch festzulegender bundeseinheitlicher Maßstäbe.

Schließlich betrifft die unterschiedliche Leistungsfähigkeit auch die Gerichte. Manche sind angemessen besetzt, andere hoffnungslos überlastet. Manche sind gut ausgestattet, bei anderen muss der Richter selbst faxen und die Post von der Wachtmeisterei abholen. Manche sind für den Bürger gut zu erreichen, andere – wie etwa in Mecklenburg-Vorpommern – so weit entfernt, dass er den Kontakt lieber meidet. Auch dies sorgt für eine unterschiedliche Qualität in der Rechtsanwendung und beeinträchtigt die Zufriedenheit mit dem demokratischen Rechtsstaats.

Für die unterschiedlichen Leistungsangebote der Justiz gibt es eine Reihe weiterer Beispiele. So auch dieses: In einigen wenigen Gerichtsbezirken gibt es einen richterlichen Bereitschaftsdienst rund um die Uhr an sieben Tagen die Woche, in anderen zwischen 21:00 Uhr und 6:00 Uhr morgens nicht, sodass hier etwa im Fall einer bevorstehenden Durchsuchung kein Richter zu erreichen ist. Das darf nicht sein und muss geändert werden. Es muss gelten: Gleiches Recht überall.

Gleiche Chancen für alle in der Justiz

Die Ungerechtigkeiten des Föderalismus sorgen auch in der Justiz selbst für Unfrieden. Die Bediensteten werden nämlich völlig unterschiedlich behandelt. Die Föderalismusreform von 2009 hatte das Ziel, die bundesstaatliche Ordnung zu modernisieren, und führte dazu, dass jedes Land sein eigenes Besoldungssystem bekam. Diese aber entwickeln sich nun auseinander. Das Bundesverfassungsgericht sah sich deshalb bereits im Jahr 2015 veranlasst, der politischen Willkür Grenzen zu setzen und die 17 existierenden verschiedenen Besoldungssysteme für Staatsbedienstete wieder auf mehr Gleichlauf zu verpflichten. Konsequenterweise sollte wieder eine bundeseinheitliche Besoldung hergestellt werden.

Auch die Beförderungspraxis ist extrem unterschiedlich. Mancherorts wird schnell befördert, andernorts langsam und nach schwer durchschaubaren Kriterien. Nicht von ungefähr ist die Stimmung in der Justiz dort nicht selten schlecht. Manche Mitarbeiter holen aus Wut nicht einmal mehr ihre Urkunde ab, wenn sie nach vielleicht 15 Jahren mal befördert werden.

Mehr professionelle Modernisierung

Wir stehen vor der Einführung der elektronischen Akte, dem papierlosen Aktenverkehr innerhalb der Justiz. In Zeiten von Digitalisierung und immer höherem Veränderungstempo in der Gesellschaft und Wirtschaft wird das vorbereitete und sinnvolle Umgehen mit ihr auch für die Akzeptanz des Rechtsstaats zu einem kritischen Erfolgsfaktor.

Anstatt aber ein System zu schaffen, das ermöglicht, dass bundesweit ohne Reibungsverluste und nach gleichen Standards gearbeitet werden kann, streiten sich die Länder um die Auswahl der richtigen Software. Erst 2026 (!) soll nun – in einem ersten Schritt – eine gemeinsame Software zur Bearbeitung von Verfügungen eingeführt werden. Es ist an vielen Stellen dringend erforderlich, bundesweit zu mehr Einheitlichkeit zu kommen.

Dafür gibt es zwar auch eine Plattform – die Justizministerkonferenz. Doch viel zu oft werden hier keine wirklich greifenden Absprachen getroffen. Vielmehr ergeht man sich in Absichtserklärungen und frönt der politischen Kompromisskultur. Der Druck muss erhöht werden, damit sich das endlich ändert – nicht nur, um die reibungslose Einführung der elektronischen Akte zu gewährleisten, sondern auch um viele andere Problemlösungen bundeseinheitlich voranzutreiben.

Eine Qualitätsoffensive für die Justiz!

Die Prozessordnungen werden seit Jahren immer und immer wieder durchgeforstet, um noch das letzte Quäntchen Effizienzsteigerung herauszuholen: Das hat aber dazu geführt, dass die juristischen Standards gesenkt wurden. Zum Beispiel ist die Kammer in Zivilsachen am Landgericht, in der früher drei Richter entschieden, so gut wie abgeschafft worden. Nun sitzt dort meistens nur noch ein einziger Richter, der natürlich – kurzfristig und vordergründig betrachtet – kostengünstiger arbeitet. Aber ihm fehlt die juristische Diskussion in der Kammer, die ein Qualitätsmerkmal des Zivilprozesses war. Auch im Strafverfahren ist die Möglichkeit eingeräumt worden, die Zahl der Berufsrichter von drei auf zwei zu reduzieren, wovon die Justiz in Anbetracht des Arbeitsdrucks häufig Gebrauch machen muss. Der dritte Berufsrichter aber hatte in der Strafkammer eine ganz wesentliche Funktion. Er kannte die Akte nicht und konnte so die in der Hauptverhandlung erhobenen Beweise unbeeinflusst werten.

Schließlich sind im Rahmen der Personalreduzierung immer mehr Aufgaben auf jüngere Richter übertragen worden. Familiensachen durften früher erst dann entschieden werden, wenn der Richter schon mindestens drei Jahre im Amt war, also Erfahrung hatte. Heute reicht bereits ein Jahr.

Dass das Berufungsverfahren in Zivilsachen gestrafft wurde, hat dazu geführt, dass in erster Instanz alles Mögliche vorgetragen werden muss, um ja die Chance auf eine erfolgreiche Berufung nicht zu verspielen. Das aber bläht die Verfahren unnötig auf. Wir brauchen also dringend eine Qualitätsoffensive, und auch die muss zunächst vom Gesetzgeber, also den Parlamenten kommen.

Eine wesentliche Qualitätsverbesserung wäre auch eine weitere Spezialisierung in der Justiz. Wir haben immer noch das Modell des Richters als Generalisten: gestern Familiensachen, heute Zivilsachen, morgen Strafsachen oder gar der Wechsel in die Staatsanwaltschaft. Der Vorteil dieses Modells ist eine große Flexibilität in der Geschäftsverteilung. Wachsen die Zivilsachen stark an, kann man eben einen Richter aus der anderen Abteilung zusätzlich abstellen. Über dieses Modell aber ist die Zeit hinweggegangen. In den Gerichtssälen sehen sich Richter immer mehr hochspezialisierten Anwälten ausgesetzt, die über ein überlegenes Fachwissen verfügen, ausgestattet mit Assistenten, internationalen Verbindungen und Zugang zu allen Datenbanken. Damit der Richter Schritt halten kann, muss er sich nun auch spezialisieren. Erste Weichen sind gestellt: Der Bundesgesetzgeber hat den Landgerichten auferlegt, in vier Gebieten – u. a. Bausachen – Spezialkammern einzurichten.

Eine positive Entwicklung, die konsequent weitergegangen werden muss. Intern ist die Justiz in der Pflicht, ihrerseits darauf einzugehen, indem sie auch spezialisierten Richtern Karrierewege eröffnet. Bisher war das kaum der Fall, denn zur Zeit wird fachliche Veränderungsbereitschaft von den Richtern erwartet, die sich auf den Karriereweg machen wollen. So müssen sie beispielsweise in einigen Ländern drei Fachgebiete bearbeitet haben, um eine erste Beförderungsstelle zu bekommen – so lässt sich Spezialisierung nicht erreichen.

Mehr Gerichte in die Fläche

Über die Spezialisierung kann auch ein weiteres großes Problem der Gerichte gelöst werden, das des Rückzugs aus der Fläche. Der Kahlschlag der Gerichtslandschaft in Mecklenburg-Vorpommern etwa ist ein Alarmzeichen. Wenn Gerichte vor Ort verschwinden, verliert der Rechtsstaat sein Gesicht und die Anbindung an die Bevölkerung. Dieses Problem können wir lösen, indem wir vor Ort Gerichte für die Grundversorgung vorhalten und sie dadurch lebensfähig halten, dass wir ihnen für größere Bezirke Spezialmaterien zuweisen. Dann fährt eben mal der Anwalt aus Köln zum Amtsgericht Waldbröhl und nicht immer umgekehrt. Der Erhalt der Gerichtsbarkeit in der Fläche muss zentrales Ziel einer bürgernahen Justiz sein. Das Amtsgericht vor Ort kann auch nicht etwa durch einen elektronischen Zugang zu weit entfernten Gerichten gelöst werden. Denn der Bürger möchte auch einen leibhaftigen Richter, Rechtspfleger oder Justizangestellten sehen, dem er sein Anliegen persönlich schildern kann.

Lebendige Rechtsprechung statt Papier

Damit kommen wir zu einer weiteren negativen Folge der Rationalisierung in der Justiz: Ausschließlich aus ökonomischen

Gründen opfern der Gesetzgeber und Ministerien die Mündlichkeit auf dem Altar der Sparsamkeit. Um die Effizienz zu steigern, wurden Prozessordnungen dahin verändert, nach Möglichkeit schriftlich zu entscheiden. Verfahren mit geringem Streitwert werden auf diese Art im Regelfall so abgehandelt, Berufungen in Zivilsachen können vom Landgericht ohne Termin zurückgewiesen werden. Die Richter müssen sich darauf einlassen, weil diese Zeitersparnis in ihr Arbeitsvolumen von den Justizverwaltungen eingebaut wird.

Diese Entwicklung ist jedoch falsch. Direkter Kontakt zu allen Parteien bei Zivilprozessen ist für das Gericht äußerst wertvoll. So kann auf Fragen und Einwendungen direkt eingegangen werden. Ungefiltert von der Meinung des Anwalts, kristallisieren sich auf diesem Weg Dinge im Gerichtssaal heraus, die in der Schriftform nie aufscheinen würden. Mündlichkeit unterstützt den Rechtfrieden, also die Beilegung von Streitigkeiten, und das ist das eigentliche Ziel eines Gerichtsverfahrens.

Auch im Strafverfahren gibt es eine Entwicklung hin zum Strafbefehl als schriftliches Urteil. Auch das ist verfehlt, denn ein Angeklagter, der zu Gericht kommen und sich in einer Hauptverhandlung einem Richter und einem Staatsanwalt stellen muss, der ist hiervon natürlich mehr beeindruckt, als wenn er nur einen Brief erhält, der von den meisten Empfängern oft weder gelesen noch verstanden wird. Die Politik muss also personell wieder aufstocken – zum Wohle der Qualität und für eine bessere Akzeptanz von Recht und Justiz.

Anpassung an die reale Welt

Justitia gilt als ehrwürdig und ein wenig verstaubt. Da ist etwas dran. Ständig hinkt das Recht der Entwicklung hinterher. Doch ist das nicht immer schädlich, denn so können wir uns jenseits vom Zeitgeist auf die Grundprinzipien, die unsere Gesellschaft zusammenhalten, konzentrieren. Wir müssen nicht allen modernistischen Entwicklungen folgen.

Der Abstand zwischen gesellschaftlicher Entwicklung und Standards in der Justiz darf aber nicht zu groß werden. Beispiel Strafverfolgung: Wir brauchen eine Generalrevision der Gesetze für die digitale Welt. Unsere Vorschriften tragen noch immer den Geist des Papierzeitalters. Wenn 85 Prozent der Kommunikation zwischen Straftätern digital verschlüsselt erfolgt, dann müssen wir Zugang bekommen. Welche Norm hält unsere Rechtsordnung aber noch bei der Frage der Kommunikationsüberwachung vor? Zentrale Vorschrift ist § 99 StPO: »Zulässig ist die Beschlagnahme der an den Beschuldigten gerichteten Postsendungen und Telegramme«.

Für jede neue technische Entwicklung ist dann eine Ausweitung der Befugnisse des Staates in neuen Paragraphen erforderlich. Beispielsweise müssen nun die Voraussetzungen rechtlich wie technisch geschaffen werden, dass wir Messenger-Dienste wie WhatsApp und Threema überwachen können. Durch diese Systematik des Gesetzes bleibt der Staat immer im Hintertreffen. Stets muss er erst eine neue Norm schaffen, die den Eingriff erlaubt.

Jurisitisch betrachtet, muss deshalb zukünftig weniger darauf geachtet werden, mit welchem Medium eine Information übermittelt wird, sondern vielmehr, welcher Inhalt dahintersteht. Dafür bedarf es einer Expertenkommision, einzuberufen durch das Bundesjustizministerium, welches zur Aufgabe hat, die Gesetze zu reformieren. Die Rechtsordnung muss sich zudem auch bei Hassbotschaften und Fake News, Identitätsdiebstahl und Erpressung im Netz bewähren. Deshalb müssen Netzwerke wie Facebook oder Google mit der Justiz besser kooperieren, um rechtswidrige Inhalte schneller zu entfernen. Die Politik sollte weiter versuchen, hier Einfluss zu nehmen. Hier hat ein neues Gesetz deutliche Fortschritte gebracht. Jetzt gibt es auch einen Auskunftsanspruch für den Bürger, um zu klären, wer ihn im Netz verleumdet.

Der Staat muss mehr Spezialisten gegen Netzkriminaltität einstellen und in den sozialen Medien in jeder Hinsicht präsent sein.

Mehr Forschung zur Rechtsprechung

Justitia ist blind – nicht nur den Parteien, sondern auch sich selbst gegenüber. Das darf so nicht bleiben. Als Strafrichter wüsste ich beispielsweise gern, was in den Strafverfahren, in denen es zu einer Wiederaufnahme gekommen ist, schiefgelaufen ist. In Zivilsachen wüsste ich gern, warum uns die Kunden weglaufen. Gehen sie wirklich in die Schiedsgerichtsbarkeit? Sind die gerichtlichen Hürden aus irgendwelchen Gründen zu hoch, oder vertraut der Bürger uns nicht mehr? Sucht er andere Formen der Streitschlichtung? All das wissen wir nicht. Politik muss die Mittel bereitstellen für mehr Rechtstatsachenforschung. Nur so ist ein moderner Umgang mit Fehlern und ein kontinuierliches Lernen aus ihnen möglich.

Die Justiz braucht mehr Geld

All das fordert Mittel, Geld, das der Justiz bisher fehlt. Sie benötigt, um ihre Arbeit gut zu machen, moderne Technik, eine bürgernahe Gerichtsstruktur, angemessene Besoldung, ausreichende Personalausstattung und gute Mitarbeiter.

Die Unterfinanzierung der Justiz ist eines ihrer Hauptprobleme. Natürlich muss sich jede Organisation immer auch auf Effizienz untersuchen lassen. Aber dabei muss es fair zugehen. Die Reorganisation der Gerichte und Staatsanwaltschaften durch die Justizminister und die Politik in den vergangenen 20 Jahren hat in vielen Bundesländern immer mehr dazu geführt, dass die Richter und Staatsanwälte zu ihren eigenen Hilfskräften geworden sind. Gab es früher im Sitzungssaal einen Wachtmeister, einen Protokollführer und einen Richter, wurde zunächst der Wachtmeister wegrationalisiert, in Zivilsachen und Familiensachen auch der Protokollführer. Nun sitzt der Richter mit zerstrittenen und wild um sich schreienden Parteien oft allein im Sitzungssaal.

Ökonomie wurde vor Qualität gesetzt. Im Gegensatz zu Haushaltsmitteln lässt sich Qualität nämlich schlecht messen. Wenn der Bürger unzufrieden ist, weil das Gerichtsverfahren zu lange dauert und der kleine Mann schon längst pleite gegangen ist, bevor das Urteil gesprochen wurde, findet sich das »nur« in keiner Statistik zur Justiz wieder.

Ein genereller Bewusstseinswandel muss einsetzen: Der Wert der Justiz für das Staatsgefüge muss sich auch in ihrer Finanzausstattung widerspiegeln. Hier gibt es Ansätze, sowohl Bundesjustizminister Heiko Maas (SPD), als auch der CDU-Fraktionsvorsitzende Volker Kauder haben öffentlich mehrfach von den Ländern mehr Mittel für die Justiz gefordert. Sie dürfe nicht zum Flaschenhals bei der Kriminalitätsbekämpfung werden. Wie wahr! Dieser Appell hat sogar Wirkung gezeigt. Am 22. Juni 2017 haben alle Justizminister in der sogenannten »Deidesheimer Erklärung« eine Stärkung der Justiz versprochen – es geht doch.

Der Staatsdienst muss für Juristen wieder attraktiv werden
Kaum zu glauben, aber wahr: Der Staat muss heute Richter und Staatsanwälte per Inserat suchen. Die Notenanforderungen sind gesenkt worden, und trotzdem gibt es zu wenig Bewerber. Oft sind es gerade mal zwei auf eine Stelle – da ist an eine richtige Auswahl kaum zu denken. Gleichzeitig läuft auf

den Staat eine gewaltige Pensionierungswelle zu. Die geburtenstarken Jahrgänge gehen, und in den neuen Bundesländern, wo fast alle Juristen zwischen 1991 und 1995 berufen wurden, wird es zu einem besonders dramatischen Mangel kommen. Den Anwälten geht es nicht besser. Bereits heute suchen Anwälte vor allem auf dem Land verzweifelt einen Nachfolger.

Zunächst einmal muss der Staat – von den Universitäten über die Staatsanwaltschaften bis zu den Gerichten – lernen, seinen juristischen Nachwuchs zu schätzen und nicht wie früher auf Masse zu setzen, nach dem Kaulquappen-Prinzip: Egal wie viel gefressen werden, es kommen ja genügend durch. Große Anwaltskanzleien bieten Stipendien, Förderprogramme neben dem Studium und Teilzeitjobs. Gerichte und Staatsanwaltschaften haben da wenige Lockmittel in der Hand. Bis sie aktiv werden, sind viele der Besten schon weg. Richter und Staatsanwälte müssen deshalb als Tutoren in die Unis, und Praktika in der Justiz müssen selbstverständlich angeboten werden.

Studierten früher noch rund zehn Prozent eines Abi-Jahrgangs Jura, sind es jetzt nur noch sieben Prozent. Es scheint eben wenig attraktiv, rund fünf Jahre zu büffeln, ohne den Ausgang überhaupt nur erahnen zu können. Viele wandern deshalb in die Bachelor-Studiengänge und dann in die Wirtschaft ab. Somit umgehen sie außerdem die große Hürde des Staatsexamens. Davor scheuen Studenten oft zurück, sie werden von den Universitäten auch zu schlecht darauf vorbereitet und sehen sich gezwungen, private Wiederholungskurse, die sie selbst bezahlen müssen, zu besuchen. Im Studium müsste früher Klarheit geschaffen werden, wer für die juristische Profession überhaupt geeignet ist.

Anders als früher durchlaufen längst nicht mehr alle Absolventen des ersten Staatsexamens das Referendariat. Auch hier gibt es viele Möglichkeiten, die Attraktivität zu steigern. Viel zu oft werden die Referendare vom Ausbilder mit einer Akte abgespeist, die sie dann in einer Woche gelöst zurückbringen sollen; sie werden zu wenig in den laufenden Betrieb einbezogen. Das muss sich ändern. Referendare sollten zu Gerichtsassistenten aufgewertet werden. Mit Büros, Anwesenheitszeiten, festen Aufgabenkreisen. Bei den Justizfachangestellten ist so etwas schon eingeführt worden. Die Azubis bekommen kleinere Geschäftsstellen mit einfacheren Aufgaben zur Sachbearbeitung zugewiesen. Das geht natürlich auch für Referendare. Warum sollen sie nicht auch Protokolle in Strafsachen führen? Da lernt man sehr viel.

Es ist also kein Wunder, dass viele Referendare lieber sofort für das zweite Staatsexamen lernen, als die Praxis zu erfahren. Treten die Absolventen dann auf den Markt, treffen sie auf eine absurde Notenhörigkeit. Um die Juristen mit Prädikat reißen sich die Jobanbieter – auch aus falsch verstandenem Statusdenken. Anwaltskanzleien zahlen für die Juristen mit Prädikatsexamen nahezu jedes Gehalt – 120 000,- Euro Anfangsgehalt jährlich sind da schon wenig. Erwartet wird dann aber zumindest auch eine 60-80-Stunden-Woche. Dagegen kann der Staat mit rund einem Drittel des Einstiegsgehalts nicht mithalten.

Diese Fesseln zu durchbrechen ist eine wichtige Aufgabe. Auch Juristen mit einem Befriedigend sind in jeder Hinsicht geeignet, Richter oder Staatsanwalt zu werden. Die Notenerwartungen sollten deshalb merklich gesenkt werden, um mehr Bewerber zu erhalten, die dann aber im Rahmen von Assessmentcentern, strukturierten Einstellungsgesprächen usw. auszuwählen sind. Das ist längst noch nicht überall Standard. Die Probezeit muss daraufhin effektiver genutzt werden, um eine Qualitätsauswahl zu treffen. Sie dauert drei

Jahre lang, funktioniert aber in der Praxis nicht. Kaum drei Prozent der jungen Juristen werden wieder entlassen, weil sie sich als nicht geeignet für ihr Amt erwiesen. 97 Prozent werden also auf Lebenszeit angestellt. Da kann etwas nicht stimmen, denn bei einer solchen Quote ist der Filter Probezeit offensichtlich nicht passgenau. Der Grund: Das Gesetz legt für solche Entlassungen zu hohe Hürden. Das muss sich ändern.

Selbstverständlich müssen die Ämter des Richters und Staatsanwalts auch mit Blick auf die Besoldung aufgewertet werden. Bei der großen Verantwortung, die das Richteramt mit sich bringt, muss das Gehalt zumindest dem eines leitenden Angestellten in der Industrie entsprechen.

Was die Justiz ändern muss

Mehr Selbstbewusstsein und Präsenz in der Öffentlichkeit

Sind wir nicht doch zu weit vom Volk entfernt?, fragen wir uns manchmal selbstkritisch. Jedenfalls müssen wir aufpassen, dass aus der Politikverdrossenheit keine Justizverdrossenheit wird. In unserem schwindsüchtigen System fehlt uns allerdings nicht selten die Kraft, offensiv nach außen zu gehen und Initiativen zu ergreifen, wie etwa einen juristischen Eildienst 24/7 – rund um die Uhr zumindest in den Großstädten unserer Republik. Also lassen wir es, treten weiter im Hamsterrad und drehen das Rad immer schneller. Viele Richter verzweifeln darüber, resignieren, gehen in die innere Emigration.

Wir Juristen müssen aber den Zustand der Klage überwinden und aktiv werden. Die Richterschaft wie überhaupt alle Justizbeschäftigten können auf das, was sie trotz widriger Umstände und langer Vernachlässigung durch die Politik gefestigt haben, stolz sein: einen stabilen Rechtsstaat. Auf internationalen Kongressen spüre ich stets die Bewunderung des Auslands dafür. Wieder zuhause angekommen, ist davon nichts mehr zu merken. Die Justiz aber muss dazu übergehen, selbstbewusst das zu fordern, was sie braucht, und die Bevölkerung als Verbündeten ansehen. Gelegentlich gibt es solche Schulterschlüsse gegen die Politik ja schon, aber der Druck sollte erhöht werden.

In Zeiten der »Ökonomie der (medialen) Aufmerksamkeit« sollten sich Richter und Staatsanwälte – auch, aber nicht nur in diesem Zusammenhang – verpflichtet fühlen, sich mehr in der Öffentlichkeit zu zeigen. Das Recht braucht Vorbilder. Tage der offenen Tür, gesellschaftliches Engagement, verständliche mündliche Urteilsbegründungen, Veröffentlichung und Erklärung von Entscheidungen in den allgemeinen Medien sind daher nötiger denn je. Der Bürger braucht eine Justiz, von der er nicht den Eindruck hat, die sitze im Elfenbeintrum und sei lebensfern. Manchmal kann dieser Eindruck entstehen, und dieser Kritik müssen wir, die Justiz, uns selbstbewusst stellen, indem wir heraustreten und uns öffnen. Richter und Staatsanwälte müssen sich daran gewöhnen, auch als Person in der Öffentlichkeit zu stehen. Der Trend zur Personalisierung ist nicht umzukehren. Mancher mag das beklagen, aber hierin liegt auch eine riesige Chance für die Justiz.

Das bedeutet aber auch, dass Richter und Staatsanwälte zielgerichtet auf die vermehrte öffentliche Wahrnehmung vorbereitet werden müssen. Auch souverän in der Öffentlichkeit aufzutreten will gelernt sein. Kein Zweifel, schon heute gibt es viele Juristenpersönlichkeiten, die diese Kompetenz mitbringen. In den Auswahlverfahren zu ihrer Einstellung könnte aber auch schon jetzt vermehrt auf das Potential zu ihrer Entwicklung geachtet werden.

Laienverständlich argumentieren

Juristen müssen natürlich weiterhin darauf setzen, dass sich in der Öffentlichkeit auf Dauer immer das bessere Argument durchsetzt. Nur bleiben zu häufig Möglichkeiten ungenutzt, um die tragenden Argumente für einen Richtspruch besser zu vermitteln. Beispiel: Die mündliche Urteilsbegründung im Strafrecht. Nach einer Hauptverhandlung wird ein Urteil verkündet und sogleich juristisch begründet. Auf diese verbale Begründung legen Juristen traditionell nicht ganz so viel Wert, da für die juristische Bewertung nur das entscheidend ist, was im schriftlichen Urteil steht. Die mündliche Begründung ist aber das beste Mittel, um den Prozessbeteiligten und der Öffentlichkeit das Urteil in einfachen Worten zu vermitteln. Ich bin dabei sogar so frei, dass ich nicht mal die juristische Fachsprache stringent verwenden muss, sondern mich allgemeinverständlicher ausdrücken kann.

Es sind die gesprochenen Worte, die in der Öffentlichkeit zählen, zitiert und diskutiert werden, weniger das erst Wochen später erstellte schriftliche Urteil. Viele Richter wissen das auch und skizzieren sich die mündliche Begründung in wesentlichen Passagen. Das ist aber nicht Standard und wieder eine Frage der stets zu knappen Zeit.

Recht verständlich machen, das ist also die Aufgabe. Wir betreiben schließlich keine Geheimwissenschaft. Kein Zweifel, da sind wir auch besser geworden. Etwa werden überall Pressesprecher, die bei allen wichtigen Verfahren eine offensive Pressarbeit machen, eingesetzt. Doch ist durchaus noch mehr möglich. Warum sollte die Justiz nicht auch gelernte Journalisten als Pressesprecher anstellen, die einen anderen Zugang zu den Medien mitbringen? Warum gibt es – zumal, wenn wir internationale Fälle behandeln – keine Presseerklärung auch auf Englisch oder Arabisch? Eine große Chance zur

Verbreitung juristischen Wissens sind auch Kameras im Gerichtssaal. Nicht während des Erkenntnisverfahrens, aber an den Bundesgerichten können die Urteile nun auch im Fernsehen verkündet werden. Dies schafft öffentliche Aufmerksamkeit für unser Rechtssystem und seinen Wert. Der Gesetzgeber hat diese Möglichkeit nun eröffent.

Raus aus der Anonymität

Als Richter beim Oberlandesgericht in Hamm ist mir deutlich geworden, wie wichtig ein mündlicher Austausch vor Gericht ist. In einem Zivilverfahren erschienen beide Parteien mit ihren Anwälten. Für mich überraschend ließ der Vorsitzende eine Partei etwa zehn Minuten lang sprechen. Für mich war der Fall rechtlich gelöst, alles was noch geäußert wurde, schien mir unerheblich. Ich hätte deshalb den Vortrag eingeschränkt, hätte ich die Zügel in der Hand gehalten. Der Vorsitzende handelte anders. Seine Maxime: In seinem Gerichtssaal dürfen alle Parteien das vortragen, was ihnen wichtig ist, ganz egal ob es nun rechtlich relevant ist oder nicht. Das habe ich von ihm übernommen und stelle immer wieder fest, es dient einfach der Schaffung des Rechtsfriedens, wenn den Parteien zugehört wird und sie das vortragen können, was ihnen wichtig ist. Der Richter kann dann ja anschließend kurz erläutern, warum das rechtlich nicht entscheidend ist. Auch hier geht es aber wieder um Zeit. Dem Oberlandesgericht steht davon einfach mehr zur Verfügung als dem Amts- oder Landgerichten. Trotzdem: Die Richter sollten manchmal – trotz eng gestrickter Zeitvorgaben der Justizverwaltung – mehr Geduld aufbringen. Einigen sich die Parteien deshalb, wird ja auch wieder Zeit für die Anfertigung des Urteils eingespart.

Verfahren beschleunigen!
In der Regel verlaufen Gerichtserfahren schneller, als viele Bürger meinen. Beim Amtsgericht etwa dauert eine Zivilsache im Schnitt fünf Monate, eine erstinstanzliche Strafsache am Landgericht sechs Monate. Das ist schnell, und trotzdem gibt es auch hier noch Verbesserungspotenzial. Die Strafprozessordnung sieht in beschleunigten Verfahren die Möglichkeit vor, auf Förmlichkeiten – etwa die schriftliche Anklage – zu verzichten. Das macht den Gerichten und Staatsanwaltschaften zunächst mehr Arbeit, da der Tagesablauf nicht geplant werden kann, sondern jeder eingehende Fall sofort zu verhandeln ist. Aber der positive Effekt lohnt sich. Werden etwa Kaufhausdiebe noch am Tag der Tat abgeurteilt oder zumindest innerhalb einer Woche, dann macht das auf die Täter Eindruck, die Bürger fühlen sich besser geschützt, und die Polizei hat nicht wieder das Gefühl, »die werden sowieso wieder laufen gelassen«.

Informationsaustausch zwischen Gerichten
Wir müssen uns fragen, ob nicht doch etwas dran ist an dem Eindruck der Öffentlichkeit von der uneinheitlichen Rechtsprechung. Es gibt die ein oder andere Untersuchung, die ihn unterstützt, und die Rechtsmittelinstanzen vermögen es offensichtlich nicht immer, für die notwenige Einheitlichkeit zu sorgen. Hier wäre ein besserer Informationsaustauch über Plattformen innerhalb der Justiz wichtig. Als Amtsrichter weiß ich, welche Rechtsprechung das übergeordnete Landgericht zu bestimmten Rechtsfragen hat und welches Strafmaß es üblicherweise hält. Der Landrichter kennt auch die Rechtsprechung des Oberlandesgerichts. Wie das Nachbargericht in vergleichbaren Fällen urteilt, weiß er aber schon weniger häufig. Es gibt keine Register, in die das eingetragen wird; Veröffentlichungen in der Fachliteratur sind für Eingangsinstanzen auch eher selten.

Hier könnte Abhilfe geschaffen werden, indem man Entscheidungssammlungen einrichtet, die schablonenhaft auf bestimmte Kriterien abstellen und nach bestimmten Schlagworten ausgerichtet sind. Beispielsweise gibt der ADAC eine Tabelle heraus, in der zahlreiche Entscheidungen zum Schmerzensgeld verzeichnet sind. Hier kann man etwa eine durch einen Unfall eingetretene Verletzung nachschlagen und sieht die dazu ergangenen Gerichtsentscheidungen in vergleichbaren Fällen. Damit weiß ich, wie viel Schmerzensgeld für vergleichbare Fälle von anderen Gerichten zugesprochen wurde. Solche Tabellen für eine erste Orientierung des Richters – zwingend können sie wegen der richterlichen Unabhängigkeit natürlich nicht eingeführt werden – sind in der Praxis für andere Bereiche noch viel zu wenig erstellt. Hier sollte schnell Abhilfe geschaffen werden.

Was wir alle ändern müssen

Deutschland hat ein besonderes Verhältnis zum Recht. Die Dinge über Recht und Gesetz zu regeln, ist unsere Tradition. Dafür werden wir im Ausland vielfach bewundert. Wir brauchen keine Diskussion über den schillernden Begriff der deutschen Leitkultur. Die Umsetzung unseres Grundgesetzes und den auf den dort normierten Werten beruhenden allgemeinen Gesetzen ist unser Weg. Rufen wir uns in Erinnerung, dass das Recht neben Einigkeit und Freiheit sogar in unserer Hymne vorkommt. Nur über das Recht lässt sich Willkür verhindern und Freiheit auf der Basis von Sicherheit durchsetzen. Da darf es nicht in unserem Belieben stehen, ob wir das Recht nun umsetzen wollen oder nicht. Was wir zu unserem

Recht machen, darüber sollten wir demokratisch streiten. Was dann aber Recht geworden ist, muss schließlich auch umgesetzt werden.

Das Recht wertschätzen

Wie schnell eine Rechtsordnung völlig kippen kann, sehen wir am Beispiel der Türkei. Binnen weniger Monate ist ein Land, das schon sehr nah an westlichen Standards war, völlig gekippt. Plötzlich ist niemand mehr vor willkürlichen Verhaftungen, Entlassung aus dem Amt oder Verlust seines Vermögens sicher. Eine bloße Behauptung – Mitglied der Gülen-Bewegung zu sein – reicht dazu völlig aus. Auch diese türkischen Entwicklungen sollten uns eine Mahnung sein, unseren Rechtstaat pfleglich zu behandeln und seinen Wert zu schätzen.

Die traditionell große Bedeutung von Recht und Gesetz in Deutschland spiegelt sich allerdings in der Öffentlichkeit nicht wirklich wider.

Um der Zukunft und Weiterentwicklung unseres Rechtsstaats willen, sollte sich das ändern. Bürger sollten ein Sensorium dafür entwickeln, wie sich Politiker gegenüber Recht und Justiz verhalten. Regierungen, die das Recht vernachlässigen oder es gar populistisch instrumentalisieren, gehören abgewählt, weil sie die rechtsstaatliche Grundlage unseres demokratischen Gemeinwesens beschädigen. Die Bürger sollten das beim Gang zu ihrer Wahlurne oder beim Lesen von Parteiprogrammen berücksichtigen. Die Entwicklung eines solches Sensoriums wird Zeit brauchen. Einige Dinge aber können wir sofort tun. Der Besuch einer Gerichtsverhandlung gehört dazu. Fast alle sind öffentlich, und fast alle Richter oder Staatsanwälte sind am Ende einer Verhandlung bereit, Fragen aus dem Publikum zu beantworten. Das ist eine große Chance, sich näher zu kommen, die wir bisher ungenutzt lassen. Beide Seiten, die Justiz und die Bürger, könnten auf diese Weise voneinander lernen.

Eine weitere Möglichkeit, sofort etwas zu tun, besteht darin, sich zum Schöffen wählen lassen, also selbst als Repräsentant der bürgerlichen Gesellschaft als ehrenamtlicher Richter mitzuentscheiden.

Auch für Schüler kann sofort etwas getan werden. Der Besuch einer Gerichtsverhandlung bietet eine Fülle von frühen und lebensprägenden Lernchancen – auch hier wieder nicht nur für Schüler und Lehrer, sondern auch für Richter und Staatsanwälte.

Die Grenzen des Rechts akzeptieren

Recht ist nicht gleichzusetzen mit Gerechtigkeit, sondern es ist ein System des Ausgleichs unterschiedlicher Interessen und Rechtsgüter. Nicht immer kann es allen gerecht werden. Es macht trotzdem keinen Sinn, ständig neue Gesetze zu fordern, wenn wir mit einem Urteil nicht zufrieden sind. Das Recht braucht Zeit, um zu wirken, und die Höchststrafe ist nicht für alles eine Lösung. Wenn etwa beim Strafverfahren wegen des zu Tode geprügelten Schülers Niklas 2017 beim Landgericht Bonn die Staatsanwaltschaft nicht mehr von Totschlag sprechen will, sondern von Körperverletzung mit Todesfolge, dann ist das eine legitime juristische Bewertung. Man mag ihr nicht folgen. Aber ein Rechtsstaat muss so handeln können. Als Bürger müssen wir das akzeptieren.

Vertrauen in den Rechtsstaat

Recht braucht deshalb das Vertrauen der Bevölkerung. Es soll eben nicht wie in Diktaturen mit Brachialgewalt durchgesetzt werden, sondern durch Überzeugung.

Die wichtigste Voraussetzung dafür ist gelegt. Die Justiz in Deutschland arbeitet ohne Korruption. Von wie wenigen Rechtssysteme in der Welt kann das wirklich gesagt werden! Vor einiger Zeit hielt ein Gerichtspräsident eines osteuropäischen Landes einen Vortrag, in dem er beklagte, dass die Richter in seiner Heimat nur 600 Euro verdienten, man aber mindestens 1000 Euro als Lebensunterhalt benötigte. Die Differenz müssten die Richter »so« beschaffen. Was das bedeutet, können wir uns denken. Das ist die Normalität in der Welt.

Trotz dieses großen Pfundes der deutschen Justiz wird der Wert des Rechtsstaats oft verkannt. Richtig: Er sperrt nicht sofort ein, ist milde. Das wird ihm oft als Schwäche ausgelegt. Aber der Rechtsstaat hat Geduld, gibt Gelegenheit zur Einsicht, zur Besserung. Auf Dauer setzt sich das Recht durch. Unser Rechtsstaat ist schmucklos, schlicht und bescheiden, dann aber doch auch durchaus hart. Manche Gerichtsentscheidungen sind für den Bürger sicher unverständlich. Ich halte sie auch nicht immer für richtig. Eins ist aber gewiss: Sie sind von Richtern getroffen worden, die sich ausschließlich am Recht orientieren wollten. Von Richtern, die unbestechlich sind und nicht an ihren eigenen Vorteil denken. Richtern, die nicht den einfachen Weg gehen wollen, nicht den des Mainstreams, sondern ihrem eigenen Gewissen trauen. Auch Anwälte sind in hohem Maß engagiert und stets loyal gegenüber ihren Mandanten. Der Justiz zu vertrauen bedeutet nicht, jedes Urteil richtig zu finden. Es heißt zu verstehen, dass sich die Justiz ausschließlich am Gesetz orientiert, jeder seine Chance bekommt und alle vor dem Gesetz gleich sind.

Werden wir uns eines wieder bewusster: Wir haben das Recht zur zentralen Grundlage unserer Gesellschaft gemacht. Und indem wir das taten, haben wir auch die Basis unserer Demokratie geformt. Wenn wir zulassen, dass der Rechtsstaat beschädigt oder gar zerstört wird, werden wir das verlieren, was uns so viel wert und selbstverständlich ist: die Möglichkeit, in Frieden und Freiheit zu leben. Das darf nicht geschehen! Ergreifen wir also jetzt die Chance zur Reform unseres Rechtstaats. Sie ist da.

Die Geschichte hinter dem Buch – und Dank

Ein Buch zu schreiben – als Jurist für »den Bürger« – war für mich eine Herausforderung und hat mir wieder einmal gezeigt, wie wichtig es ist, Recht und seine Anwendung in eine Alltagssprache zu übersetzen. Denn es ist für einen Nicht-Juristen nicht leicht, sich auf das Terrain des Rechts zu begeben. Doch weil wir alle als Bürger – ob Juristen oder Nicht-Juristen – vom Recht profitieren und es die Grundlage unsere Demokratie bildet, ist es wichtig, dass sein Sinn und seine Bedeutung allen klar werden.

Mein Motiv war, eine Debatte zwischen Justiz, Politik und Öffentlichkeit zu eröffnen. Deshalb habe ich – als Direktor eines großen deutschen Amtsgerichts – auch 2016 den Vorsitz des Deutschen Richterbundes übernommen, des größten europäischen Berufsverbands von Richtern und Staatsanwälten mit 16000 Mitgliedern. Das Recht braucht eine schlagkräftige Lobby, doch dabei geht es um mehr als nur um berufspolitische Fragen.

Dass Justiz und Recht gefährdet sind, beobachten meine Kollegen und ich täglich in unserer Arbeit. Seit Jahren erodieren die Grundlagen des Rechtsstaats, ohne dass dies ins Bewusstsein einer breiteren Öffentlichkeit tritt. Zwar gibt es hier und da heftige Kritik am Justizsystem, meist zu angeblichen Falschurteilen – aber die wirklichen Fehlentwicklungen wurden bisher nicht thematisiert. Auch sind die Ursachen und Strukturen der Erosion des Rechtsstaats noch nie zusammenhängend dargestellt worden. Die Innensicht – sozusagen aus dem Maschinenraum der Justiz – fehlte bisher. Eine differenzierte Kritik an unserer Rechtsordnung ist notwendig, um das zu schützen, was zu unserem Selbstverständnis gehört und Deutschland als Rechtsstaat zu internationalem Rang verholfen hat.

Dieses Buch wäre ohne die Unterstützung vieler nicht entstanden. Mein erster Dank geht zunächst an meine Kolleginnen und Kollegen, mit denen ich in den letzten Jahren immer wieder über die Fehlentwicklungen in unserem Justizsystem diskutiert habe.

Manchmal braucht man einen Anstoß: Ich danke deshalb Stefan Linde, dass er die Idee für dieses Buch hatte und es in der konzeptionellen Phase konstruktiv begleitete. Ich danke ferner Elisabeth Oygen für ihre wertvolle Hilfe bei Recherchen und Assistenz. Ich danke ebenfalls und in besonderem Maße der Journalistin Petra Thorbrietz. Sie hat mit wachem Geist und hartnäckig die Argumente des Textes nicht nur maßgeblich mitgeschärft, sondern sie auch in eine für Nicht-Juristen lesbare Form gebracht.

Ich danke ebenfalls herzlich dem Herder Verlag: vor allem Ariane Hug, die den Text sorgfältig lektorierte und so bereicherte, sowie Programmleiter Jens Schadendorf, der den Mut hatte, dieses kritische Buch ins Verlagsprogramm zu hieven und es auch danach in seiner Entwicklung intensiv begleitete.

Mein allergrößter Dank geht schließlich an meine Familie, meine Frau Martina und meine Kinder Jessica, Melina und Gerrit. Sie mussten nicht nur viele Abende und Wochenenden auf mich verzichten. Sie bestärkten mich auch beim Schreiben und gaben mir zudem wertvolle Hinweise zu Inhalt und Verständlichkeit des Buches. Ohne sie wäre es nicht entstanden.